Michael Wolffsoh
Wem gehört das I

PIPER

Zu diesem Buch

Wem gehört das Heilige Land? Die Frage ist heute aktueller als je zuvor: Machtinteressen und Vorurteile verstellen noch immer den Blick auf die Lage im Nahen Osten. Eine Auseinandersetzung mit einer so brisanten Problematik heißt allerdings, bis an die Wurzeln der Konflikte zwischen Israel und seinen Nachbarn vorzustoßen und überkommene Mythen zu zerstören. Michael Wolffsohn hat ein umfassendes Standardwerk vorgelegt, das für jede fundierte Diskussion über die politische Lage im Nahen Osten unentbehrlich ist. Nicht nur gründlich recherchiert, sondern auch leichtverständlich geschrieben, liefert das Buch die historischen Hintergründe des Streits zwischen Juden und Arabern. »Ein Buch, das man als kompetente Einführung in die Kontroverse um Palästina/Israel nur empfehlen kann.« (Schalom Ben-Chorin)

Michael Wolffsohn, geboren 1947 in Tel Aviv als Sohn deutschjüdischer Emigranten, lebt seit 1954 in Deutschland. 1975 Promotion, 1980 Habilitation, von 1981 bis 2012 war er Professor für Neuere Geschichte an der Universität der Bundeswehr München. Seine Bücher wurden in zahlreiche Sprachen übersetzt. Zuletzt veröffentlichte er »Deutschjüdische Glückskinder. Die Weltgeschichte meiner Familie«.

Michael Wolffsohn

WEM GEHÖRT DAS HEILIGE LAND?

Die Wurzeln des Streits zwischen Juden und Arabern

Mit 15 Karten

PIPER

Mehr über unsere Autoren und Bücher:
www.piper.de

Das Buch erschien zuerst 1992 im Verlag C. Bertelsmann und 1997 als aktualisierte Neuausgabe in der Edition Ferenczy bei Bruckmann.

FSC
www.fsc.org
MIX
Papier aus verantwortungsvollen Quellen
FSC® C083411

Aktualisierte Taschenbuchausgabe
ISBN 978-3-492-23495-5
1. Auflage Februar 2002
15. Auflage Januar 2019

Umschlaggestaltung: semper smile, München
Umschlagabbildung: Jörg Modrow / plus 49 VISUM
Satz: EDV-Fotosatz Huber / Verlagsservice G. Pfeifer, Germering
Gesetzt aus der TimesTen
Druck und Bindung: CPI books GmbH, Leck
Printed in the EU

Dieses Buch widme ich *allen* Menschen,
die im Heiligen Land *leben* wollten und wollen –
ohne andere zu töten.

Inhalt

Vorwort zur Taschenbuchausgabe

Kein Ende im 130-jährigen Krieg?

In Nahost nichts Neues. Nur immer wieder neue Krisen, Kämpfe und Kriege. Dann sogenannte Lösungen, die nichts lösen. Seit über 130 Jahren tobt nun schon der unheilige Krieg zwischen Juden und Arabern um das Heilige Land, und heilig kann ohnehin kein Krieg sein. Wie unheilig (nicht nur Nahost-)Kriege sind, zeigte erneut, im Sommer 2014, der Gaza-Krieg zwischen der Hamas und Israel.

Angesichts der wissenschaftlich belegten Tatsachen entpuppt sich auch die Heilsgeschichte im Heiligen Land als ganz reale, oft unheilvolle und rational nachvollziehbare Geschichte. Manch Heiliges ist auch nur Mythos, also sagenhafte und eben keine nachweisbare Geschichte. Das gilt zum Beispiel für die biblische, alttestamentliche Landnahme. Es gab sie nicht. Zumindest nicht so, wie in der Bibel erzählt. Auch das vermeintlich so große Königreich unter David und Salomon war anders, ganz anders, nämlich klein, um nicht zu sagen, winzig. Die Verbindung von Archäologie und moderner Technologie hat hierzu in den vergangenen Jahren Bemerkenswertes aufgedeckt. Historisch handfest wird die Volksgeschichte Israels frühestens um ca. 900 v. Chr. Immerhin, das geschah auch nicht gerade vorgestern. Die im Anhang genannten Bücher von Finkelstein und Silberman bieten zu jenem Alten spannend Neues.

Seit *Wem gehört das Heilige Land?* erstmals erschien, 1992, gab es zwischenzeitlich Hoffnung – und dann wieder Enttäuschungen, Gewalt und Gegengewalt. Hier einige Stichworte: 1993 das Abkommen von Oslo bzw. Washington. Im November 1995 wurde Friedenspremier Rabin ermordet – von einem nationalistisch-fundamentalistischen Juden. Dem Friedenspremier folgte ein kurzes Intermezzo des eigentlichen Friedensarchitekten Schimon Peres. Der wurde im Jahr 1996 abgewählt. Es folgte der Falke Netanjahu. Der scheiterte bis 1999 krachend. Die Mehrheit der Israelis gab dem Frieden im selben Jahr mit dem Hoffnungsträger Barak erneut eine Chance. Er räumte den besetzten Süd-Libanon. »Land für Frieden« – das hatte die Internationale Gemeinschaft von Israel verlangt. Schon bald feuerte die Hisbollah-Schiitenmiliz Raketen auf Nord-Israel. Die Nord-Front wurde – ohne Zutun der Palästinenser – heißer. Im Sommer 2006 explodierte sie.

Zurück zu Barak. Mit PLO-Chef Arafat und US-Präsident Clinton verspielte er die Friedensmöglichkeit im Sommer 2000 auf dem Gipfel von Camp David, USA. Im Oktober 2000 brach daraufhin die Zweite Intifadah aus. Nun setzten palästinensische Aktivisten wieder auf Gewalt. Der Falke Scharon wurde 2001 Ministerpräsident. 2004 starb Arafat. Der gemäßigte Mahmud Abbas folgte ihm als Palästinenserpräsident. 2005 hatte Israel die Intifadah niedergeschlagen, indem Terroristen nicht mehr eindringen konnten. Durch eine hohe Mauer entzog sich das Land als Terrorobjekt – und schuf bei den Palästinensern neue Verbitterungen.

2005 erkannte der Falke Scharon, dass Gewalt kein dauerhafter Politikersatz ist, und setzte gegen massiven Widerstand seiner eigenen Anhängerschaft den vollständigen Rückzug aus dem Gazastreifen durch. Kein jüdischer Siedler war mehr dort. »Land für Frieden«? Nun flogen Raketen der palästinensischen Hamas-Fundamentalisten auf Israel.

2007 tobte im Gazastreifen ein Bürgerkrieg zwischen Hamas und der Fatah von Präsident Abbas. Die islamistische Hamas besiegte und vertrieb ihre »Brüder«. Es erreichten noch mehr Raketen aus dem Gazastreifen Israel, das zur Jahreswende 2008/09 hart zurückschlug. Es folgte wieder eine kurze Ruhe, dann erneuter Sturm: der Gazakrieg im Sommer 2014.

War das neue Gewalt? Nein, es war die Fortsetzung der alten mit anderen Mitteln und aus verschiedenen Anlässen.

Strukturell hat sich in diesem über *130-jährigen Krieg* nichts geändert. Die Überwindung des Kriegskreislaufs kann nur gelingen, wenn neu gedacht wird: Sowohl bezogen auf die Vergangenheit(en) als auch die Gegenwart und Zukunft.

Dieses Buch führt zu den Wurzeln des Streits. Es bietet handfeste Informationen und in der Schlussbetrachtung eine praktikable föderative Friedenslösung. Das wäre eine Utopie, gar Eselei, sagen sicher manche. Ich halte dagegen: Die Realität bedeutet seit 130 Jahren Krieg. »Etwas Besseres als den Tod finden wir überall«, sagt der Esel im Märchen von den Bremer Stadtmusikanten, dessen vermeintliche Eselei sich als Lebensrettung erweist.

»Wenn ihr wollt, ist es kein Märchen.« Mit diesem Satz schloss Theodor Herzl, der Vater des politischen Zionismus, seinen visionären, wenngleich literarisch wenig überzeugenden zionistisch-utopische Roman »Altneuland«. Ein halbes Jahrhundert später war das Märchen Wirklichkeit. 1948 wurde Israel gegründet.

Nochmals: Wenn in und über Nahost nicht neu gedacht wird, kann nichts Neues bzw. Friedliches gemacht werden. Das falsch Gedachte und Gemachte betrifft leider nicht nur

(nur?) Nahost, sondern einen Großteil der gegenwärtigen Staatenwelt. Deshalb zerfällt sie. In Nahost und anderswo. In meinem nächsten Buch »Zum Weltfrieden«, das im Jahre 2015 erscheint, versuche ich zu zeigen, wo in und außerhalb Nahost was und weshalb falsch gedacht und falsch gemacht wird. Es liegt wirklich nicht an »den« Juden oder »den« Muslimen, sondern am falschen Ansatz, der falschen Konzeption. Das jedoch ist ein »weites Feld«, ein noch weiteres, sicher ein anderes.

Ich beschreibe in diesem Buch Geschichte, ich schreibe kein Märchen und mein scheinbar utopisches Lösungskonzept ist allemal besser als der bislang sehr reale Massentod. Das Buch bleibt *allen* gewidmet, die im Heiligen Land *leben* wollen, ohne andere zu töten.

München im August 2014

Information statt Agitation

Gut meinend, wenig wissend, stark wertend – so verlaufen die meisten Diskussionen über den israelisch-arabisch-palästinensischen Konflikt. Nicht nur in Deutschland findet man bei den Debatten an Stammtischen, bei Politikern, Journalisten und selbst an Universitäten kaum Unterschiede im Niveau der Argumentation. Jeder Konfliktpartner verfügt auch bei uns über treue Parteigänger. Der Kampf um die öffentliche Meinung tobt seit Jahren, und er wird weitergehen, unabhängig davon, ob und wie der seit 1993 sichtbare, mit dem Hebron-Abkommen von Netanjahu und Arafat im Januar 1997 bekräftigte Friedensprozeß weitergeht.

Gewarnt werden muß immer wieder vor den vermeintlichen oder auch den tatsächlichen Fachleuten. Ihre politische, parteiliche Botschaft verpacken sie wissenschaftlich. Sie liefern der jeweiligen Partei eher Beweismaterial für den eigenen Standpunkt als unabhängige und vollständige Informationen.

Der Begriff »Parteilichkeit« kommt vom lateinischen Wort »pars«, auf deutsch: der Teil. Ein Teil des Mosaiks ist nie das vollständige Bild. Vollständigkeit kann auch ich nicht bieten, aber wenigstens versuchen, Einseitigkeiten, also Parteilichkeit, zu vermeiden.

Um das vollständige Bild zu erhalten, müssen Vorurteile überwunden werden. Das ist für *jede* Seite schmerzlich, aber auch notwendig, wenn Kompromisse Konflikte dämpfen sollen. Für den Außenstehenden, der sich informieren möchte, ist es unerläßlich.

Wer auf einseitige Parteilichkeit und Eindeutigkeit in der Argumentation verzichtet, verwirrt scheinbar. Es sei hier zwar vermieden, die Dinge kompliziert darzustellen, trotzdem muß hier und dort der Geist scheinbar verwirrt werden, wenn das Geflecht der Vorurteile im Dienste der Information entwirrt und geklärt werden soll.

Information statt Agitation in der Sache zu bieten bedeutet, Mehrdeutigkeit an die Stelle parteilicher Einseitigkeit und Eindeutigkeit in der Bewertung zu setzen. Für manche ist das eine Provokation. Ich habe dieses Buch jedoch nicht für Parteigänger und Propagandisten geschrieben.

Daß die Schreibweise der hebräischen und arabischen Namen nicht den Regeln der Wissenschaft entspricht (es fehlen die üblichen Haken und Ösen, die das Lesen zur Tortur werden lassen), hat einen guten Grund: Ich möchte, daß das Buch lesbar wird.

Heiliges Land? Israel? Palästina?

Was bedeuten uns Namen? Sind sie Schall und Rauch? Sie sind es sicher nicht in bezug auf Menschen oder auf Staaten und Städte. Indem wir Jerusalem oder Al-Quds sagen, entscheiden wir uns für die jüdisch-israelische oder für die arabisch-islamische Verknüpfung. Wir beschäftigen uns also nicht mit Namen- oder Wortspielen, sondern mit explosiver Politik.

Man denke an unsere eigene Geschichte: Die Deutschen nannten die Stadt Danzig, die Polen Gdansk. Aus Chemnitz machte die DDR Karl-Marx-Stadt, und das Ende der DDR war der Neubeginn für Chemnitz. Aus St. Petersburg wurde nach der Bolschewistischen Revolution Leningrad, und Leningrad erwachte 1991 wieder als St. Petersburg. Namen sind Inhalte, sind politisches Programm, sind Hinweise auf Sieger und Besiegte. Das gilt auch im Heiligen Land: Ist Israel das Land der Juden? Ist Palästina das Land der Palästinenser?

»Das Land« – auf diese knappe Formel brachten es die Juden am Ende der Epoche des Zweiten Tempels, also um die (christliche) Zeitenwende. Aber auch vorher findet man Hinweise auf »das Land«. Zum Beispiel im Dritten Buch Mose (Leviticus) 19,23: »Und wenn ihr in das Land kommt...« Oder: »Und Josua nahm das ganze Land ein...« (Josua 11,23). Aber es wurde hier eher als Abkürzung denn als Name benutzt. Damit sollte ausgedrückt werden, daß es viele Länder auf der Welt gibt, aber für Juden eben nur dieses eine, das »Land Israel«, auf hebräisch: »Eretz Israel«. Die verschiedenen Teile des Landes trugen auch vorher schon verschiedene Namen. Erst in jener Zeit sprach man von »dem Land«. Es knüpfte eine Einheit von Land, Volk und Religion: Israel, Juden, Judentum.

Zu Beginn, bei den *Ägyptern*, hieß es bis zum 14. beziehungsweise 13. Jahrhundert v. Chr. *Retenu*. Dazu gehörten auch das heutige Syrien und der Libanon. Dann nannten sie es *Hurru* – nach den Hurritern, die seit dem 17. Jahrhundert v. Chr. vor allem in Syrien lebten. Bis in das 3. Jahrhundert v. Chr. findet man in ptolemäischen Texten diese Bezeichnung.

Vom Ende des 14. bis in das 12. Jahrhundert v. Chr. sprachen die Ägypter von *P-Knaana*, also vom Land Kanaan. Nun endlich bewegen wir uns auf vertrauterem Boden, denn wir kennen diese Bezeichnung aus der Bibel. Dort ist damit im engeren Sinne das Land westlich des Jordans gemeint, im weiteren Sinne auch der westsyrische Bereich. Ein kanaanitischer Stamm waren die Amoriter, deshalb wurde ein Teil der Region »Land der Amoriter« genannt. Auf der Suche nach Juden oder Hebräern hören wir also zunächst von anderen Völkern und anderen Namen für bestimmte Landesteile.

Völker kommen und gehen. Die *Hebräer* kamen, und zu den Hebräern zählten unter anderem auch die Israeliten. »Denn gestohlen bin ich worden aus dem Land der Hebräer«, berichtet Joseph im Ersten Buch Mose (Genesis), 40,15.

Die vielbeschworene und ebenso umkämpfte Einheit von Land, Volk und Religion zeichnet sich mit der Landnahme durch die Israeliten erst spät ab. Vom *Land der Kinder Israels* ist im Buch Josua 11,22 die Rede. Hierhin führte Josua die Kinder Israels. Hier bekämpfte er die ansässigen Völker, ermordete und vertrieb sie allmählich. Die Tradition der gewaltsamen Landnahme durch die Juden begann.

Von »Eretz Israel«, vom *Land Israel*, lesen wir in 1. Samuel 13,19. Aber hier ist nur das Siedlungsgebiet der Kinder Israels gemeint, nicht das ganze Land. Saul, David und Salomo herrschten über das *Königreich Israel*, lesen wir in der Bibel. Aber die Forschung ist sich weitgehend darüber einig, daß die Bezeichnung »Land Israel« für die Zeit Davids nachträglich eingeführt wurde (1. Chronik 22,2 oder 2. Chronik 2,16).

Schon zu Zeiten König Davids ist sowohl von *Israel* als auch von *Judäa* die Rede. Beide kennzeichnen das von den Juden bewohnte Land. Allerdings werden auch schon im Buch Josua 11,21 sowohl Israel als auch Judäa genannt; Judäa allerdings nur als Gebirgslandschaft. Die Wissenschaft wertet dies als Vorgriff, denn erst nach dem Tod von König Salomo wurde das Reich in zwei Teile gespalten: eben in »Israel« und »Judäa«.

Es handelt sich also um keine babylonische, sondern um eine jüdisch-israelitische Sprachverwirrung. Sprachliche Begriffe sind ein Spiegel, nicht die Wirklichkeit selbst. Diese vielen Bezeichnungen und Namen spiegeln die Verwicklungen, den Kampf, die politisch und historisch unklaren oder ungeklärten Verhältnisse der Region. Angesichts der Mehrdeutigkeiten können nur Propagandisten behaupten, alles sei eindeutig.

Im Jahr 538 v. Chr. erlaubte der Perserkönig Kyros den Juden die Rückkehr ins Land, nach *Judäa*. Jetzt erst bilden die Wörter »Jude« und »Hebräer« eine Einheit. Judäa ist nun der Juden Land, und zwar der Juden, die nach Zion zurückgekehrt waren. Als Rückkehr nach Zion bezeichnen die Juden diese 538 v. Chr. einsetzende Rückwanderung in die Heimat.

Zion ist der Name für die alte Jebusiterstadt, die man heute als Jerusalem kennt. Selbst das scheinbar so exklusive, rein jüdisch-hebräische Wort »Zion« ist also eigentlich ein Fremdwort. Schon dieser zentrale Begriff jüdischer Religion und Staatlichkeit enthält die Spannung von Eigenem und Fremdem, Universalem und Partikularischem. Wenn die jüdischen Propheten von »Zion« sprachen, dann verstanden sie darunter Jerusalem als geistiges und religiöses Symbol. »Denn aus Zion wird die Thora kommen und Gottes Wort aus Jerusalem.« Erst in der Diaspora, außerhalb Israels, wurde Zion den Juden zugleich zum Symbol für ihr »Heiliges Land«.

Der im 19. Jahrhundert gegründete Zionismus war also die Nationalbewegung des jüdischen Volkes, das die Rückkehr in sein Land plante, oder, vorsichtiger ausgedrückt, in das Gebiet, das es als sein Land betrachtete. Doch wir eilen der Geschichte um Jahrtausende voraus.

Seit 538 v. Chr. war Judäa sozusagen ganz amtlich das autonome Gebiet der Juden in ihrer Heimat, aus der sie erstmals 722 v. Chr. von den Assyrern und dann 586 v. Chr. von den Babyloniern verschleppt worden waren. Im 2. Jahrhundert v. Chr. gelang es den Juden Judäas unter den Hasmonäern sogar, wieder einen eigenen Staat zu schaffen: das Königreich Judäa. Auch unter König Herodes blieb dieser Name erhalten. Dieses Judäa war wesentlich größer als das einstige Königreich gleichen Namens, das 586 v. Chr. zerstört worden war.

Schon zu Herodes' Zeiten waren die Römer die eigentlichen Herrscher des Landes. Gegen dieses Joch erhoben sich die Juden. Ihr Aufstand war jedoch vergeblich. Sie verloren ihn im Jahr 70 n. Chr. und endgültig im Jahr 135. Verloren ging zur Strafe auch der Name. Der römische Kaiser Hadrian nannte das Land *Syrien-Palästina*. Bald hieß es nur noch *Palästina*, das Land der Philister. Und jeder, der sich an David und Goliath erinnert, wird wissen, daß der Riese ein Philister war.

Die von den Römern gewählte Symbolik erlaubte keinen Zweifel. Die Juden hatten ihr Recht auf dieses Land verwirkt – zumindest in den Augen Roms. Verwaltungsbezirke und einzelne Gebiete wurden diesem »Palästina« im Lauf der folgenden Jahrhunderte von Byzantinern, Arabern oder Osmanen das eine Mal abgezwackt, das andere Mal hinzugefügt. Aber Palästina blieb im Grunde unangetastet – bis zur Errichtung des Jüdischen Staates. Dieser besteht bekanntlich seit dem 14. Mai 1948 und heißt *Israel.*

Nicht ganz Palästina wurde Israel. Östlich des Jordans war 1921 durch einen Federstrich der Briten (Winston Churchill) das »Emirat Transjordanien« entstanden. Ab 1946 hieß es »Königreich Transjordanien«. Dieses Königreich verleibte sich im Dezember 1948 das Westjordanland und Ost-Jerusalem ein. Fortan hieß diese Verbindung von Ost- und Westjordland »Königreich Jordanien«. Außer Großbritannien und Pakistan erkannte kein anderer Staat diese Annexion an. Seit 1967 haben die Israelis Ost-Jerusalem und das Westjordanland besetzt. Der Gaza-Streifen fiel 1949 unter ägyptische Verwaltung; er war aber nie ein völkerrechtlicher Bestandteil Ägyptens. Auch der Gaza-Streifen wurde 1967 von den Israelis besetzt.

Der Name Israel steht heute für das 1948 entstandene Gebiet des Jüdischen Staates. Die Einverleibung Ost-Jerusalems wird von den Israelis als »Wiedervereinigung« bezeichnet; die Palästinenser (und die meisten Staaten dieser Welt) sprechen von »Annexion«. 1981 annektierte Israel zudem die 1967 eroberten Golan-Höhen. Auch hier sagte die Welt: nein.

Woher stammt der Name *Heiliges Land?* Für Juden und Christen ist er ein Ausdruck der Ehrerbietung und Liebe gegenüber dem Land. Er gehörte natürlich nie zur Amtssprache. Für die Juden bedeutet er in Verbindung mit der Symbolik von Zion, dem geistig-religiösen Zentrum der Juden, eine Steigerung der Bezeichnung »das Land«. Der Apostel Paulus spricht vom »Land der Verheißung«, das Abraham von Gott als »Erbteil« erhalten habe (Brief an die Hebräer 11,9).

Die Muslime verehren heilige Stätten in diesem Land, aber das Land in seiner Gesamtheit war für sie nicht das »Heilige Land«. Der Islam orientiert sich (wir erläutern es später) an Arabien und der arabischen Sprache. Der Islam zeigt sich ursprünglich »arabozentrisch«. Die Konzentration auf Palästina ist ein Ergebnis der Politik und aus der Sicht der Muslime verständlich, nachvollziehbar und berechtigt. Doch immer wieder gilt, daß Berechtigtes nicht automatisch richtig sein muß. Meistens ist es parteilich; es soll eher provozieren als informieren. Das gehört zum Ritual von Konflikten und sei damit den Konfliktparteien überlassen, nicht jedoch der folgenden Darstellung.

I
Religiosität und Politik

Fromme, Frömmler und der »tote Gott«

Wem gehört das Heilige Land? »Natürlich uns«, sagen Israelis und Juden. »Nein, selbstverständlich uns«, entgegnen Araber und Muslime. »Das Land gehört uns zwar nicht, aber auch uns ist es heilig. Wir wollen ebenfalls mitbestimmen, wer Zugang zu den heiligen Stätten erhält, und wie«, erklären Christen.

Sind das die Antworten von Frommen oder Frömmlern? Zweifellos geben sie *auch* die Überzeugung der Frommen wieder. Ansprüche, Sehnsüchte und Hoffnungen in bezug auf das Heilige Land können religiös motiviert werden – von Muslimen und Christen, vor allem aber von Juden. Die Verknüpfung von Volk, Religion und *diesem* Land als *ihrem* Land, ihrem »Heiligen Land«, ihrem von »Gott Gelobten Land«, ist bei den Juden am stärksten ausgeprägt.

Weder Muslime noch Christen behaupten, daß es *ihr* Land wäre. Es ist aber, ebenso zweifelsfrei, unauflöslich mit ihrer Heilsgeschichte verknüpft und daher auch ihnen heilig.

Wer religiös argumentiert, müßte religiös sein, ist es aber häufig nicht. Wahrlich, nicht der Fromme, sondern viele Frömmler argumentieren in bezug auf das Heilige Land religiös. Sie verkennen, daß jegliche Religion Menschenleben schützen, nicht jedoch vernichten will. »Du sollst nicht töten«, heißt es in den Zehn Geboten, deren Verbindlichkeit von Juden, Christen und Muslimen anerkannt wird. Wörtlich übersetzt lautet dieses fünfte Gebot: »Du sollst nicht morden.« Das hebräische Original ist also noch eindeutiger.

Der Mensch sei, lesen wir in der Bibel, das »Ebenbild Gottes«. Sollte dessen Ermordung ein religiöser Befreiungsakt sein? Vertreten diesen Glauben nicht letztlich nur solche Menschen, für die Gott tot ist? Im Originalton klingt es jedoch alles andere als säkular: »Diejenigen, die für die Befreiung Palästinas kämpfen, kommen direkt in den Himmel.« Ähnliche Parolen kennt man aus der Zeit der Kreuzzüge.

Es ist schon ein Kreuz mit den »Heiligen Kriegen« – von Christen, Muslimen oder jüdisch-israelischen Siedlungsfanatikern. Letztere bezeichnen sich zwar nicht als »Heilige Krieger«, aber von der Heiligkeit ihrer Mission sind sie ebenfalls durchdrungen. Daß dabei Gewehrkugeln Palästinenser verletzen und töten, nehmen sie in Kauf.

Schon hier stellen wir fest, daß wir Kompromisse ebenso wie starre Positionen religiös begründen können. Die Religion ist jedoch als politisches Instrument und Argument untauglich. Religion soll dem Leben eigentlich moralische Tiefe und Schärfe verleihen, nicht aber den Tod von Menschen durch Menschen auslösen. Tödliches Unheil braute sich jedoch in vielen Kriegen gerade um das Heilige Land zusammen. Manchmal scheint das Heilige Land der Mikrokosmos einer unheilvollen Welt zu sein.

Seltsam ist, daß immer mehr Menschen (auch) in der jüdischen, islamischen und christlichen Welt von der Religion nichts wissen wollen, aber ihren Anspruch auf das Heilige Land nicht zuletzt durch die Religion rechtfertigen. In Israel bezeichnen sich seit Jahrzehnten rund siebzig Prozent der jüdischen Einwohner als »nicht religiös«. Manche sind sogar militant antireligiös und fühlen sich von den extrem Religiösen (wörtlich!) »vergewaltigt«. Sie entkleiden das Judentum seiner religiösen Substanz. Die jüdische Religion ist für sie lediglich die Hülle des jüdischen Volkes. Die Verbindung zu »ihrem« Land zeigt sich für sie nur durch die Geschichte. Der jüdische Anspruch wird also historisiert.

Die arabisch-islamische Welt präsentiert hingegen immer heftiger ihr religiöses Empfinden. In der jüdisch-israelischen Gesellschaft schreitet die Säkularisierung (die Entfernung und Entfremdung von der Religion) ebenso wie in der christlichen voran, von orthodoxen (und auch immer militanter agierenden) Gruppen abgesehen.

Die säkularisierte jüdisch-israelische Seite entzieht sich dadurch selbst ihre Daseinsberechtigung. Sie steht wirklich nackt vor den Arabern. In dem Maße nämlich, wie das Volk der Bibel nicht mehr zur Bibel und ihren Geboten hält, verliert es den Anspruch auf das biblische Land, das Heilige Land, das ihnen Gelobte Land. Der jüdische Anspruch wird historisch, und wie alles Historische ist dann auch dieser Anspruch nicht mehr absolut, unangefochten und unanfechtbar, sondern relativ und höchst zweifelhaft. Die mehrheitlich säkularisierten, »modernen«, eher nichtreligiösen jüdischen Israelis müssen also einen Kurs zwischen fundamentalistischer Orthodoxie und totaler Verweltlichung steuern. Es ist ein Drahtseilakt zur Rechtfertigung der eigenen Ansprüche auf das Land.

Die Entfernung und Entfremdung von der Religion provoziert Gegenreaktionen. Fundamentalisten haben deshalb bei Juden, Muslimen und Christen Zulauf. Aber konnten sie die von ihnen gefürchtete Säkularisierung wirklich bremsen oder gar umkehren? Zweifel sind erlaubt. Die Säkularisierung geht unaufhaltsam weiter, zumindest im technisch-organisatorischen Bereich, weniger im geistig-kulturellen.

Vielleicht ist der religiöse Fundamentalismus lediglich eine offensive Spielart der Defensive. Wir haben vergleichbare Aktionen und Reaktionen in den vergangenen zweihundert Jahren sowohl in der jüdischen als auch in der islamischen und christlichen Welt mehrfach beobachten können. Die These von der offensiven Defensive mag so lange gelten, bis sie nicht eindeutig widerlegt ist.

Fundamentalismus als Schutzschild der Kultur?

Der Grund für den scheinbar unaufhaltsamen Vormarsch der religiösen Fundamentalisten ist in dem Versuch zu sehen, eine kulturelle (also auch religiöse) Eigenständigkeit wiederherzustellen oder zu erreichen. *Eigenständigkeit* wird angestrebt; in einer zunehmend standardisierten Welt. Dies ist ein altbekanntes Motiv in der jüdischen und islamischen Welt. Die jüdische Religion war wie der Islam von Anfang an auf Abgrenzung bedacht. Der Prophet Mohammed pflegte enge Kontakte zu Juden und Christen. Als Religionsstifter mußte er freilich auf (durchaus nicht unfreundlich gemeinte) Distanz zu ihnen gehen. Auch politische Gründe sprachen dafür. Das Christentum war zu seiner Zeit die Religion des Byzantinischen Reiches, das Judentum war durch sein Zentrum in Mesopotamien, in Babylonien, eng mit persischen Interessen verbunden. Der Islam trat sozusagen als Religion der Blockfreien auf.

Die heutige Welt wird zunehmend vom »Westen«, also von der europäisch-amerikanischen Zivilisation, geprägt. Es handelt sich dabei vornehmlich um eine materialistische und technologische Zivilisation – so erscheint es jedenfalls vielen islamischen, jüdischen und christlichen Fundamentalisten. Diese moderne, technische, »westliche« Zivilisation verunsichert und verwirrt viele Menschen. Sie fühlen sich geistig und seelisch bedroht und empfinden diese Zivilisation als Angriff auf ihre Kultur, zu der sie die Religion als untrennbaren Bestandteil zählen. Für sie ist die moderne Zivilisation ein kultureller Einheitsbrei, der einzugrenzen ist. Einer der von ihnen dagegen errichteten Dämme ist der Fundamentalismus.

Kultur betrifft das Sein, also das Wesentliche. Zivilisation regelt und organisiert das Dasein. Fundamentalisten leben in dieser Polarität von Sein und Dasein. Ihre Angst besteht darin, daß ihr Volk wie alle anderen werden könnte, um schließlich in der Masse aufzugehen. Die Vorstellung, »wie alle anderen Völker« zu sein, löst bei orthodoxen Juden eine Gänsehaut aus. Aber es sind eben nicht nur orthodoxe Juden, die sich gegen diese zivilisatorische Vereinheitlichung wehren. Einen »Krieg der Zivilisationen« (Samuel Huntington) und Kulturen braucht man deshalb nicht zu befürchten, aber der Zusammenprall (*clash*) ist offenkundig. Zu einem Zerbrechen (*crash*) kann, muß es aber nicht führen. Doch um im Bild zu bleiben: Einen *Crash-Test* haben beide Seiten zu befürchten, die westlich-moderne ebenso wie die nichtwestlich-fundamentalistische.

Der Mißerfolg fundamentalistischer Philosophie ist jedoch vorprogrammiert, weil die positiven Errungenschaften der Zivilisation offensichtlich sind. Diese Zivilisation erlaubt es durchaus, daß die Menschen ihre Kultur erhalten und auch weiterentwickeln. Zivilisation muß lediglich als das erkannt werden, was sie ist: als ein Instrument zur Daseinsregelung. Das Dasein bestimmt das Sein eben nicht oder nicht ausschließlich. Unterschiedliche Kulturen und eine einheitliche Zivilisation schließen einander keineswegs aus – wenn man zwischen beiden unterscheidet und beispielsweise die Einheit von Politik und Religion auflöst.

Viele entdecken, daß man die Vorzüge der Zivilisation übernehmen kann, ohne auf sein eigenständiges kulturelles Erbe zu verzichten. Die jüdische Neuorthodoxie (sie entstand im 19. Jahrhundert in Deutschland) hat dies ebenso erkannt wie neuorthodoxe Christen und Muslime.

Die Formel der jüdischen Neuorthodoxie lautet: »Thora im Derech Eretz.« Sinngemäß übersetzt: »Bibel und die weltlichen Dinge« – das heißt, das eine kann man tun, ohne das andere zu lassen. Ein strenggläubiger Jude trägt zum Beispiel sogar im Hochsommer den schwarzen Mantel, den großen, ebenfalls schwarzen Hut und natürlich Schläfenlocken. Er hält die religiösen Gesetze haargenau ein, verbindet also in seinem Alltag jüdische Kultur und Religion. Und gleichzeitig unterhält er ein High-Tech-Geschäft, das modernste Hardware und Software verkauft. Entscheidend in bezug auf *diese* Neuorthodoxie ist die Trennung des politischen und des religiösen Bereichs.

Als Beispiel aus der muslimischen Welt seien zwei Namen genannt. Es handelt sich allerdings um zwei militante Persönlichkeiten, die eben nicht die Trennung der Bereiche Politik und Religion vollzogen haben. Sie strebten eine Modernisierung der Religion an, um politisch und militärisch schlagkräftiger zu sein. Es sind die islamischen Modernisten des 19. Jahrhunderts: Gamaladdin Afghani (1839 bis 1897) und sein Schüler Muhammad Abduh (1849–1905). Sie funktionierten den Islam in eine antikolonialistische Ideologie um. Diese sollte »zur politischen Aktion gegen Europa« aufrufen (Bassam Tibi). Beide waren »Europa gegenüber nicht verschlossen; sie waren aber nur bereit, Elemente der bürgerlichen Zivilisation und Kultur zu übernehmen, sofern diese den Islam gegen Europa stärken könnten« (Bassam Tibi).

Zu den weniger militanten neuorthodoxen Vertretern könnte man den ersten Ministerpräsidenten Khomeinis, Bazargan, zählen. Er war ein überzeugter Muslim und zugleich ein Techniker, deshalb auch eher ein Pragmatiker, also kein wilder Ideologe. Aus diesem Grund blieb er nicht lange Khomeinis Ministerpräsident. Die Mischung aus Technokrat und Theokrat (Anhänger des Gottesstaates) personifizierte auch Abdelkader Hachani, der Chef der »Islamischen Heilsfront« in Algerien. Hachani ist Ölingenieur.

Es gibt diese Neuorthodoxen also auch in der islamischen Welt, wenngleich dort die Verweltlichung, zumindest die Trennung von Religion und Politik, nur unvollständig vollzogen wurde. Religion war und blieb hier ein Mittel zum politischen Zweck. In der jüdisch-israelischen Welt wurde sie dieses erst relativ spät.

Der Fundamentalismus ist ein Signal für die Krise der Zivilisation und ihres drohenden Zusammenbruchs. Der ursprünglich christlichen, zunehmend nichtreligiösen und dafür technologisch geprägten europäisch-amerikanischen Zivilisation stehen der jüdische und islamische Fundamentalismus gegenüber. Die Einsturzgefahr ist bei den Muslimen heute am größten, denn die religiösen Wälle sind bei den meisten Christen und Juden längst gebrochen. Letztere sind säkularisiert oder haben moderne Zivilisation und Kultur durch die Neuorthodoxie harmonisiert. Nur ihre Fundamentalisten wehren sich noch. Daß und wie sehr sie sich wehren, sehen wir an der Iranischen Revolution. Und wir erkennen es auch am mörderischen Widerstand der islamischen Fundamentalisten. Diese bekämpfen nicht nur (»nur«?) den jüdischen Staat, sondern auch eigene muslimische »Abweichler«. Letzteren wird vorgeworfen, dem Westen und Israel gegenüber weich geworden sowie vom »Pfad der Tugend« abgewichen zu sein.

Auch jüdische Fundamentalisten leisten erbitterten mörderischen Widerstand gegen den Kompromiß (das heißt: gegen den Frieden). Hat sich der Mörder des israelischen Ministerpräsidenten Rabin etwa nicht auf die jüdische Religion berufen? Diese, so behauptete er, verbiete es bei Todesstrafe, jüdisches Land an Nichtjuden zurückzugeben. Weil Rabin dies plante, hätte er getötet werden müssen, so die konfuse Logik des Attentäters. Ob der Rabin-Mörder Jitzchak Amir den genauen begrifflichen Vorgaben des »Fundamentalismus« entspricht, interessiert dabei weniger als eine andere Tatsache: daß er sich, genau wie islamische Fanatiker, der anderen Seite gegenüber völlig verschließt und »notfalls« auch die offenen Geister des eigenen Volkes erschießt.

Ist Zionismus Gotteslästerung?

Die jüdische Religion stellt wahrhaftig kein Handbuch für Ansprüche auf jüdische Staatlichkeit im Heiligen Land zur Verfügung. Fundamentalisten meinen sogar, daß eben diese Heiligkeit die jüdische Staatlichkeit bis zum Eintreffen des Messias verbiete.

Bei den jüdischen Fundamentalisten gibt es, grob gesprochen, zwei Gruppierungen: die »nachhelfenden Aktivisten« und die »passiv Abwartenden«. Am Ziel ihrer Wünsche sind fromme Juden erst, wenn der Messias gekommen sein wird. *Er* wird den Gottesstaat errichten. Die nachhelfenden Aktivisten im Lager der jüdischen Fundamentalisten haben schon mit dem Aufbau des Staates begonnen, der dann ein Gottesstaat, *ihr* Gottesstaat, werden soll. Die passiv abwartenden jüdischen Fundamentalisten halten bereits diesen ersten Schritt zur Staatlichkeit für einen Beweis des Unglaubens. Für sie beweist dieser Aktivismus mangelndes Vertrauen in Gott und ist daher »Gotteslästerung«.

Die passiven jüdischen Fundamentalisten sind tief religiös und in manchen Bereichen durchaus modern. Politik betreiben sie allerdings (wenn überhaupt) nur als Religionspolitik, letztlich in Form von Gemeindepolitik. Jüdische Staatlichkeit hat für sie mit der Heiligkeit des Heiligen Landes nichts zu tun. Im Gegenteil, sie behaupten: »Zionismus ist Gotteslästerung.« Wer jemals das orthodoxe jüdische Viertel Mea Schearim in Jerusalem besucht hat, dürfte dort diese Parole mehrfach an Häuserwänden gesehen und sich dabei gewundert haben, warum orthodoxe Juden als Gegner des Jüdischen Staates, als Gegner der Jüdischen Nationalbewegung auftreten.

Extreme und religionspolitisch militante orthodoxe Juden sind im israelisch-arabischen Konflikt friedlicher. »Uns stört es nicht, wenn Araber in Jerusalem leben«, verkündete zum Beispiel der fundamental-religiöse Rabbiner Schach und dachte dabei wahrscheinlich an das Talmudtraktat Ketubbot 110b: »Unsere Meister lehrten: Stets solle ein Mensch im Land Israel wohnen, sogar in einer Stadt, deren Mehrheit aus Fremden [= Nichtjuden] besteht.« Er wohnte nicht im Ausland. Nicht einmal in einer Stadt, deren Mehrheit aus Juden besteht. Warum? Talmudtraktat Sota 14 beantwortet diese Frage zum Teil: »Viele Gebote wurden [dem Volk] Israel vorgeschrieben, die sich nur im Land Israel erfüllen lassen.« Und Rabbi Simlai, einer der talmudischen Weisen, fügte hinzu: »Ich möchte das Land Israel betreten, damit ich sie [die Gebote] alle erfülle.« Das religiöse Leben der Juden sei entscheidend, nicht ihre Staatlichkeit. Auf die jüdische Qualität, nicht auf die Quantität der Juden komme es an.

Rabbiner Schach war als nachhelfender Aktivist im Lager der jüdischen Fundamentalisten das Oberhaupt einer höchst einflußreichen radikalreligiösen Partei in Israel. In den 1990er Jahren war er sogar der »Königsmacher« israelischer Politik, indem er auf die Wahl des Ministerpräsidenten Einfluß nahm.

Bei der Madrider Friedenskonferenz im Herbst 1991 saßen erstmals Israelis, Palästinenser, Jordanier, Ägypter, Syrer und Libanesen vor den Kulissen an einem Gesprächstisch, anstatt aufeinander zu schießen. Gerührt und voller Ahnungslosigkeit präsentierte eine deutsche Zeitung ein Foto, das Rabbiner Hirsch und Faisal Husseini zeigt. Der folgende Text wurde hierzu gedruckt: »Zum Beginn einer schwierigen Konferenz eine Begegnung in Jerusalem, die einen Funken Hoffnung signalisiert: Rabbi Hirsch, Führer der ultraorthodoxen ›Neturei Kartha‹, trifft mit dem Palästinenserführer Faisal Husseini zusammen.« Offensichtlich wußte die Redaktion nicht, daß die radikalreligiöse Gruppe Neturei Kartha militant antizionistisch ist, den Jüdischen Staat Israel als »Gotteslästerung« beschimpft und seit Jahrzehnten enge Kontakte zur palästinensischen Nationalbewegung pflegt. Rabbi Hirsch vertritt die passiv Abwartenden im Lager der jüdischen Fundamentalisten, für die jeder Schritt zum Aufbau eines (Gottes-)Staates ein Beweis des Unglaubens ist.

Zur israelisch-arabischen Friedenskonferenz entsandte Neturei Kartha deshalb zwar drei Berater – aber als Teil der palästinensischen Delegation. Doch auch auf die Größenverhältnisse kommt es an. Wenn siebzig Prozent der jüdischen Israelis nichtreligiös sind, bilden die Religiösen also eine Minderheit. Unter dieser religiösen Minderheit sind die Orthodoxen ihrerseits eine Minderheit. Und eine Minderheit dieser Minderheit ist die winzige Gruppe der Neturei Kartha. Nur weil ihre Männer so malerisch aussehen und weil sie zudem religionspolitisch äußerst militant sind, werden sie von der Außen- und Innenwelt beachtet. Friedfertig sind sie gegenüber muslimischen und christlichen Palästinensern. Auf nichtreligiöse Juden sind sie dagegen durchaus bereit, Bomben zu werfen, wenn diese zum Beispiel Schwimmbäder eröffnen, in denen Männer und Frauen nicht voneinander getrennt sind. »Ein Funken Hoffnung«?

Für aufgeklärte, »moderne« Menschen ist keine Form der Orthodoxie nachvollziehbar, auch nicht für den Autor dieses

Buches. Wer jedoch wissen will, ob der Kampf um das Heilige Land ein Krieg der Religiösen und der Religionen oder gar ein Kampf für die Religionen ist, muß die diversen Verästelungen kennen. Diese Verästelungen sind gewiß verwirrend – weil auch die Konfliktlinien wirr sind. Eindeutig ist nur die Vieldeutigkeit. Und das zu wissen ist letztlich die Voraussetzung dafür, den Konflikt zu überwinden; zumindest geistig zu durchdringen.

Für strenggläubige Menschen ist Geschichte zugleich auch eine Heilsgeschichte. Diese Aussage gilt für Juden ebenso wie für Moslems, Christen oder andere. Der Gang der Geschichte ist für sie nicht Menschenwerk, sondern Gotteswerk: Der Mensch soll Gottes Gebote erfüllen, nicht politisch aktiv sein.

Wenn also Gott einem Volk das Land schenken oder wiedergeben möchte, so wird *er* schon dafür sorgen. Menschliche Nachhilfe benötigt er nicht, so das orthodoxe Denkmuster. Um sich von dieser Theorie überzeugen zu lassen, muß man allerdings wirklich ein gläubiger Mensch sein. Säkularisierte Menschen werden dieses Denkmuster zumindest intellektuell nachvollziehen können, den Sprung in eine eigene Religiosität aber vermutlich verweigern. Diese Reaktion ist verständlich. Auch ich gehöre nicht zu den Fundamentalisten. Doch sie zu verstehen ist unerläßlich, wenn man die religiöse Dimension des Kampfes um das Heilige Land andeutet.

Die entscheidende These lautet: Das Betonen der religiösen Dimension führt keineswegs zwangsläufig zur Forderung nach einem Staat für die eigene Religionsgruppe – sei sie jüdisch, muslimisch oder christlich. Über die Heiligkeit des Heiligen Landes entscheidet nicht die jeweilige Staatlichkeit. Diese Aussage gilt sowohl für die religiöse als auch für die historische Dimension des Konflikts. Denn die Juden waren sogar während ihrer Anwesenheit im Heiligen Land nur die kürzeste Zeit staatlich unabhängig organisiert. In der rund fünfhundertjährigen Epoche des Zweiten Tempels (520 v. Chr.–70 n. Chr.) entwickelten die Juden im Heiligen Land Religion und Gesellschaft fort, aber politisch verfügten sie nur über *Autonomie*, also Selbstverwaltung und Selbstbestimmung nach innen. Sie besaßen keine *Souveränität*, also keine Verfügungs- und Entscheidungsgewalt nach außen. Von einem »Kampf um das Heilige Land« (um es provokativ zu formulieren) reden also eher die Nichtreligiösen als die Religiösen.

Doch bei aller Meinungsfreiheit müssen Thesen, erst recht ketzerische dieser Art, bewiesen werden. Im folgenden werden deshalb die Geschichte und die Spannungen der Juden zwischen jüdischer Religion und Zionismus skizziert.

Die Zionistische Bewegung wurde im Jahr 1897 von Theodor Herzl ins Leben gerufen. Die Gründerväter des Zionismus waren alles andere als religiöse Menschen. Ihre Sehnsucht nach Zion war politisch. Sie strebten eine jüdische »Heimstätte« an und sprachen dabei ausdrücklich *nicht* von einem »Staat«.

Die Zionisten der ersten Stunde wollten verfolgte und bedrohte Juden retten, nicht das Judentum. Nicht um religiöse Bedürfnisse ging es ihnen also, sondern um das nackte Überleben. Deshalb waren viele Zionisten gar nicht auf das Heilige Land fixiert. Auch von Argentinien und sogar von Uganda war anfänglich die Rede. Diese Pläne ließen sich jedoch nicht durchsetzen. Uganda und Argentinien wären ein jüdisches Wolkenkuckucksheim gewesen, religiös und historisch. Das Heilige, Gelobte Land mußte es sein, auch für die nichtreligiöse Mehrheit der Zionisten.

Vorsichtig blieben sie trotzdem. Aus gutem Grund verzichteten sie anfangs auf die Forderung nach einem eigenen Staat, denn außenpolitisch wäre dies ebenso illusorisch wie selbstmörderisch gewesen. Wie sollte dieser kleine Verein, »Zionistische Weltorganisation« genannt, dem damals in Palästina herrschenden Osmanischen Reich das Land für einen eigenen Staat entreißen?

Dieser Forderungsverzicht war auch innenpolitisch eine kluge Entscheidung. Die religiösen Juden wären durch den Zionismus noch mehr provoziert worden, eben weil die Rückkehr der Juden nach Zion in den Augen der Religiösen eigentlich das Werk Gottes sein müsse und nicht von Menschen betrieben werden dürfe. Doch die religiösen Juden waren sich über die Verquickung von Heilsgeschichte und Geschichte ebenfalls alles andere als einig. Deshalb meinten einige Religiöse, man solle die Zionistische Bewegung stärker an das Judentum binden. Der ursprünglich nichtreligiöse, geradezu antireligiöse Zionismus sollte von *innen* mehr jüdische Religiosität erhalten. Diese Religiösen nannten sich Nationalreligiöse. Sie wollten eine Judaisierung des Zionismus. Hierfür mußten sie sich in die Zionistische Bewegung integrieren. Sie traten den »Marsch durch die Institutionen« an, während die streng Gottgläubigen dieses Vorgehen bereits als »Gotteslästerung« betrachteten und sich von der Zionistischen Bewegung fernhielten.

Auch die Nationalreligiösen sprachen in bezug auf ihr Ziel in Zion nicht von einem Staat, sondern vielmehr von einem geistigen Zentrum, auf hebräisch »Misrachi«, und so nannten sie ihre Organisation. Zion sollte wieder das geistige und religiöse Zentrum des jüdischen Volkes werden.

Für die Zionisten war Zion (Jerusalem) zugleich eine Ortsangabe und das Ziel ihrer politischen Absicht. Nicht als Seelenretter, sondern als Lebensretter der Juden wollten sie sich betätigen. Dabei provozierten sie die religiösen Juden immer heftiger. Die Erziehungspolitik, eine traditionelle Bastion der Religiösen, sollte eine weltlich-nationalistische, also zionistische Angelegenheit werden, beschlossen die Zionisten im Jahr 1902. Auch die Nationalreligiösen fühlten sich herausgefordert. Erst jetzt wandelten sie ihre eher lose Gruppierung in eine innerzionistische »Partei« um. Das Überleben des jüdischen Volkes hängt nicht nur von der »Rückkehr in das Land unserer Väter« ab, sondern auch von der »Beachtung der religiösen Vorschriften«, verkündete die Misrachi-Partei in ihrem Preßburger Gründungsprogramm von 1904.

Unverdrossen drehte die nichtreligiöse Mehrheit der Zionisten weiter an der religionspolitischen Spirale. Nicht nur Erziehungspolitik, sondern ganz allgemein Kulturpolitik verlangte sie im Jahr 1911. Die jüdische Orthodoxie betrachtete diese Entscheidung als regelrechte Kriegserklärung. Nun organisierten auch sie sich. »Agudat Israel« nannten sie ihren Bund. Die von den Nationalreligiösen angestrebte Judaisierung des Zionismus hielten sie für eine reine Augenwischerei, bestenfalls für vergebliche Liebesmühe. Die Prinzipien des Zionismus, so die Agudatisten, richteten sich gegen die jüdische Religion. 1940, während in Polen die deutsche Mordmaschinerie gegen die Juden auf Hochtouren lief, polemisierte der agudatistische Rabbiner Isaak Breuer: »Es ist der Nationalismus, der uns vom Zionismus trennt... Der Nationalgedanke in der Thora ist dem des Zionismus entgegengesetzt... Der zionistische Nationalgedanke ähnelt mehr dem englischen als dem des Gottesvolkes.«

Jüdische Anwesenheit im Heiligen Land wollten auch die Orthodoxen, aber jüdische Staatlichkeit im Heiligen Land widersprach nach ihrer Meinung dessen Heiligkeit. Solange der Messias noch nicht gekommen sei, fügten sie hinzu, seien sie bereit, sich jeder weltlichen Herrschaft unterzuordnen. Eine zionistische Herrschaft aber lehnten sie nach wie vor ab, denn diese verlagere die eher jenseitige, messianische Erwartung ins Profan-Politische und gleiche daher einer »Gotteslästerung«.

Das nationalreligiöse Denkmuster unterschied sich von dem der Orthodoxen insofern, als die Erlösung des jüdischen Volkes vom Joch der Diaspora und der Geschichte zwar als ein Teil der Heilsgeschichte (und somit als Gotteswerk) angesehen wurde – doch der Mensch könne sich durchaus am »Beginn der Erlösung« aktiv beteiligen. Zionismus und Israel blieben für die Nationalreligiösen ein Übergang zwischen dem Leid der Diaspora und der vollständigen Erlösung.

Die Erfahrungen des Holocaust modifizierten das Welt- und Erlösungsbild der jüdisch-orthodoxen Agudatisten. Nun schloß sich die Agudat Israel mehr oder weniger begeistert dem »Marsch durch die zionistischen Organisationen« an. Übrigens war sie dabei sehr erfolgreich. Die Begründung für diesen Wandel ähnelt der nationalreligiösen Entscheidung für die Teilnahme am zionistischen Aufbauwerk. Auf eine treffende Formulierung brachte es der agudatistische Rabbi Benjamin Minz im Jahre 1947: »Wir wissen zwar, daß der jüdische Staat nicht die vollständige Erlösung ist, an die wir glauben. Aber wir wissen, daß dieser Staat Erleichterung und Rettung für viele hunderttausend Juden bringen wird. Daher ist es vielleicht möglich, den jüdischen Staat als Beginn der Erlösung zu betrachten.«

Lebensrettung erscheint hier als ein Teil der jüdischen Seelenrettung; somit wurde also eine Annäherung an die zionistische Weltsicht vollzogen.

Die militant orthodoxen Mitglieder der Neturei Kartha verschanzen sich jedoch nach wie vor hinter ihrer selbsterrichteten Mauer. Das Land Israel ist für sie nicht der Ort einer physischen (also diesseitigen), sondern einer metaphysischen (also eher jenseitigen) Erlösung. Die Bewältigung tagespolitischer Probleme kümmert sie ohnehin kaum. Selbst als Rettung vor dem Holocaust lehnten sie Zionismus und Israel ab. Widerstand gegen die nationalsozialistischen Mörder verweigerten sie, die »Glorie des Martyriums« nahmen sie auf sich – weil sie »von Gott gesandt« sei. Folgende Begebenheit wurde glaubwürdig überliefert: Ein orthodoxer Rabbiner, der nach Auschwitz gebracht wurde, bezeichnete dies als »gerechte Strafe« dafür, daß er sich nicht entschieden genug dem Zionismus widersetzt habe.

Diese Geschichte lebt auch heute weiter: Der fundamentalreligiöse Rabbiner Schach wurde bereits vorgestellt. Er setzte sich an die Spitze des orthodoxen Marsches durch die zionistischen Institutionen. Den Palästinensern gegenüber ist er sanft, weil er an die Heilsgeschichte glaubt. Und dieser fromme Mann hat in immer neuen Variationen die Gedanken des in Auschwitz meditierenden ungarischen Rabbis aufgegriffen: Der Holocaust sei die Strafe Gottes für die Gottlosigkeit der Juden gewesen, verkündete mit jugendlich-kämpferischem Eifer der über neunzigjährige glaubensfeste Streiter. Für die mehrheitlich nichtreligiöse Öffentlichkeit Israels ist das unglaublich, für nichtjüdische Leser sicherlich noch unglaublicher. Anders als die Neturei Kartha hat Rabbi Schach als nachhelfender Aktivist im Lager der jüdischen Fundamentalisten allerdings weder König Hussein noch Jassir Arafat oder dessen Mann in Jerusalem, Faisal Husseini, um Erlaubnis gefragt, wenn er an der westlichen Mauer des ehemaligen Tempels (Klagemauer) beten wollte.

Die passiv abwartende Neturei Kartha fragt hingegen um Erlaubnis, weil für sie die Araber die rechtmäßigen *politischen* Herrscher Jerusalems sind.

Eine Wahrheit gibt es nicht, auch nicht unter den Religiösen, Juden wie Nichtjuden. Eindeutig ist nur die Vieldeutigkeit der Verknüpfung von Religion und Politik in bezug auf die Art und Weise der jüdischen Rückkehr in das Heilige Land. Die vielfältigen Verknüpfungen wurden durch die Mehrheit der Zionisten und durch die fundamentalreligiösen Juden unterschiedlich gewertet.

Jüdische Staatlichkeit und Heiligkeit schließen einander aus – solange die »gotteslästerlichen« Zionisten herrschen, behaupten die Fundamentalisten. Das Dilemma der Zionisten besteht darin, daß es ohne jüdische Religion keine andere Rechtfertigung für ihre Anwesenheit in Zion gibt als eine »aus der Not geborene« – aus der durch die Verfolgung und Bedrohung von Juden entstandenen Not. Ohne Religion entfällt also der automatische Anspruch auf eine jüdische Staatlichkeit. Mit der Religion kann jüdische Staatlichkeit allerdings ebenso gut begründet und gerechtfertigt wie bestritten werden.

Diese Vieldeutigkeit sollte sich jeder vor Augen halten, der sich auf die »Heiligkeit« seiner Aktionen und Missionen im Heiligen Land beruft. Wer es vergißt, fällt unversehens in die Grube, die er anderen gegraben hat. Daran sollten nicht zuletzt die nationalreligiösen jüdischen Siedlungsfanatiker im Westjordanland denken. Als nachhelfende Aktivisten haben sie in den 1970er Jahren den »Block der Treugläubigen« (Gusch Emunim) gegründet, um den »Beginn der Erlösung« durch Besiedlung einmal mehr zu beschleunigen: Kontinuität im Wandel, Kontinuität in der Eskalation. Das religionspolitische Instrument dieser extrem Nationalreligiösen könnte als Argument jedoch wie ein Bumerang wirken – weil diese Religion eben politisch mehrdeutig ist …

Verständlich ist, daß die Nationalreligiösen (wie die meisten nichtreligiösen jüdischen Israelis) eher eine jüdische Staatlichkeit wollen, als Minderheit in einer arabischen Umwelt zu sein. Die Situation von Minderheiten ist in der heutigen arabischen Welt keinesfalls verlockend. Wer wollte seit dem Ende des Golfkrieges freiwillig das Los der Palästinenser in Kuwait teilen, von denen ein großer Teil die irakischen Invasoren im August des Jahres 1990 erst jubelnd begrüßt hatte? Wer tauschte gerne mit den Christen im Libanon oder mit den Schiiten und Kurden im Irak? Und wer wollte als Jude in einem Staat leben, der eine neue »Endlösung« der Judenfrage, diesmal in Palästina, will? Diese »Endlösung« ist aber das Ziel der islamisch-fundamentalistischen Palästinensergruppe »Hamas«.

Zionismus im Koran?

Die meisten der heute aktiven islamischen Fundamentalisten wollen ihren »Gottesstaat« mit dem Schwert, Maschinengewehr oder sogar mit der Atombombe errichten. Zum Beispiel experimentieren der Iran und Libyen am Bau dieser Waffe. Der Iran erhält chinesische, indische und (so hört man) auch französische Hilfe; Libyen bedient sich pakistanischer Experten, die (so hört man ebenfalls) von deutschen Firmen unterstützt werden.

Auch die islamischen Gottesstreiter verlassen sich demnach in den Dingen dieser Welt nicht nur auf Gott, sondern helfen ihm hier und dort auch nach. Sie sind fundamentalistische Aktivisten; die Heilsgeschichte soll durch handfeste menschliche Eingriffe gesteuert werden. Trotz aller Unterschiede fallen Ähnlichkeiten mit dem nationalreligiösen jüdischen Welt- und Geschichtsverständnis auf. Oft haben die schärfsten Gegner die größten Gemeinsamkeiten – und viel mehr Ähnlichkeit, als ihnen lieb ist und sie sich einzugestehen bereit sind.

Es herrscht hier jedoch ein entscheidender Unterschied: Anders als die palästinensischen Fundamentalisten der Hamas-Bewegung sprechen jüdische Israelis nicht von einer »Endlösung« der Palästinenserfrage. (Es gibt neben jüdischen Israelis auch muslimische und christliche, deshalb die scheinbare Doppelung »jüdische Israelis«.) Abgesehen von dieser wichtigen Einschränkung berühren sich die nationalreligiösen Extreme auf beiden Seiten aber durchaus, eben aufgrund der Vermischung von Geschichte und Heilsgeschichte; also von Unheil im Namen der Heiligkeit.

Paradoxerweise könnte man sogar den Koran als historisch-politischen Atlas zugunsten der jüdisch-zionistischen Seite zitieren. Mohammed, der Prophet, stellte sich ohne Wenn und Aber in die Tradition des Judentums, also der Hebräischen Bibel. Und in dieser Bibel wird den Juden das Heilige Land von Gott versprochen.

Die Lektüre des Korans birgt daher eigentlich keine Überraschung. In der Sure 10,94 ist zu lesen: »Wir hatten den Kindern Israels eine dauerhafte Wohnung [im Lande Kanaan] bereitet.« Dieser Text ist keineswegs der einzige Beleg. Ob man allerdings religiös argumentieren will und kann, ist eine ganz andere Frage.

In der vierzehnten Sure spricht Abraham (jawohl, der Stammvater der Juden, also auch der Muslime) zu Mekka eine wichtige Offenbarung aus. In den Versen 14 bis 16 bestätigt der Herr der Juden seinem (wie so oft in ihrem Gottesglauben wankelmütigen) Volk das Recht auf das Gelobte Land: »Die Übeltäter wollen wir ausrotten und euch das Land zur Wohnung geben ... Und sie [die Juden] riefen Allah um Beistand an, und die Empörer waren dahin.« Das Bekenntnis zur Gewalt ist hier gewiß nicht unumstritten, aber das Recht der Juden auf das Land kommt auch in dieser vierzehnten Sure klar zum Ausdruck. Sie besagt zudem, daß dieses Recht durch etwaige Freveltaten der Juden, das heißt durch ihren Abfall von Gott, von Allah, verwirkt werden könne. Dies ist ganz im Sinne der jüdischen Propheten.

Die siebzehnte Sure berichtet von einer Nachtreise Mohammeds, die ihn »vom heiligen Tempel zu Mekka zum fernen Tempel von Jerusalem« führte (Vers 2). Durch die Luft fliegend, wurde Mohammed von Allah, mit der Hilfe des Engels Gabriel, dorthin gebracht. Allerdings stand dieser Tempel seit dem Jahre 70 n. Chr. nicht mehr. Die römischen Truppen unter Titus hatten ihn damals zerstört. Im Vers 105 dieser vierzehnten Sure steht geschrieben: »Wir sagten dann zu den Kindern Israels: ›Bewohnt das Land, und wenn die Verheißung des zukünftigen Lebens in Erfüllung gehen wird, dann wollen wir euch alle ins Gericht führen.‹«

Das sind schlechte Nachrichten für antizionistische Fundamentalisten. Zionismus im Koran? Man schlage jedoch nicht den Überbringer dieser Botschaft.

Interessant ist auch die Sure 21,72 ff.: »So erretteten wir ihn [Abraham] und Lot und brachten sie in das Land [Palästina], in welchem ... wir alle Geschöpfe segneten. Wir gaben ihm Isaak und Jakob und machten alle zu rechtschaffenen Männern.« Wieder besteht kein Zweifel, ebensowenig in der Sure 24,56: »Allah verspricht denen unter euch, welche glauben und gute Werke verrichten, daß er sie zu Nachfolgern der Ungläubigen im Land einsetzen will, so wie er die vor ihnen den Ungläubigen ihrer Zeit hat nachfolgen lassen.« Das bedeutet, daß die ungläubig gewordenen Juden im Land die Nachfolger derer waren, die vor ihnen im Unglauben lebten. Diese Vorgänger können wir als die kanaanitischen Völker identifizieren. Zur Vertreibung der Juden, deren Nachfolger nun die muslimischen Gläubigen werden können, kam es, weil sich die Juden von Gott (hier Allah genannt) abgewendet hatten. Auch in dieser Sure spricht der Prophet der Muslime die Sprache der jüdischen Propheten. Diese hatten eine Rückkehr der Juden nach Zion keineswegs ausgeschlossen. Sie setzten jedoch die religiöse Läuterung der Juden voraus. Diese erlaube dann auch die Wiederherstellung einer jüdischen Staatlichkeit in Form eines vom Messias begründeten Gottesstaates, der schließlich zum Staat aller Menschen werde. Zwischen Juden und Nichtjuden gäbe es dann auch keine religiösen Unterschiede mehr. Alle würden an Gott glauben – an einen Gott, der bei den Muslimen Allah heißt und bei den Juden zum Beispiel Elohim.

So gesehen überrascht die Nähe der jüdischen Fundamentalisten zu dieser muslimischen Interpretation nicht. Ohne diese Nähe gäbe es wohl auch keine Kontakte zwischen den Anhängern der Neturei Kartha und den palästinensischen Nationalisten. Man mag über diese Nähe denken, wie man will, die jüdischen und die muslimischen Quellen erklären sie jedenfalls.

Die Sure 26,58 verweist ebenfalls auf Kanaan, das die Juden durch Gottes Willen erbten. Von Gärten, Quellen, Schätzen und herrlichen Wohnungen für die Kinder Israels ist die Rede. Fühlt man sich dabei nicht an das Land erinnert, in dem »Milch und Honig« fließen? So jedenfalls steht es im Alten Testament, in der Hebräischen Bibel.

Die islamisch-fundamentalistische Hisbollah will Palästina von den Juden »befreien«. Dabei bräuchte sie nur den Koran genauer zu studieren, um die Peinlichkeit zu vermeiden, gegen den Geist des Korans zu verstoßen, indem sie sich auf ihn beruft.

Sicherlich gibt es (wie in jeder Religion) die eine oder andere Interpretation, die diesen eigentlich eindeutigen Sachverhalt in sein Gegenteil verkehrt. Wie so oft ist es auch hierbei nützlich, die Quellen selbst zu befragen – ohne beschönigende Kosmetik durch parteiliche Kommentatoren. Es bedarf keiner hellseherischen Fähigkeiten, um vorherzusagen, daß Widerspruch und heftige Kritik gegen diese Information vorgebracht werden wird. Auf manche wirkt Information leider wie eine Provokation, bei Muslimen ebenso wie bei Juden, Christen und anderen.

Das geistig-religiöse, politische Ideal der islamischen Gemeinschaft war nie Palästina oder Jerusalem, sondern stets Medina, die von Mohammed gestiftete und aufgebaute Urgemeinde im islamischen Stadtstaat Medina. Die Zukunft soll ein Abbild dieser Vergangenheit sein, das ist der Traum aufrechter Muslime. Araber und Arabien, das sind die Grundpfeiler des Islam. Die wichtigsten heiligen Stätten der Muslime liegen in Arabien. Der Islam ist eine »arabozentrische« Religion. Der »Palästinozentrismus« ist politisch aufgepfropft. Fundamentalisten müssen an ihren Fundamenten gemessen werden, islamische Fundamentalisten am Koran.

II

Das Heilige Land, die Religionen und die Politik

Was ist das Heilige Land?

Die Hebräische Bibel (beziehungsweise das Alte Testament) benennt drei Gebiete in bezug auf das Gelobte Land, die in ihrer Ausdehnung höchst unterschiedlich sind:

1. Das Gebiet der Stammväter.
2. Das Gebiet der aus Ägypten geflohenen Kinder Israels, der Eroberer Kanaans.
3. Der Siedlungsbereich der 538 v. Chr. aus dem babylonischen Exil zurückgekehrten Juden (Periode des Zweiten Tempels).

Das Gebiet der Stammväter

Im Ersten Buch Mose (Genesis) 15,18–21 lesen wir: »An jenem Tag schloß der Ewige einen Bund mit Abraham und sprach: Deinem Samen gebe ich dieses Land vom Strom Ägyptens bis zum großen Strom, dem Euphrat...« Isaak gegenüber wird diese Grenzziehung von Gott indirekt bestätigt: »Denn dir und deinen Nachkommen will ich all diese Länder geben und will meinen Eid wahr machen, den ich deinem Vater Abraham geschworen habe.« (1. Mose 26,3)

Auch im Zweiten Buch Mose (Exodus) 23,31 hat die Grenze einen ähnlichen Verlauf. Den unter Moses aus Ägypten geflohenen Juden wird von Gott folgendes Gebiet genannt: »Vom Schilfmeer bis an das Philistermeer und von der Wüste bis an den Euphratstrom.« Das Schilfmeer ent-

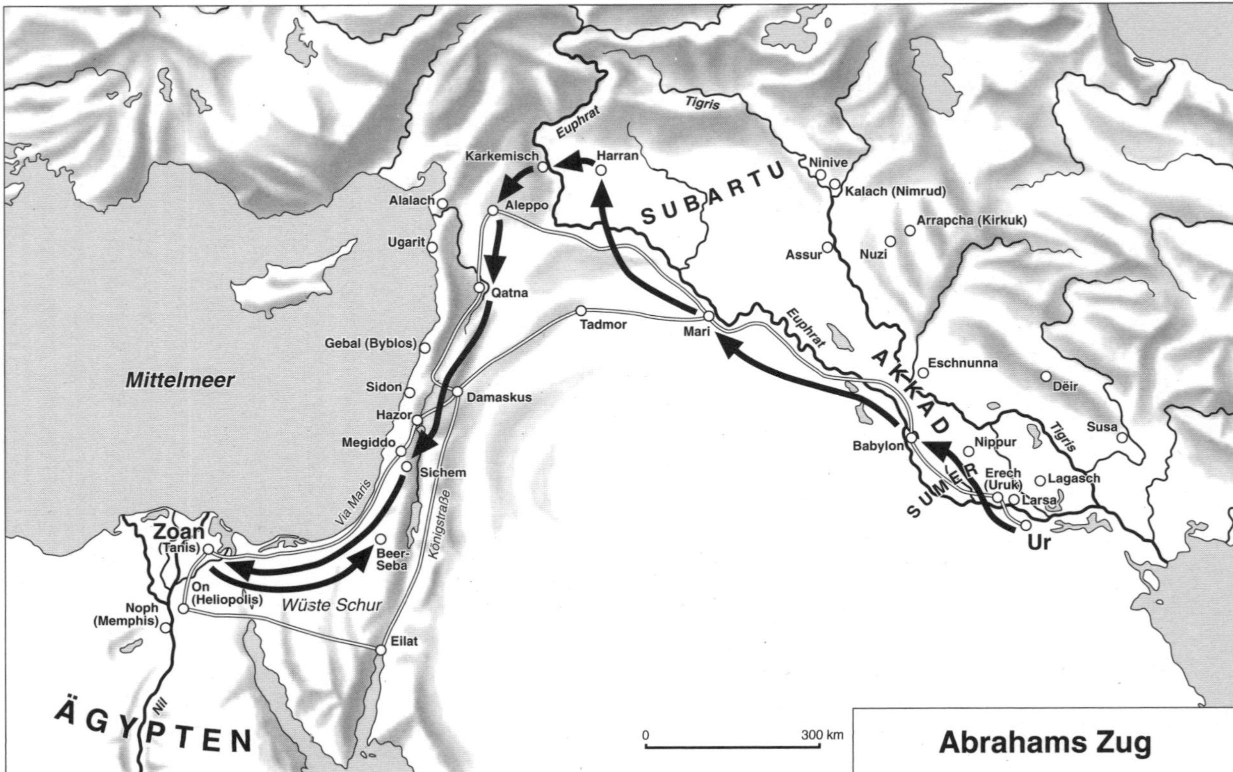
Abrahams Zug
Mittelmeer
ÄGYPTEN
Nil
Zoan
(Tanis)
On
(Heliopolis)
Noph
(Memphis)
Wüste Schur
Beer-
Seba
Eilat
Königstraße
Via Maris
Sichem
Megiddo
Hazor
Sidon
Damaskus
Gebal (Byblos)
Ugarit
Alalach
Qatna
Aleppo
Karkemisch
Euphrat
Harran
Tadmor
Mari
SUBARTU
Tigris
Ninive
Kalach (Nimrud)
Assur
Nuzi
Arrapcha (Kirkuk)
Euphrat
AKKAD
Eschnunna
Dëir
Babylon
Nippur
Tigris
Susa
SUMER
Erech
(Uruk)
Lagasch
Larsa
Ur
0
300 km

spricht dem Golf von Eilat beziehungsweise Akaba. Mit dem Philistermeer ist das Mittelmeer gemeint.

Die Stammväter Abraham, Isaak und Jakob waren Nomaden beziehungsweise Halbnomaden. Sie zogen mit ihrem Vieh von einer Futter- und Wasserstelle zur nächsten, das geht aus den biblischen Erzählungen recht eindeutig hervor. Dauerhaft seßhaft waren sie nicht. Den Übergang vom Nomadendasein zur allmählichen Seßhaftigkeit schildern uns spätere Abschnitte der Bibel, vor allem die Geschichte von der Landnahme, von der Eroberung Kanaans durch die Juden, die erst im 13. Jahrhundert v. Chr. erfolgte. In dem hier vorgestellten Bibelzitat wird uns also lediglich das Gebiet genannt, in dem diese Nomaden umherzogen. Von festen Grenzen kann keine Rede sein, schon gar nicht in einem politischen Sinn.

Wenn man die Orte und Wanderwege der Stammväter betrachtet, fällt auf, daß sie abseits der städtischen Siedlungen lagen, also abseits der politischen und wirtschaftlichen Machtzentren. Abraham und die Seinen mieden die großen Handelswege – um sich mit den Mächtigen nicht anzulegen. Die kartographische Darstellung auf Seite 52 veranschaulicht diese Aussagen. Man muß weder Historiker noch Bibelfachmann sein, um diesen Sachverhalt zu verstehen. Es reicht, wenn man die als Informationsquelle diesbezüglich höchst zuverlässige Hebräische Bibel liest und einen Atlas zur Hand nimmt.

Wenn wir zudem auf die physische Karte der Nahostregion blicken (Seiten 56/57), sehen wir, daß die bedeutenden Handelswege stets durch ein gängigeres, einfacher passierbares Gelände führten – etwa in der Küstenebene, wo Ugarit, Sidon oder Gaza zu finden ist. Abraham durchquerte das Gebiet jedoch im gebirgigen Landesinneren – ein deutlich mühseligeres Unterfangen als im Flachland der Küstenregion. Nur für den Machtlosen war es schwieriger; er konnte die Wege seiner Wanderungen nicht nach eigenen Wünschen festlegen.

Ganz unbehelligt oder unbehelligend verliefen allerdings auch die Wanderungen der Stammväter nicht. Hier und dort gab es Zusammenstöße. Größere Konflikte oder gar Kriege entstanden daraus jedoch nicht.

Das Wanderungsgebiet der Stammväter kann also kaum als historische Rechtsgrundlage für politisch-staatliche Ansprüche dienen. Es wäre ein schlechter Witz, denn politisch war Abraham machtlos. Er schlich sich an den Mächtigen vorbei, wo immer er konnte. Als Vorbild für Eroberer ist er denkbar ungeeignet. Das sollten endlich auch diejenigen erkennen, die Israels »Expansionsgelüste« mit den biblischen Grenzen zwischen Euphrat und Nil erklären wollen.

Das Gebiet der aus Ägypten geflohenen Kinder Israels, der Eroberer Kanaans

Dieses Gebiet ist in der Bibel erheblich kleiner. Es umfaßt vor allem das Ost- und Westjordanland. Das klingt für heutige Ohren schon erheblich vertrauter, auch bescheidener, politisch annehmbarer. Im Fünften Buch Mose (Deuteronomium) 1,7–8 wird der Euphrat zwar wieder erwähnt, nicht jedoch der Nil. Überhaupt ist die Südgrenze unklar. Das Libanongebirge wird als Nordgrenze genannt. Vergleichbar mit diesen Angaben sind zum Beispiel die Beschreibungen in 5. Mose 11,24 oder im Buch Josua 1,4: »Von der Wüste [Sinai] bis zum Libanon [im Norden] und von dem großen Strom Euphrat bis an das große Meer gegen Sonnenuntergang [Mittelmeer].«

»Ich will sie vertreiben vor den Kindern Israel«, sagt Gott zu Josua (Josua 13,2–5). Dabei werden die verschiedenen Völker genannt, die vertrieben werden sollen. Die Grenzen entsprechen den in Josua 1,4 erwähnten. Als Südmarkierung zur Wüste Sinai wird die Gegend von El-Arisch genannt. In 2. Mose (Exodus) 23,31 war den aus Ägypten geflohenen, von Moses und dann Josua geführten Juden weitaus mehr zugesagt worden: der Bereich vom Schilfmeer (Eilat/Akaba) bis zum Euphrat.

Fast so winzig wie der spätere Staat Israel in den Grenzen von 1948 bis 1967 ist das Land, das Gott den Juden durch Moses in Numeri (4. Mose 34,3–15) verspricht. Seine Grenzen sind heute nicht mehr genau nachvollziehbar, aber sie umfaßten wohl zumindest Teile des nördlichen Negev, das Westjordanland und Galiläa.

Auf den ersten Blick ist es seltsam, daß gerade gegenüber dem größten und bedeutendsten jüdischen Propheten, Moses nämlich, Gott im biblischen Text eine Versprechung nach der anderen zurücknimmt. Allerdings leitet diese Erzählung von der religiösen Verheißung zur wirklichen Besitznahme über. Wir bewegen uns nun im Grenzbereich von Metaphysik und Realpolitik. Deshalb nahm die Verbindlichkeit zu, die Größe des Versprechens ab. Im Fünften Buch (Deuteronomium) der Thora (Pentateuch oder Fünf Bücher Mose) kann Moses das ganze Land sogar mit bloßem Auge erkennen (5. Mose 34,1–4): »Und Moses stieg aus dem Jordantal der Moabiter auf den Berg Nebo, den Gipfel des Berges Pisga, gegenüber Jericho. Und der Herr zeigte ihm das ganze Land; Gilead bis Dan und das ganze Naphthali und das ganze Land Ephraim und Manasse und das ganze Land Juda bis an das Meer im Westen und das Südland und die Gegend am Jordan, die Ebene von Jericho, der Palmenstadt, bis nach Zoar. Und der Herr sprach zu ihm: Dies ist das Land, von dem ich Abraham, Isaak und Jakob geschworen habe: Ich will es deinen Nachkommen geben. – Du hast es mit deinen Augen gesehen, aber du sollst nicht hinübergehen.«

Yazilikaya
Hattusa
Yassi-Hüyük
H A T T I
Halys (Kızıl Irmak)
Kamisch
Baycesultan
Euphrat
Karatepe
Arslan Ta
Tarsos
Karkemisch
E B L A
Aleppo (Haleb)
Ugarit
Orontos
Tifsach
Hamath
Alaschja
Palm (Tadr
Kadesch
Byblos, Gebal, Gubla
Berytos
Hermon-Geb.
Das große Meer (Mittelmeer)
Sidon
Jordan
Damaskus
Zor, Sur, Tyrus
D A N
Hazor
B A S A N
Akko
See Genezareth
Dor
Megiddo
Sichem
Bet Schean
Joppe, Japho, Jaffa
Tisbe
Geser
Silo
Penuel, Pnuel
Aschdod
Ai
Aschkelon
KANAAN
Jerusalem
A M M O N
Gaza
Ladisch
Totes Meer
Gerar
Hebron
M O A B
Tanis
PHILISTER
Beer-Seba
Daphne
Wüste Sur
E D O M
Pitom
Kadesch
Araba
Heliopolis
Wüste Pharan
Pharan-Geb.
Memphis
Eilat
Sinai
Ä G Y P T E N
Schilfmeer
MIDIAN
Nil
Horeb 2285
Schilfmeer
Hermopolis
el Amarna
Rotes Meer

Der Nahe Osten 1300-1200 v. Chr.

Nein, das Abraham versprochene Land war zweifellos größer; ich habe es bereits erwähnt. Rechnet die biblische Erzählung mit unseren Gedächtnislücken? Darüber soll hier nicht spekuliert werden, aber es sei auf den Widerspruch hingewiesen.

Ein engbegrenztes Gelobtes Land finden wir wieder im Zweiten Buch Samuel 24,2 und auch im Ersten Buch der Könige 5,5. Dort heißt es »von Dan bis Beer-Seba«, also vom heutigen Nord-Israel bis zur nördlichen Negev-Wüste. Von »Groß-Israel« wird hier wohl kaum gesprochen.

Das vor allem von den Königen David und Salomo eroberte und wesentlich größere Gebiet zählte ganz einfach nicht zum Heiligen Land, wenngleich deren Herrschaftsbereich der Größe des Gelobten Landes, wie es Abraham versprochen worden war, erheblich näherkam. Ihre Eroberungen waren letztlich nicht Teil des von Gott (unterschiedlich) geschnürten Landpaketes.

Das Gebiet »von Dan bis Beer-Seba« wird uns als Kerngebiet präsentiert, sogar in den Zeiten Salomos, auch wenn er herrschte »über alle Könige diesseits des Euphrat, und hatte Frieden mit allen seinen Nachbarn ringsum, so daß Juda und Israel sicher wohnten, jeder unter seinem Weinstock und unter seinem Feigenbaum, von Dan bis Beer-Seba« (1. Könige 5,4–5). Überdimensional erscheinen dann aber die Grenzen des Landes im messianischen Zeitalter: Im Psalm 72,8–11 wird dem (Messias-)König ein Riesenreich zugesagt: »Er soll herrschen von einem Meer bis ans andere, und von dem Strom bis zu den Enden der Erde ... Vor ihm sollen sich neigen die Söhne der Wüste, und seine Feinde sollen Staub lecken. Die Könige von Tharsis und auf den Inseln sollen Geschenke bringen, die Könige aus Saba und Seba sollen Gaben senden. Alle Könige sollen vor ihm niederfallen und alle Völker ihm dienen.«

Die Grenzen sind also Nil, Euphrat, Persischer/Arabischer Golf und das Mittelmeer – fast die gesamte damals bekannte Welt. Aber selbst die Formulierungen »alle Könige« und »alle Völker« begründen nicht etwa einen Anspruch auf jüdische Weltherrschaft. Es handelt sich dabei vielmehr um eine messianische Vision, eine Mixtur aus handfesten geographischen Angaben, vermischt mit endzeitlichen Hoffnungen von friedlicher Weltherrschaft. Allerdings ist es kein Wunder, daß in antisemitischen Vorurteilen befangene Wissenschaftler Sätze dieser Art als Anspruch auf den »Anbruch der jüdischen Weltherrschaft« interpretierten.

Der Siedlungsbereich der 538 v. Chr. aus dem babylonischen Exil zurückgekehrten Juden

Die Periode des Zweiten Tempels dauerte von 520 v. Chr. bis 70 n. Chr. Die Juden lebten in einem Gemeinwesen, das nur sehr kurze Zeit staatlich unabhängig war. Ansonsten genoß oder erlitt es die Vor- und Nachteile der Autonomie, also der Selbstverwaltung ohne eigene Staatlichkeit.

Vor allem das West- und Ostjordanland waren mit wechselnden Ausdehnungen Kern des jüdisch-autonomen Gemeinwesens jener Periode. Das israelische Kerngebiet der Jahre 1948 bis 1967, also den Küstenstreifen, konnten die Juden unter Esra und Nehemia nach ihrer Rückkehr aus dem babylonischen Exil von den Bergen Jerusalems aus betrachten, aber nicht politisch beherrschen. Das autonome Gebiet wurde zwar größer, enthielt aber zahlreiche nichtjüdische Bevölkerungsanteile. Umgekehrt gab es jüdische Einwohner in nichtjüdischen Gebieten. Heute nennt man das »Siedlungspolitik«.

Als religiös fundierter historischer Leitfaden endet die Hebräische Bibel (das Alte Testament) mit Esra und Nehemia, also im 5. Jahrhundert v. Chr. Die darauffolgende reine Geschichtsschreibung muß uns hier nicht beschäftigen.

Was ist das Heilige Land aus *christlicher* Sicht? Im Prinzip das gleiche wie aus jüdischer, denn Jesus lebte und lehrte zweifellos als Jude unter Juden im Land der Juden. Ländergrenzen waren für ihn bedeutungslos. Für Christen bezieht sich die Heiligkeit des Landes auf die dort vollbrachten Wundertaten von Jesus, auf sein Leben, seinen Tod, die Auferstehung. Die heiligen Stätten *im* Heiligen Land sind deshalb den Christen näher als das Land selbst. Zugang, Mitsprache und Kontrolle blieben den Christen in bezug auf die heiligen Stätten wichtig.

Bis zur islamischen Eroberung beherrschte das christliche Byzanz das Heilige Land und wachte auch über die heiligen Stätten. Die Kreuzfahrer wollten diesen Zustand zwischen den Jahren 1096 und 1187 beziehungsweise 1291 wiederherstellen. Sie waren kurzfristig erfolgreich, aber sie scheiterten langfristig. Die christliche Welt gab daher lange Zeit die Hoffnung auf, das Heilige Land kontrollieren zu können. Sie begnügte sich aus Einsicht in die Notwendigkeit mit dem freien Zutritt zu den heiligen Stätten und bemühte sich um deren eigenständige Gestaltung und Verwaltung.

Die christlich-europäischen Kolonialmächte ertrotzten im 19. und vor allem im 20. Jahrhundert mehr Einfluß. Das britische Weltreich trat kurzfristig in den Jahren 1917 bis 1948 die Nachfolge von Byzanz und Kreuzfahrern an. Es kontrollierte das Land und die heiligen Stätten.

Und die *islamische* Wahrnehmung? Sie gleicht der jüdischen – auch wenn es manche Fanatiker nicht gerne wahrhaben möchten. Der Koran basiert auf dem Judentum, und Mohammed steht zweifellos in der Tradition der biblischen Propheten. Das Versprechen des Gelobten Landes wird deshalb im Koran auch gar nicht bezweifelt. Es wird vorausgesetzt. Politische Grenzfragen sind für die Heilsgeschichte völlig unbedeutend.

Warum ist es heilig?

Die Antwort liegt auf der Hand: »Denn dir und deinen Nachkommen will ich all diese Länder geben und will meinen Eid wahr machen, den ich deinem Vater Abraham geschworen habe«, lesen wir in der Genesis (1. Mose 26,3), also im Ersten Buch der Thora (Fünf Bücher Mose). Auch in ihrer antijüdischen Stoßrichtung konnten weder das Christentum noch der Islam an diesem religiösen Ausgangspunkt vorbeigehen. Wir müssen uns hier deshalb auf die jüdische Sicht konzentrieren; die christliche und muslimische verbinden wir, wie schon erwähnt, mit den heiligen Stätten.

Die talmudischen Weisen verklärten die Heiligkeit des Landes nicht zuletzt in ihren wunderbaren Erzählungen. Ihnen ging das Heilige Land über alles in der Welt. Der Talmud besteht aus 63 sehr umfangreichen Traktaten. Wie so oft argumentieren die talmudischen Weisen auch in den folgenden Textstellen mit Bibelzitaten, um ihre Thesen zu beweisen:

- Unsere Meister lehrten (Taanit 10 a): Das Land Israel wurde zuerst erschaffen, und die ganze übrige Welt wurde zuletzt erschaffen, denn es heißt (Sprüche 8,26): »Ehe er das Land gemacht hat und die Fluren.« Das Land Israel tränkt der Heilige, gelobt sei er, selber und die ganze übrige Welt durch einen Gesandten, denn es heißt (Hiob 5,10): »Der den Regen gibt auf das Antlitz des Landes und Wasser sendet auf das Antlitz der Fluren.«

- Unsere Meister lehrten (Ketubbot 110b): Immerdar wohne ein Mensch im Land Israel, sogar in einer Stadt, deren Mehrheit aus (nichtjüdischen) Völkern besteht. Und er wohnte nicht außer Landes, nicht einmal in einer Stadt, deren Mehrheit aus Israel ist. Jeder nämlich, der im Land Israel wohnt, gleicht einem, der einen Gott hat. Und jeder, der außer Landes wohnt, gleicht einem, der keinen Gott hat. Denn es heißt (in Leviticus = 3. Mose 25,38): »Um euch das Land Kanaan zu geben, um euch Gott zu sein.« Hat dann jeder, der nicht im Land Israel wohnt, keinen Gott? Nicht doch, sondern das will nur sagen: Jeder, der außer Landes wohnt, ist, als ob er Götzendienst treibe. Und so sagt es die Schrift bei David (1. Samuel 26,19): »Denn sie vertreiben mich heute aus der Zugehörigkeit zum Eigentum des Herrn, als wollten sie sagen: Geh, diene anderen Göttern!« Wer sollte denn zu David gesagt haben: »Geh, diene anderen Göttern«? Nicht doch, sondern das will dir sagen: Jeder, der außer Landes wohnt, ist, als ob er Götzendienst treibe.
- Und Rabbi Seira sagte: Die Luft des Landes Israel macht weise (Bawa batra 158b).

Wer wollte nicht auf diese einfache Art weise sein oder weise werden? Die Erfüllung der Gebote, aller Gebote, war jedoch Voraussetzung. Und genau das sei nur im Land Israel möglich, wie Rabbi Simlai auslegte (Sota 14a):

- Warum begehrte Moses, unser Meister, das Land Israel zu betreten? Hatte er etwa nötig, von seinen Früchten zu essen? Oder hatte er nötig, sich an seinem Gute zu sättigen? Nicht doch, sondern so sagte sich Moses: Viele Gebote wurden Israel geboten, die sich nur im Land Israel erfüllen lassen. Ich möchte das Land Israel betreten, damit sie alle durch mich erfüllt werden.

Die talmudischen Weisen erkannten stets sehr deutlich die auch vorhandenen Schwachstellen religiöser Argumentation. Diese versuchten sie zu stärken, indem sie Widersprüche und Zweifel aufgriffen, um sie sanft, aber sehr deutlich auszuräumen.

Der Talmud wurde (grob gerechnet) in nachbiblischen Zeiten, in den ersten fünf Jahrhunderten n. Chr. niedergelegt. Er entstand also nach der Zerstörung jüdischer Staatlichkeit durch die Römer und schließlich auch als Antwort auf die nicht vorhandene Staatlichkeit. Ziel der talmudischen Weisen war es, die jüdische Religion auch ohne ein jüdisches Gemeinwesen, ohne einen jüdischen Staat zu erhalten. Sie wollten damit die Grundlage für die ersehnte Staatlichkeit – im Heiligen Land, versteht sich – schaffen. Anders als in Zeiten der frevelnden und deshalb bestraften Vorfahren sollte damit künftige Staatlichkeit auf jüdischer Frömmigkeit beruhen. Einen weiteren Hinweis liefert uns die folgende Talmudstelle (Gittin 57 a):

- »Ein Land wie eine Gazelle« – so steht es geschrieben (Daniel 11,16). Wie bei einer Gazelle das Fell ihr Fleisch nicht mehr faßt (wenn ihr das Fell abgezogen wurde), so ist es auch beim Land Israel: In der Zeit, da es bewohnt ist, ist es geräumig, und in der Zeit, da es unbewohnt ist, schrumpft es.

Was erfahren wir hier? Die talmudischen Weisen erkennen und erwähnen indirekt diverse »Schrumpfungen«. Zunächst sehen sie die Vernachlässigung des Landes. Sie war zu ihrer Zeit offensichtlich. Das Land verkam, weil es von den nichtjüdischen (byzantinisch-christlichen) Herrschern schlecht regiert wurde. Freilich sollte diese Darstellung die jüdischen Leser zusätzlich empören. Also wurde der Niedergang besonders kraß geschildert. Aber könnte man diese »Schrumpfung« nicht auch (eher ketzerisch gefragt) als Hinweis auf die unterschiedlichen biblischen Grenzen verstehen? Sicherlich werden viele den Text anders interpretieren. An der hier erwähnten »Schrumpfung« kommt man aber nicht vorbei.

Zu bedenken ist auch die Tatsache, daß in diesem Land »Milch und Honig« (Exodus = 2. Mose 3,8) keineswegs automatisch flossen. Voraussetzung war immer, daß beflissen und hingebungsvoll gearbeitet und Gott gedient wurde. Dieses Land war »schön und geräumig« (2. Mose 3,8), wenn dort Juden lebten – und zwar solche Juden, die ihr Judentum sehr ernst nahmen. Klimatisch begünstigt war dieser Erdstreifen auch damals nicht. Die herrschende Unfruchtbarkeit würde sich nur dann zur versprochenen Fruchtbarkeit wandeln, wenn die Menschen ihre Versäumnisse und ihren mangelnden religiösen Eifer gutmachten.

Über den Tod hinaus reicht die Heiligkeit des Landes. Hier beginnt die Auferstehung der Toten (Ketubbot 111 a).

- Raw Anan sagte (Ketubbot 111 a): Jeder, der im Land Israel begraben liegt, ist, als ob er unter dem Altar begraben liege. Hier steht geschrieben (Exodus = 2. Mose 20,24): »Einen Altar aus Erde mach mir!« Und dort steht geschrieben (Deuteronomium = 5. Mose 32,43): »Seine Erde versöhnt sein Volk.«
- Rabbi Elasar sagte (Ketubbot 111 a): Die Toten außer Landes werden nicht lebendig.

Das Heilige Land ist für religiöse Juden das reale oder (in der Diaspora) das ersehnte Heimatland, dessen Muttersprache (Hebräisch) sie sprechen – aber nur bei Gebeten, Gottesdiensten, Thoralesungen und anderen rein religiösen Anlässen. Ansonsten reden sie Jiddisch, um das Heilige nicht zu profanieren.

Das Heilige Land ist für sie deshalb nicht nur Vaterland.

Es ist für sie *Gottesland*. Das Land, das Gott ihnen, den Juden, versprochen und gegeben hat – aber auf Bewährung. Am jüdischen Menschen liegt es, ob dieses Gottesland Judenland wird oder bleibt. Wenn Juden freveln, müssen sie das Land verlassen, so lautet die religiöse Vorschrift. Darüber können Nichtreligiöse mit Religiösen durchaus heftig streiten. Auch innerreligiös gibt es hierzu bekanntlich erhebliche Meinungsverschiedenheiten. Man erinnere sich an die Debatte: Ist der Staat Israel »Beginn der Erlösung« (was die Nationalreligiösen als »nachhelfende Aktivisten« sagen), oder ist er »Gotteslästerung« (was die streng Orthodoxen als »passiv Abwartende« behaupten)? Streiten kann man, doch um sich eine Meinung zu bilden, braucht man Wissen.

Warum zog es die Juden erst seit dem Ende des 19. Jahrhunderts massenweise in das Heilige Land? Diese Frage ist oft zu hören, aber sie verkennt den Kern des Problems. Man muß wissen, daß die streng religiösen Juden der politisch motivierten, von Menschenhand organisierten Rückkehr nach Zion ablehnend, bestenfalls skeptisch gegenüberstehen. Sie warten auf Gottes Zeichen für die Errichtung ihres Gemeinwesens im Gottesland.

Außerdem haben etliche falsche Propheten Pläne dieser Art geschmiedet. Sie sind kläglich gescheitert. Sabbatai Zwi (1626–1676) ist der bekannteste falsche Messias. Ihm und seinen Anhängern ist der Versuch, das Heilige Land den Türken zugunsten der Juden zu entreißen, schlecht bekommen. Dieser angebliche Messias der Juden trat schließlich sogar zum Islam über.

Warum und wie sollte der winzigen Schar der Juden das gelingen, was den Heerscharen der Kreuzfahrer im Mittelalter mehrfach mißlungen war? Bis in das frühe 20. Jahrhundert erscheint es als ein aussichtsloses Unterfangen für die

Juden, als ein Selbstmordkommando. Das Häuflein der Juden hätte sich keinesfalls behaupten können gegen die osmanische (türkische) Großmacht, die das Gebiet vom Anfang des 16. Jahrhunderts bis 1917 beherrschte. Diese Torheit mit vorhersehbarem Ausgang unterließ man.

Doch führt dieses Argument nur auf ein Nebengleis: Da die organisierte Rückkehr nach Zion nur aus religiösen Gründen denkbar war, konnte sie bis zur Säkularisierung auch als eine messianische Bewegung organisiert werden. Ihre Protagonisten erwiesen sich jedoch als politische Versager und Scharlatane wie Sabbatai Zwi oder vor ihm David Rëubeni und Salomo Molcho. Letzterer endete 1532 auf dem Scheiterhaufen der Inquisition. Rëubeni wurde von der Inquisition eingekerkert. Das Schicksal aller drei lud nicht unbedingt zur Nachahmung ein, dennoch wurden heilsgeschichtliche Erwartungen damals hoch gehandelt.

1453 war das christliche Konstantinopel von den islamischen Türken erobert worden. Die bis dahin in Konstantinopel herrschenden Christen hatten sich gegenüber den Juden allerdings wenig tolerant gezeigt.

1492 hatten in Spanien Isabella von Kastilien und Ferdinand von Aragón ihre Rückeroberung (Reconquista) abgeschlossen. Die Muslime als Herrscher Granadas wurden vertrieben und mit ihnen auch die Juden. Viele der aus Spanien und Portugal vertriebenen Juden fanden im Osmanischen Reich eine neue Heimat, zum Teil auch im Heiligen Land. Die muslimischen Herrscher des Osmanischen Reiches zeigten sich wesentlich toleranter als die meisten christlichen Regenten.

1492 war auch das Jahr eines welthistorischen Durchbruchs – der Entdeckung Amerikas. Dieses Ereignis wurde von den Zeitgenossen zwar nicht unmittelbar, aber doch sehr bald als Zäsur empfunden.

Auch im östlichen Europa brodelte es heftig. Rußland hatte um das Jahr 1500 mit dem »Sammeln der russischen Erde« begonnen. Damit war die allmähliche und schließlich unaufhaltsame Verdrängung der ehemaligen mongolischen Eroberer gemeint. Es folgte eine rasche Ausbreitung des russischen Herrschaftsraums bis zum Pazifik.

Eine neue Zeit brach an. Das merkten sowohl Juden als auch Nichtjuden. Für viele war es eine schlimme Zeit. Aber war sie messianisch? Die Juden wußten, daß der Messias gerade nach besonders schwierigen Zeiten erscheinen sollte. Sich selbst zum Messias Erklärende hatten also eine gute Konjunktur. Vertreibungen von Juden standen im christlichen Europa seit dem 14. Jahrhundert auf der Tagesordnung. Oft war es der in jenen Umbruchjahren wirtschaftlich besonders gefährdete Pöbel, der die politische Führung bedrängte, die »bösen Juden« zu vertreiben.

Auch zur Zeit des falschen Messias Sabbatai Zwi, in der Mitte des 17. Jahrhunderts, gab es besonders schlimme Judenverfolgungen in der Ukraine. Bogdan Chmielnicki wollte mit seinen Kosaken die polnische Herrschaft abschütteln. Bei dieser Gelegenheit richtete er unter den Juden das bis dahin größte Blutbad ihrer Geschichte an. Ungefähr einhunderttausend Juden wurden kaltblütig und brutal ermordet.

Daß Gott die Juden endgültig verworfen hat und daß sie damit ihr Recht auf das Land verwirkten, glauben die orthodoxen Juden natürlich nicht; die aufgeklärten Christen glauben dies *nicht mehr*. Daß aber die politische Neugründung des Jüdischen Staates nicht nur der jüdischen Orthodoxie, sondern auch religiösen Christen und Muslimen Probleme bereitet, liegt nahe.

Die Frage nach der Verwerfung der Juden durch Gott stellt sich nämlich tatsächlich – und zwar im Koran, in der bereits erwähnten Sure 24,56, die wir hier anders, nämlich antijüdisch interpretieren könnten: Die Rechtgläubigen (also die Muslime) werden von Gott (Allah) »zu Nachfolgern der Ungläubigen (also der Juden) im Land« eingesetzt. »Ungläubig« sind die Juden in den Augen der Muslime, weil sie den Propheten Mohammed nicht anerkennen. Die Christen hingegen werfen den Juden vor, in Jesus nicht den Messias zu sehen. Ob Verwerfung oder milderer Vorwurf – nach dieser christlichen und islamischen Sicht hätten die Juden keinen Anspruch auf das Land; es sei denn, man interpretierte die Neugründung Israels wie die nationalreligiösen Juden als »Beginn der Erlösung«, was für die streng orthodoxen Juden aber ein gotteslästerlicher Akt ist.

Eine Frage, viele Antworten. Woher sollte die Gewißheit auch kommen – gerade in Glaubensfragen, bei denen fehlbare Menschen Gottes Willen interpretieren (Hannah Arendt)?

Erst seit der Säkularisierung ist die Rückkehr nach Zion als politischer »Zionismus« das Programm größerer Gruppen im jüdischen Volk. Vor dem 19. Jahrhundert war der politische Zionismus undenkbar, erst dann hat die Säkularisierung nämlich auch die Juden erfaßt. Diesen Sachverhalt kann man scheinbar (also nicht wirklich) auf den Kopf stellen, indem man sagt: Erst die Säkularisierung ermöglichte es den Juden, die organisierte Bewegung nach Zion anzustreben; ohne diese Entheiligung gäbe es keine Rückkehr in das Heilige Land. Wie gesagt: Das ist nur scheinbar widersprüchlich formuliert und auch weniger verwirrend, als es auf den ersten Blick scheint. Es ist folgerichtig und logisch, obwohl es manchem nicht in sein politisches Konzept passen mag.

Vielleicht werden mich manche Leser und Kritiker nun für einen Orthodoxen halten. Aber sie irren. Nachdenken bedeutet gedankliches Nachvollziehen. Und das Gedachte muß man noch lange nicht selbst tun. Allein durch unsere Gedanken, unseren Geist sind wir alle in der Lage, über unseren eigenen Schatten zu springen, die Grenzen unseres Horizonts zu sprengen. Das heißt, ich kann als Nicht-Orthodoxer durchaus die Gedankenwelt von Orthodoxen nachvollziehen und beschreiben – ohne sie nachleben oder nachahmen zu müssen.

Die These lautet also: Ohne Säkularisierung kein Zionismus. Solange die Juden tief religiös waren, durften sie in Zion kein jüdisches Gemeinwesen wiedererrichten. Sie mußten hierfür auf den Messias warten. Ihre Bindung an Zion, an das Heilige Land war jedoch über alle Zeiten hinweg ungebrochen. Ihre Gebetstexte und das auf das Heilige Land bezogene Ritual beweisen es.

Zeit war für die religiösen Juden kein Faktor von Bedeutung. Sie war ebenso unwichtig wie die politische Geschichte, denn nur die Heilsgeschichte galt. Aus diesem Grund zählte die Dauer der Abwesenheit vom Heiligen Land überhaupt nicht. Es blieb das Gelobte Land, ganz unabhängig davon, wer dort wohnte und wer es beherrschte.

Im Jahr 1881 begann die politisch und zionistisch motivierte Einwanderung von Juden nach Palästina als eine Reaktion auf schreckliche Judenverfolgungen in Rußland. Nicht einmal hundert Jahre nach der Französischen Revolution bewirkte die Säkularisierung erste zionistische Aktionen. Sie wurden nicht von allen Juden getragen, aber von ei nigen der besonders aktiven und höchst motivierten sowie – das ist entscheidend – von religiösen, nichtreligiösen und sogar von antireligiösen Juden. Sie stellten die Gedankenwelt ihrer frommen Vorfahren auf den Kopf, auch wenn sie selbst dies natürlich anders sahen, und behaupteten, deren Welt nun endlich vom Kopf auf die Füße zu stellen. Wie auch immer –

sie begannen etwas Neues, das durchaus an Altes anknüpfte: Sie verlegten die Heilserwartung vom ungewissen messianischen Zeitalter unmittelbar in die Gegenwart.

Die Leiden der Diaspora verstärkten den Wunsch der Juden auf eine baldige, konkrete Erlösung. 1897 gründete Theodor Herzl die Zionistische Weltorganisation – als Antwort auf den Antisemitismus in Frankreich. Die säkularisierten Juden wollten und konnten sich nicht mehr durch die Hoffnung auf den Messias vertrösten lassen. Zion als *politischer* Ort der Juden, nicht als heilsgeschichtlicher; als Heil in ihre Geschichte bringender und aus der Geschichte abgeleiteter Ort verhieß Befreiung, Erlösung und Rettung.

Was den religiösen Juden der Messianismus war, wurde der Zionismus den weltlichen, den nichtreligiösen Juden. Zion (und damit der traditionelle, religiöse Messianismus) wurde nun zur neuen und weltlichen Heilslehre, eben zum Zionismus. Er war aber stets von säkularisierten »Obertönen des Messianismus begleitet«, schrieb der bedeutende deutsch-jüdisch-israelische Gelehrte Gerschom Scholem. Folgerichtig bezeichnete Scholem den Zionismus als »Pseudo-Messianismus«. Und er meinte dies keineswegs boshaft. Entscheidend ist der Gedanke, daß der Zionismus *ein verweltlichter Messianismus* sei. Der messianische Kern des Zionismus ist also alt, seine politische Umhüllung neu.

Warum ist das Heilige Land den *Christen* heilig? Diese Frage ist falsch gestellt, da die Christenheit, selbst die Kreuzritter, niemals behaupteten, dieses Land sei den Christen versprochen worden. Ganz bewußt und sehr früh hat nämlich das Christentum seit dem Apostel Paulus die bei den Juden bestehende Einheit von Volk und Religion aufgehoben. Wer Christ war oder wurde, gehörte nun zum neuen Gottesvolk, denn angeblich waren ja die Juden von Gott verworfen worden. Aber die Zugehörigkeit zur Christenheit war nicht an eine Nation gebunden. Die Christenheit war als internationale Gemeinschaft bewußt das Gegenstück zur nationalen Gemeinschaft der Juden. Eine nationale Gemeinschaft braucht *ihr* Gebiet, eine internationale benötigt es nicht.

Anders als bei den Juden war das Heilige Land nicht der Ort der christlichen Volksgeschichte. Aber, und darauf kommt es an, das Heilige Land war der Ort der christlichen Heilsgeschichte. Hier hat Jesus gelebt, hier hat er gewirkt, hier ist er gestorben. Deshalb war, ist und bleibt dieses Land auch für Christen ein besonderes Land, ein wichtiges Land, ein ihrem religiösen Glauben verbundenes Land. Sein Schicksal nur in den Händen von Nichtchristen zu sehen, war für fromme Christen schmerzlich. Das Bauen von Kirchen an den heiligen Stätten und deren Kontrolle, zumindest die Möglichkeit der Mitsprache, waren deshalb ein Ziel derer, die das Christentum in Realpolitik übertrugen.

Ob sich Realpolitik und Religion wirklich miteinander verbinden lassen, darf freilich bezweifelt werden. Was für orthodoxe Juden gilt, darf nämlich getrost auch auf Nichtjuden übertragen werden: Für religiöse Menschen ist Geschichte Gottes Werk. Wer in die Geschichte politisch eingreift, läßt im Grunde erkennen, daß er den einen oder anderen Zweifel an der Wirksamkeit und Durchsetzungsfähigkeit Gottes hegt.

Und die *Muslime?* Im ersten Teil dieses Buches wurde die ketzerische Frage gestellt, ob der Koran (das Heilige Buch der Muslime) nicht sogar eine »zionistische Quelle« sei. Zudem wurde dort festgestellt, daß das Heilige Land auch für Muslime kein Ort der arabisch-nationalen Volksgeschichte ist. Natürlich bestand stets ein enger Kontakt zwischen diesem Land und den Arabern, dem Gründer- und Führungsvolk des Islam. Trotzdem war es nie der Ort ihrer nationalen Geschichte, sondern wie beim Christentum der Ort ihrer Heilsgeschichte – genauer gesagt der Ort eines winzigen, wenngleich sehr wichtigen Teils ihrer Heilsgeschichte, nämlich Mohammeds Nachtreise nach Jerusalem. Mohammed wirkte bekanntlich nicht im Heiligen Land. Doch ohne irgendeine heilsgeschichtliche Verbindung mit dem Heiligen Land – und damit mit dem Judentum und Christentum – hätte dem Islam die Verknüpfung mit den anderen Offenbarungsreligionen gefehlt. Diese Lücke mußte geschlossen werden; eben durch jene nächtliche Reise Mohammeds nach Jerusalem.

Mohammeds Reise führte ihn »vom heiligen Tempel zu Mekka zum fernen Tempel von Jerusalem« (Sure 17,2). Allah und der Erzengel Gabriel brachten den Propheten auf dem Luftweg nach Zion. Diese Reise verknüpfte den Islam mit dem Judentum, mit dem jüdischen Tempel und dem dortigen Felsen, auf dem Abraham angeblich Isaak opfern wollte. Von diesem Felsen aus, so besagt die islamische Überlieferung (nicht der Koran selbst), sei Mohammed in den Himmel aufgestiegen – nicht auferstanden. Aber die Gedankenverbindung dieser Offenbarungsreligion zur Auferstehung von Jesus ist offenkundig und dürfte kein Zufall sein. Die Auferstehung Jesu fand, sozusagen gleich nebenan, ebenfalls in Jerusalem statt – womit die Verknüpfung mit dem Christentum vollzogen werden konnte. Als Propheten erkennt der Islam Jesus sehr wohl an, nicht aber als Gottes Sohn, denn »Lob sei Allah, der weder einen Sohn noch sonst einen Gefährten in seiner Herrschaft hat« (Sure 17, 112). Der Islam ist also durch Distanz *und* durch Nähe zum Christentum wie zum Judentum gekennzeichnet.

Auf seiner Himmelsreise begegnet Mohammed Abraham, Moses und Jesus, so wird es überliefert. Es war jedoch keineswegs ein Treffen zwischen Gleichgestellten, denn Mohammed sei der Erste unter seinesgleichen, also unter Religionsstiftern und Propheten, heißt es. Abraham, Moses und Jesus hätten Mohammed als den größten der großen Propheten anerkannt. Wer will da noch ernsthaft behaupten, daß nur die jüdische Religion ihre Auserwähltheit betone?

Nur in diesem Heiligen Land – und durch dieses – kann die Verknüpfung von Islam, Christentum und Judentum erfolgen; die Verknüpfung der Religionsstifter Mohammed, Jesus, Abraham und Moses; die Verknüpfung der Nationen und Völker, also der Araber, der Christen in der Welt und der Juden; nur durch das »Land, in welchem wir alle Geschöpfe segneten« (Sure 21,72).

»Allah verspricht denen unter euch, welche glauben und gute Werke verrichten, daß er sie zu Nachfolgern der Ungläubigen im Land einsetzen will, so wie er die vor ihnen den Ungläubigen ihrer Zeit hat nachfolgen lassen.« Auch in dieser schon erwähnten und interpretierten Sure (24,56) spricht der Prophet der Muslime die Sprache der jüdischen Propheten. Diese hatten eine Rückkehr der Juden nach Zion keineswegs ausgeschlossen; Voraussetzung war die religiöse Läuterung der Juden. Sie erlaube dann auch die Wiederherstellung jüdischer Staatlichkeit in Form eines vom Messias gegründeten Gottesstaates, der dann der Staat *aller* Menschen wäre. Zwischen Juden und Nichtjuden, zwischen allen Menschen gäbe es dann keine religiösen Unterschiede mehr, denn alle würden an Gott glauben. »Sie sollen aber nur mir allein dienen und mir kein anderes Wesen zugesellen. Wer aber ungläubig wird, der ist ein Übeltäter.« Dieser Satz stammt keineswegs von einem jüdischen Propheten, sondern von Mohammed (Sure 24,56).

Daß auch der Koran den Juden eine zusätzliche Chance einräumt, beweist einmal mehr die Sure 17,9: »Doch vielleicht erbarmt sich euer Herr wieder. Wenn ihr aber wieder zu euren Sünden zurückkehrt, dann kehren auch wir zu unseren Strafen zurück, und außerdem haben wir für die Ungläubigen die Hölle zum Gefängnis bestimmt.«

Wem ist es heilig?

Auf welche Weise den Juden, Christen und Muslimen das Land heilig ist, wurde mehrfach erklärt. Mit dem Heiligen Land sind jedoch noch andere Glaubensgemeinschaften verbunden wie die Samaritaner, Karäer, Drusen oder Bahai.

Die Samaritaner

Bibellesern sind sie wohlbekannt. Sie sind Juden und zugleich doch keine Juden; eine Art Mischvolk in bezug auf ihre Herkunft ebenso wie auf ihre Religion. Wer nur halb dazugehört, sitzt oft zwischen allen Stühlen. So erging es auch den Samaritanern. Ein schweres Los.

722 v. Chr. zerstörten die Assyrer das Königreich Israel. Ein Teil der jüdischen Bevölkerung wurde in das Zweistromland gebracht; es war die Entführung fast des gesamten Staatsvolkes. Angesiedelt wurden von den Assyrern neue, nichtjüdische Bewohner. Im Lauf der Zeit vermischten sie sich mit den verbliebenen Juden, denen sie jedoch als »unrein« galten.

Im Alten Testament, der Hebräischen Bibel, lesen wir in 2. Könige 17,24: »Dann brachte der König der Assyrer Leute von Babel und von Kutha und von Avva und von Hamath und Sepharvaim und siedelte sie in den Städten von Samaria anstelle der Kinder Israel an. Und sie nahmen Besitz von Samaria und siedelten in seinen Städten.«

Die Samaritaner übernahmen das Judentum nicht, und das verübelten ihnen die Juden. In der Sprache der Hebräischen

Bibel wird dieser Sachverhalt sanfter ausgedrückt: »Es war aber im Anfang ihrer dortigen Siedlung, da sie den Ewigen nicht fürchteten« (2. Könige 17,25). Zur Strafe »sandte der Herr Löwen unter sie, die töteten sie. Und man ließ dem König von Assyrien sagen: Die Völker, die du hergebracht und mit denen du die Städte Samarias besetzt hast, wissen nichts von der Verehrung des Gottes dieses Landes. Darum hat Er Löwen unter sie gesandt und sieh, diese töten sie, weil sie nichts wissen von der Verehrung des Gottes dieses Landes« (2. Könige 17,25 ff.). Das waren natürlich überzeugende Argumente. Sie beeindruckten den assyrischen König, und der gebot (2. Könige 17,27): »Bringt dorthin einen der Priester, die von dort weggeführt sind (also einen Juden); er ziehe hin und wohne dort und lehre sie (die Samaritaner) die Verehrung des Landesgottes.« Das königliche Gebot machte also von einem Tag auf den anderen die Samaritaner zu Juden.

Gewiß, der in Bethel ansässige jüdische Priester gab sich redliche Mühe. Er »lehrte sie, wie sie den Herrn fürchten sollten« (2. Könige 17,28). Aber sein Unterfangen schien nicht vollständig zu gelingen, denn »jedes Volk machte sich seinen Gott« (2. Könige 17,29). So galten denn die Samaritaner den Juden weiterhin als unrein (vgl. 2. Könige 23,19 f.).

Anfang des 6. Jahrhunderts v. Chr. durften die Juden aus dem babylonischen Exil nach Zion zurückkehren. Den Altzionisten sagten die Samaritaner: »Wir wollen mit euch bauen; denn auch wir suchen euren Gott und haben ihm geopfert seit der Zeit Asar-Haddons, des Königs von Assyrien, der uns hierher gebracht hat. Aber Serubabel und Jesua und die anderen Häupter der Sippen in Israel antworteten ihnen: Es ziemt sich nicht, daß ihr und wir miteinander das Haus unseres Gottes bauen, sondern wir allein wollen bauen dem Herren, dem Gott Israels ... Da machte das Volk des Landes die Juden mutlos und schreckte sie vom Bauen ab.« So lesen wir es in Esra, 4,1–3.

Die zurückgekehrten Juden zeigten also wenig Toleranz und lehnten die Kultgemeinschaft mit den Samaritanern ab. Auch jüdisch-samaritanische (und andere) Mischehen wurden geächtet. Sogar bereits geschlossene Ehen sollten aufgelöst werden. Im zehnten Kapitel des Buches Esra heißt es: »Und Sechanja ... hob an und sprach zu Esra: Wir haben unserem Gott die Treue gebrochen, als wir uns fremde Frauen von den Völkern des Landes genommen haben. Nun, es ist trotz allem noch Hoffnung für Israel! So laßt uns nun mit unserem Gott einen Bund schließen, daß wir alle fremden Frauen und die Kinder, die von ihnen geboren sind, hinaustun nach dem Rat meines Herren und derer, die die Gebote Gottes fürchten, daß man tue nach dem Gesetz.«

Diese entschiedenen Worte und die ebenso strenge Gesinnung verfehlten nicht ihre Wirkung auf Esra, den politischen und geistig-religiösen Anführer der jüdischen Rückkehrer. Er ließ eine Volksversammlung nach Jerusalem einberufen, und alle kamen: »Da versammelten sich alle Männer von Juda und Benjamin ... Und alles Volk saß auf dem Platz vor dem Hause Gottes, zitternd wegen der Sache und wegen des strömenden Regens. Und Esra, der Priester, stand auf und sprach zu ihnen: Ihr habt dem Herren die Treue gebrochen, als ihr euch fremde Frauen genommen und so die Schuld Israels gemehrt habet. Bekennt sie nun dem Herren, dem Gott eurer Väter, und tut seinen Willen und scheidet euch von den Völkern des Landes und von den fremden Frauen.«

Die Versammlung der jüdischen Männer, die damals um 430 v. Chr. in Jerusalem zusammenkam, zeigte sich von Esras Worten tief beeindruckt (oder eingeschüchtert), denn: »Da antwortete die ganze Gemeinde und sprach mit lauter

Stimme: Es geschehe, wie du uns gesagt hast!« Nur vier Männer widersetzten sich. Auch im Buch Nehemia (9 und 10) finden wir ähnliche Zeugnisse der mangelnden jüdischen Toleranz.

Auch die Samaritaner zogen sich zurück. In der Mitte des 4. Jahrhunderts v. Chr. gründeten sie ihre eigene Kultgemeinschaft. Deren Zentrum wurde der Berg Garizim bei Sichem, dem heutigen Nablus. Angeblich gab ihnen Alexander der Große auf seinem nahöstlichen Eroberungszug hierzu persönlich seine Genehmigung. Den dort erbauten Tempel zerstörten die Makkabäer unter Hyrkanos I. im Jahr 129 v. Chr. –, ein weiteres Zeugnis jüdischer Ignoranz, im Fünften Buch Mose (Deuteronomium) 11,29 ist zu lesen: »Und es soll sein, wenn dich der Ewige, dein Gott, in das Land bringen wird, dahin du kommst, um es in Besitz zu nehmen, so sollst du die Segnung legen auf den Berg Garizim...« – was die Samaritaner taten. Für sie war die Zerstörung ihres Tempels ein traumatisches Erlebnis. Seitdem warten sie auf ihren Messias, den Ta'eb.

Selbst Schulkinder kennen das Gleichnis vom barmherzigen Samariter (Lukas, 10,30–37). Im Neuen Testament werden die Samaritaner mehrfach als leuchtendes Beispiel für Toleranz, Menschlichkeit und Barmherzigkeit dargestellt; ganz anders als die Juden. Zehn Aussätzige wurden von Jesus geheilt; nur einer bedankte sich – ein Samariter beziehungsweise Samaritaner (Lukas 17,11–19).

Die Berichte aus dem Neuen Testament hielten die Christen nicht davon ab, während der byzantinischen Herrschaft im Heiligen Land (bis 634 n. Chr.) über die Samaritaner wenig duldsam zu regieren.

Ebenso unduldsam herrschten die neuen Herren des Heiligen Landes, die Muslime (seit 634 n. Chr.). Im Jahr 1137 richteten sie in Nablus ein Blutbad unter den Samaritanern an. Auch unter den Osmanen (Türken) ging es den Samaritanern seit dem 16. Jahrhundert kaum besser. Die einheimischen Araber verboten ihnen sogar die jährliche Wallfahrt auf den Berg Garizim bei Nablus, wo ihre geistliche Führung lebte und lebt. Erst durch britischen Druck durften die Samaritaner ab 1820 wieder ihren Heiligen Berg betreten.

Fast gleichzeitig vollzog sich ein grundlegender Wandel im jüdisch-samaritanischen Verhältnis. Oberrabbiner Abraham Hajim verkündete: »Das Volk der Samaritaner ist ein Zweig des jüdischen Volkes. Es bekennt sich zur Wahrheit der Thora.« Das ist völlig richtig gesehen, denn abgesehen von einigen Abweichungen waren die Fünf Bücher Mose (also die Thora) stets Grundlage der samaritanischen Glaubenslehre. Doch es dauerte mehr als zweitausend Jahre, bis diese Tatsache von jüdischer Seite anerkannt wurde.

Als die Türken im Jahr 1917 abzogen, lebten im samaritanischen Zentrum Nablus nur noch 146 Mitglieder dieser abwechselnd von Juden, Christen und Moslems unterdrückten Glaubensgemeinschaft. Heute leben im israelischen Kernland knapp vierhundert Samaritaner, vor allem in der Stadt Holon (in der Nähe von Tel Aviv). Ungefähr ebenso viele Samaritaner sind bei Nablus ansässig.

Das Schicksal der Samaritaner verdient auch aus einem anderen Grund Beachtung. Diese Glaubensgemeinschaft hat das ewige Schauspiel der Rollenwechsel am eigenen Leibe mehrfach erfahren und erlitten – den Rollenwechsel zwischen Opfern und Tätern, zwischen Minderheit und Mehrheit. Solange die Gemeinschaft der Christen eine Minderheit war, zeigte sie den Samaritanern gegenüber Mitleid – weil sie selbst litt. Aus dieser Zeit stammt das Gleichnis vom barmherzigen Samariter. Als Herrscher zeigten sich Christen später (in der byzantinischen Epoche) ähnlich »tolerant« wie einst die Juden Esra, Nehemia & Co., und die Muslime folgten schließlich ihren Fußstapfen. Macht macht grausam, und grausam verhält sich offenbar jede Minderheit, die zur Mehrheit wird. Die Geschichte des jüdischen Volkes enthält hierzu überreichliches Anschauungsmaterial. Als verfolgte Minderheit gewann das jüdische Volk moralische Höhen. Zum Dank wurde es in den Abgrund, in den Tod gestoßen. Als Mehrheit verwandelten sich auch Juden – freilich nicht alle, aber eben doch viele; viel zu viele – in Verfolger und Unterdrücker. Und bei den Palästinensern sieht es kein bißchen anders aus: als Verfolgte leidend, als Mächtigere verfolgend. Jede Nation, Gruppe oder Glaubensgemeinschaft registriert ungebrochen stets nur die moralischen Gebrechen und Verbrechen der anderen. Wie gesagt: Es ist der ewige Rollenwechsel.

Die Karäer

Bei den Karäern handelt es sich um eine jüdische Sekte. Sie erkennen nur die Hebräische Bibel als verbindlich an, nicht aber die rabbinischen Interpretationen des Talmud und anderer Bestimmungen. Bei den Karäern zeigt sich also mehr Judentum als bei den Samaritanern. Diese orientieren sich allein an der Thora, den Fünf Büchern Mose. Es versteht sich daher von selbst, daß auch den Karäern das Heilige Land heilig ist.

Die Zahl der Karäer ist nicht groß. Rund zwölftausend waren es Anfang der 1990er Jahre. Die meisten leben im Gebiet von Ramlah, in der Nähe des Internationalen Flughafens Ben Gurion.

Die Drusen

Auch ihnen ist das Heilige Land heilig, denn in Hittim (Nord-Israel) liegt das Grab Jitros. Er war der Schwiegervater von Moses; in der Religion der Drusen spielt er eine wichtige Rolle. Die Glaubensgemeinschaft der Drusen wurde um das Jahr 1000 n. Chr. gegründet. Sie hat islamische Wurzeln, zählt aber nicht zur islamischen Religion. Obwohl die Drusen arabisch sprechen, sonderten sie sich traditionell auch von den Arabern und Muslimen ab. Sie leben vor allem im Libanon, in Syrien, auf den Golan-Höhen sowie in Israel. Die israelischen Drusen sind dem Jüdischen Staat Israel gegenüber loyal. Ja, sie dienen sogar in den israelischen Streitkräften.

Knapp 60000 Drusen lebten Anfang des Jahrtausends in Israel, weitere 14000 auf den Golan-Höhen (die Israel im Dezember 1981 seinem Staatsgebiet einverleibte).

An dieser Stelle soll auf diese Religion, die auf Geheimhaltung großen Wert legt, nicht näher eingegangen werden. Unschwer zu erkennen ist aber, daß sie über den großen jüdischen Propheten Moses die Verbindung zu Teilen der jüdischen Tradition und natürlich zum Heiligen Land besitzt.

Die Bahai

Ihre Religion wurde Mitte des 19. Jahrhunderts in Persien gegründet. Dort werden ihre Anhänger besonders seit der islamischen Revolution des Jahres 1979 verfolgt – nicht zuletzt deshalb, weil sie sehr tolerant sind und in der nordisraelischen Stadt Haifa ihr Weltzentrum errichtet haben. Es ist *das* Heiligtum der Bahais. Die goldene Kuppel des Bahai-Tempels prägt heute das Bild Haifas.

Wo ist es heilig? Oder: Wem gehört Jerusalem?

Wo ist das Heilige Land heilig? Keineswegs überall, und zumindest ist es nicht allen dort Lebenden heilig. Gewiß, gläubigen Juden ist das *ganze* Land heilig. Aber das sind nur knapp dreißig Prozent aller Juden. Für sie ist es das Gelobte Land; das Land, das Gott Abraham und seinen Nachfahren (in unterschiedlichen Grenzen!) versprochen hat.

Vom Heiligen Land reden auch gläubige Christen – und diese Gläubigen sind heute ebenfalls eine Minderheit. Aber daß dieses Heilige Land *ihr* Land sei, das behaupten sie nicht. Ebensowenig behaupten dies religiöse Muslime. Für Christen und Muslime bestimmen *einzelne* besonders heilige Plätze oder Orte die Heiligkeit des Heiligen Landes. Sie fühlen sich also eher mit den unterschiedlichen heiligen Stätten verbunden als mit dem ganzen Land.

Trotzdem gibt es ebenso für Juden besonders heilige Orte, »heilige Stätten« im (auch als ganzem) Heiligen Land. Gläubige Juden, Muslime und Christen richten also ihre Blicke vornehmlich auf die *ihnen* heiligen Stätten. Die Echtheit der Gefühle dieser Frommen ist weniger zu bezweifeln als die Echtheit dieser heiligen Stätten. Wer kann diese denn heute wirklich genau benennen oder lokalisieren? Vom Wettbewerb der heiligen Orte ganz abgesehen: Wo zum Beispiel starb Maria? In Jerusalem oder im heute türkischen Ephesus? Hier wie dort zeigt man uns eine heilige Stätte. Auch die einzelnen Glaubensgemeinschaften rivalisieren.

Wer je die Grabeskirche in Jerusalem besucht hat, weiß, wie widerwärtig hier der innerchristliche Wettbewerb ausgeprägt ist. Römisch-katholische, griechisch-orthodoxe und armenische Christen sind an diesem heiligen Ort die Hauptrivalen. Syrer und Kopten mußten sich dort mit einer Art »Katzentisch« begnügen, während Anglikaner und Äthiopier ihre Kapellen sozusagen im Vorhof, »draußen vor der Tür«, einrichten durften.

»Du sollst dir kein Bildnis machen«, heißt es in den Zehn Geboten. Sind heilige Stätten aber nicht doch ein Bild-Ersatz? Sind sie nicht Reste alter Götzenkulte in Religionen, die eigentlich nur auf einen, auf den einen Gott, ausgerichtet sind? Dienen heilige Stätten den Menschen nicht vielmehr als Brücken zu Gott und zugleich als Hilfe, religiöse Inhalte zu verstehen? Die Vorstellung von Gott ist im Judentum, Christentum und Islam sehr abstrakt. Diese heiligen Stätten fungieren deshalb sicher auch als eine Brücke für diejenigen, die einen »Gott zum Anfassen« benötigen, ohne sich einem »Götzendienst« hinzugeben. Die heiligen Stätten unterstützen die Menschen auf dem Weg zu Gott – der ihnen andernfalls wohl noch schwieriger und ungreifbarer erschiene.

Ich meine, daß dies keine ketzerischen, sondern sehr naheliegende Gedanken sind. Sie stellen nämlich nicht den Glauben in Frage, sondern die Unfähigkeit der vermeintlich Gläubigen, wirklich zu glauben. Wenn wir im Glauben an Gott fest und treu bleiben, obwohl wir wissen, daß die Authentizität der heiligen Stätten zweifelhaft ist, wird unser Glauben um so echter bleiben oder werden können.

Nicht alle tatsächlichen oder vermeintlichen heiligen Stätten sind zudem gleichermaßen heilig. Es gibt heilige Stätten, die aus den Schriften ableitbar oder Teil der Heilsgeschichte sind. Andere (und keineswegs wenige) gehören

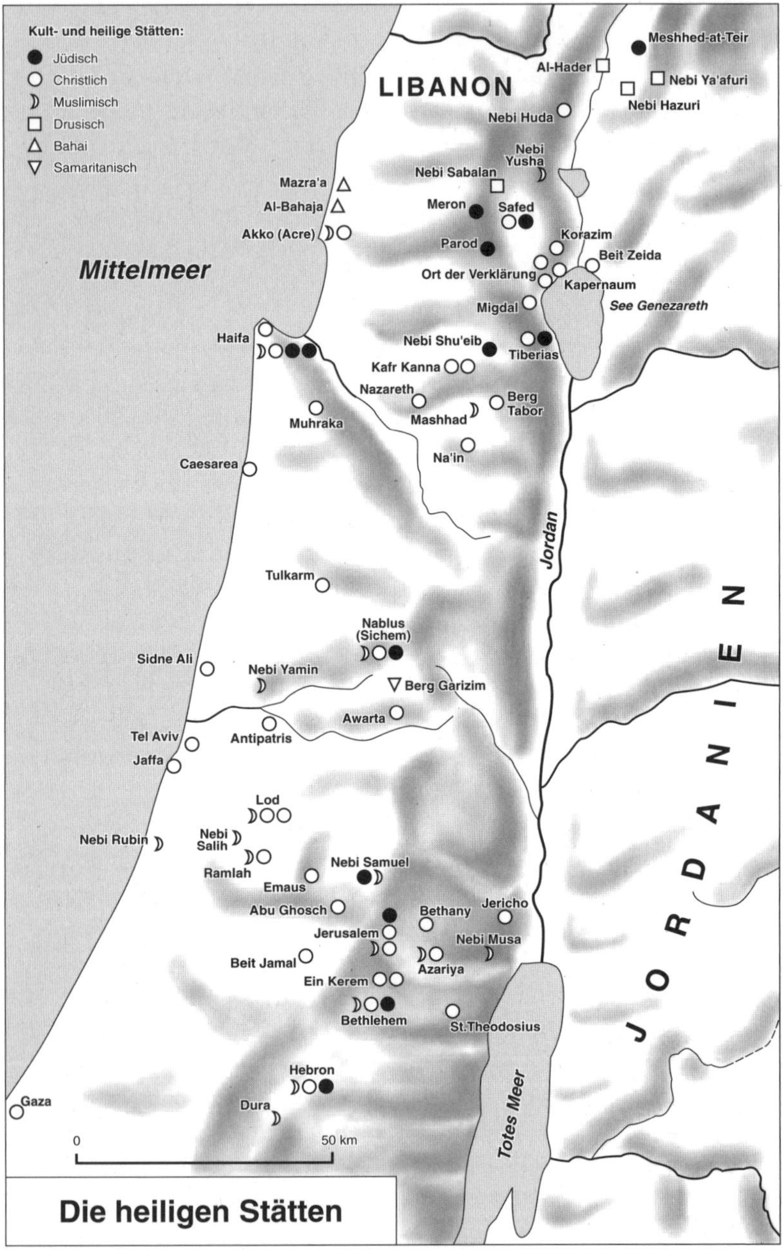

Die heiligen Stätten

zur religiösen Folklore; sie sind Teil einer durchaus tiefempfundenen Volksfrömmigkeit. Aber Frömmigkeit ist noch lange nicht mit Heiligkeit gleichzusetzen, wenngleich Orte der Volksfrömmigkeit nicht selten als Orte der Heiligkeit verkauft werden. Dies geschieht vor allem auch aus politischen Gründen.

Die heiligen Stätten der Juden

Warum ist eigentlich *Jerusalem* den Juden so heilig? »Wenn ich dich vergesse, Jerusalem, so vergesse ich meine rechte Hand«, beteuern gläubige Juden. Die talmudischen Weisen und andere wurden nie müde, die Heiligkeit der Stadt und ihre wunderbare Wirkung zu beschreiben. Ja, Jerusalem ist schön – aber reicht das zur Erklärung seiner Heiligkeit aus? Natürlich, König David hat die Bundeslade nach Jerusalem gebracht, und dort wurde von seinem Sohn und Nachfolger Salomo der Tempel gebaut. Auf dem Tempelberg (so der Talmud) bleibe die »Schechina« (Gott beziehungsweise Gottes Geist) ewig. Das wird behauptet, doch die Ortswahl nicht begründet. Diese Ortswahl – die Wahl, diesem Ort besondere Heiligkeit zuzusprechen – dürfte ursprünglich auch politisch motiviert gewesen sein.

Wie steht es in der Bibel? Geeint wurden die zwölf Stämme Israels erst unter König Saul. Die Einheit blieb äußerst wacklig, auch unter König David. David eroberte Jerusalem und machte es zur neuen Hauptstadt. Es war politisch und auch geographisch die Klammer zwischen den nördlichen und südlichen Landesteilen, diente als Zeichen und Programm der Vereinigung sowie zugleich als Ausdruck des von ihm und den Verfechtern der Einheit erwünschten staatlichen Zentralismus. Davids Sohn Absalom rebellierte gegen den Vater mit den Anhängern einer weniger starken Zentralmacht. Unter Salomo gab es wiederholt innenpolitischen

Aufruhr mit separatistischen Tendenzen, und nach Salomos Tod kam erneut die Reichsteilung.

Jerusalem war das Symbol der Einheit und des Zusammenhalts der Juden. Zugleich war es kultischer Mittelpunkt durch den Tempel. Unumstrittener politischer Mittelpunkt wurde Jerusalem erstens durch die Vernichtung des Königreiches Israel (mit der Hauptstadt Samaria) und zweitens seit der 538 v. Chr. erfolgten Rückkehr der Juden aus dem babylonischen Exil in einen Teil ihrer Heimat, eben nach Zion, also nach Jerusalem und Umgebung.

Das ist viel, sehr viel Geschichte und Politik. Heiligkeit und Politik – sie sind kaum zu entwirren, und genau das ist so verwirrend. Den Juden ist, wie gesagt, das Heilige Land in seiner Gesamtheit heilig. Dennoch gibt es einzelne Stätten, für die zusätzliche religiöse Vorschriften und Gebote (hebräisch: Mitzwot) gelten. Den jüdischen Begriff von der Heiligkeit eines bestimmten Ortes könnte man daher folgendermaßen umschreiben: Die Quantität der Gebote bestimmt die Qualität der Heiligkeit.

Die jüdischen Weisen haben es in der Mischna auf diese Formel gebracht. (Die Mischna ist der weitgehend aus Vorschriften bestehende Teil des Talmud, der außerdem viele Kommentare und zudem wunderschöne, sehr tiefsinnige Erzählungen und Anekdoten enthält. Der Text wirkt auf den ersten Blick höchst formalistisch und langatmig. Doch wie so oft täuscht der erste Blick. Bei näherem Hinsehen erlauben uns die Vorschriften der talmudischen Weisen nämlich hochpolitische Schlußfolgerungen für die Gegenwart. Sie sind so brisant wie Sprengstoff – allerdings mit umgekehrter, nämlich mit friedlicher Wirkung. Hier also zunächst der Text, dann der friedenspolitische Balsam.)

Im Mischna-Traktat Kelim 1,6 lesen wir: »Zehn Heiligkeitsgrade gibt es: Das Land Israel ist heilig vor allen anderen Ländern. Worin besteht dessen Heiligkeit? Darin, daß man von ihm das Omer-Opfer, die Erstlinge und die zwei Brote darbringen kann, was bei allen anderen Ländern nicht der Fall ist.«

Diese Aussage kennen wir bereits mehr oder weniger: Es gibt bestimmte jüdische Gebote, die im Grunde nur im Heiligen Land erfüllt werden können. Die einzelnen hier genannten Vorschriften näher zu erläutern, würde an dieser Stelle zu weit führen.

In Kelim 1,7 kommen die Talmudisten schon eher zur Sache: »Mit Mauern umgebene Städte sind heiliger, indem man aus ihnen die Aussätzigen ausweisen muß, und eine Leiche zwar darin so lange umhergetragen werden darf, bis man sie bestatten will; ist sie aber einmal hinausgekommen, so darf man sie nicht wieder hineinbringen.« Diese Textpassage liest sich nicht nur wie eine gesetzliche Bestimmung, sie ist es auch.

In Kelim 1,8 heißt es: »Innerhalb der Mauern [Jerusalems] ist der Raum noch heiliger, denn daselbst darf man leichter Heiliges [bestimmte Tieropfer] und zweiten Zehnt essen.« Und weiter: »Der Tempelberg ist noch heiliger, denn diesen dürfen keine Flüssigen, keine am Blutfluß Leidenden oder menstruierende Frauen und keine Wöchnerinnen betreten« (Kelim 1,8).

Jetzt wissen wir mehr. Jerusalem ist heilig, der Tempelberg ist wiederum noch heiliger. Und entsprechend der größeren Heiligkeit gelten erhöhte Anforderungen an die körperliche und geistige »Reinheit« derer, die den heiligen Ort betreten dürfen. Aber weiter im selben Abschnitt. Wer wollte nicht gerne eine völlig fremde Welt kennenlernen, die (das darf der nichtjüdische Leser voraussetzen) auch vielen Juden heutzutage ebenso unbekannt ist? »Der Zwinger [ein Raum innerhalb des Tempelberges] ist noch heiliger; denn dort darf kein Nichtjude und kein an Toten Verunreinigter hinkommen. Der Frauen-Vorhof ist noch heiliger; denn da darf kein Unreiner, der heute untergetaucht ist [gemeint: im Ritualbad], eintreten. Doch ist man deswegen kein Sündopfer schuldig. Der Israeliten-Vorhof [vorenthalten den Juden, die weder Priester noch Leviten waren] ist noch heiliger, denn diesen darf keiner betreten, der noch der Sühne ermangelt, und man ist deshalb ein Sühneopfer schuldig. Der Priester-Vorhof ist noch heiliger, denn kein Nicht-Priester [also die Israeliten] darf dahin kommen, außer wenn er es nötig hat, um beim Opfer die Handauflegung, Schlachtung oder Schwingung vorzunehmen« (Kelim 1,8).

In Kelim 1,9 wird die Betrachtung fortgeführt: »Der Raum zwischen der Vorhalle und dem Altar ist noch heiliger, denn dahin dürfen keine Priester mit körperlichen Mängeln und keine mit wild wachsendem Haupthaare kommen.« Spielten sich zu Zeiten des Tempels etwa einige Priester als Hippies auf, mit langen Haaren? Ordnung mußte auch damals sein. »Der Tempel ist noch heiliger, denn dahin darf niemand kommen, der nicht vorher seine Hände und Füße gewaschen hat« (Kelim 1,9).

Der aufmerksame Leser erkennt sofort: Hier gibt es jüdisch-islamische Gemeinsamkeiten, denn die Waschung gehört ebenfalls zum religiösen Ritual der Muslime. Einmal mehr sehen wir, daß Heiligkeit für Juden (und Muslime) mit Reinheit zusammenhängt. Körperliche Reinheit ist dabei sowohl Voraussetzung als auch Symbol der geistig-religiösen Reinheit. Mit herkömmlichen Stammtisch- und Propagandaformeln von der Heiligkeit der heiligen Stätten hat dies alles so gut wie nichts zu tun.

Weiter in Kelim 1,9: »Das Allerheiligste (im Tempel) ist heiliger als jene genannten Räume, denn dies darf bloß der

Hohepriester am Versöhnungstage zur Zeit des Dienstes betreten.«

Die Rangfolge der Heiligkeit(en) ist völlig klar. Man stelle sich viele Kreise vor. Jeder Kreis ist eine Stufe der Heiligkeit. Der weiteste Kreis ist das Heilige Land, das engste das Allerheiligste im Tempel. Je kleiner der Kreis, desto größer die Heiligkeit, desto höher die Anforderungen in bezug auf körperliche und geistig-religiöse Reinheit. Das Allerheiligste war nur einem zugänglich: nämlich dem Hohenpriester. Und das auch nur einmal jährlich.

Wo bleibt nun der friedenspolitische Balsam? Hier ist er: Kein wirklich gläubiger Jude betritt den Tempelberg seit dessen Zerstörung im Jahre 70 n. Chr. durch die von Titus geführten Römer. Er muß nämlich fürchten, versehentlich den Raum des einstigen Allerheiligsten anzutasten – was ein Frevel wäre. Keiner weiß genau, wo das Allerheiligste plaziert war. Wegen dieser Zweifel wird ein frommer Jude die Entheiligung gar nicht erst wagen. Weil es zudem seit der Zerstörung des Tempels keine Priester und erst recht keinen Hohenpriester mehr gibt, darf heute praktisch kein Jude mehr dieses Stück hochheiliger Erde mit seinem Fuß berühren.

Nanu? Waren nicht seit 1967 (also seit der israelischen Kontrolle über Ost-Jerusalem) immer wieder Fernsehbilder von Juden zu sehen, die gewaltsam versuchten, auf den Tempelberg zu gelangen? Juden, die als Zeichen ihrer Frömmigkeit ein Käppchen auf dem Kopf trugen? Nennt sich diese Gruppe der jüdisch-religiösen Eiferer nicht »Getreue des Tempelberges«? Gewiß, gewiß. So ist es. Diese Eiferer mögen sich selbst durchaus als Fromme betrachten. Und der Verstärkungseffekt ist durch die TV-Kamera außerdem vorhanden. Ihr Eifer ist jedoch in den Augen eines talmudisch orientierten, also wirklich strenggläubigen Juden eher Frömmelei. Daran können auch noch so viele Gebete nichts ändern. Die »Getreuen des Tempelberges« verachten zwar den Talmud nicht, aber sie mißachten ihn – wahrscheinlich – aus politischen Gründen. Sie geben vor, die heiligen Stätten nun endlich in die richtigen (jüdischen) Hände zurückzuführen. Aber durch ihre politischen Ansprüche entleeren sie das Judentum gleichzeitig seiner religiösen Inhalte. Das ist der Bumerang des Fanatismus. Nicht jeder Interessenvertreter ist der beste Vertreter der jeweiligen Interessen. Dieser Satz gilt natürlich für Juden und Nichtjuden gleichermaßen.

Auch in diesem Zusammenhang verstehen wir nun die kühle Distanz, die extrem orthodoxe (strenggläubige) Juden zu den nationalreligiösen Extremisten wahren. Übrigens gibt es ein mehr oder weniger zuverlässiges äußerliches Erkennungszeichen für die Nationalreligiösen: Sie tragen gehäkelte Käppchen, die extrem Orthodoxen jedoch meistens ein schwarzes Stoffkäppchen oder gar den schwarzen Mantel (Kaftan) und den großen, runden schwarzen Hut (Streimel). Ausnahmen bestätigen die Regel.

Die Nationalreligiösen sind (auch hier bestätigen Ausnahmen die Regel) in bezug auf die besetzten Gebiete und die Palästinenser eher unnachgiebig (»Falken«). Die extrem Orthodoxen sind natürlich tief religiös. Aufgrund ihrer Religiosität wollen sie dem lieben Gott bei der Gestaltung von Geschichte und Politik nicht nachhelfen – in der Annahme, daß dieser auf die Hilfe von Fanatikern oder die Unterstützung der israelischen Streitkräfte nicht angewiesen sei. Statt mit den Palästinensern zu streiten, warten sie auf den Messias und den Gottesstaat.

Entscheidend ist: Die Heiligkeit der heiligen Stätten der Juden ist nicht durch das eine oder andere Wunder, den einen oder anderen Propheten, durch wen oder was auch immer bestimmt. Von politisch-staatlichen Ansprüchen kann ohnehin keine Rede sein.

Jedermann hat es heute bemerkt: Die Reinheit der Lehre ist längst verloren. Selbst in Schnulzen wird seit dem Jahr 1967 die Pseudo-Heiligkeit der *Klagemauer* besungen. In der Mischna hatten wir darüber nichts gelesen! Zum Beispiel lautet der Refrain eines Evergreens von 1967: »Es gibt Menschen mit einem Herzen aus Stein und Steine mit einem Menschenherz.« Wenn wir daran glauben, daß der Mensch »Ebenbild Gottes« ist, dann dürfen wir diese Worte getrost als Gotteslästerung bezeichnen. Oder nennen wir es kurz und knapp sentimentalen Kitsch.

Grotesk, heuchlerisch und politisch radikalisierend, weil exklusive Ansprüche religiös verbrämend, doch niemals religiös ist dieses Spektakel, wenn es von Nichtreligiösen aufgeführt wird. Und genau das geschieht. Weil (auch) für die Mehrheit der Juden gilt, »Gott ist tot«, klammern sie sich an einen Götzen, zum Beispiel an die Steine der Klagemauer (der Westmauer des einstigen Tempels). Äußerlichkeiten ersetzen jedoch keine Inhalte. »Und der Ewige sprach zu ihm [König Salomo]: Ich heilige dieses Haus [den Tempel], das du gebaut hast, meinen Namen dort hinzusetzen für ewig, daß meine Augen und mein Herz dort seien alle Tage… Werdet ihr euch aber von mir abwenden…, so will ich das Haus, das ich in meinem Namen geheiligt, aus meinem Angesicht jagen…« (1. Könige 9,3–8).

Ein anderer Schlager des Jahres 1967 besingt das »Goldene Jerusalem« – eine Formulierung, die ursprünglich der große Rabbi Akiwa benutzt hatte. Er war einer der bedeutendsten talmudischen Gelehrten, zählte im jüdischen Aufstand gegen die Römer (132–135 n. Chr.) zu den geistlichen Führern des Widerstands und wurde von den Römern grausam zu Tode gefoltert. Rabbi Akiwa war ein wirklicher Märtyrer, der nun ebenfalls sentimental verkitscht, aber zugleich auch säkularisiert wurde, denn diese Art von Heiligkeit kennt das Judentum nicht. Mir erscheint das wie eine Art Verchristlichung des Judentums, wobei »Verchristlichung« keineswegs abwertend gemeint ist. Nur jüdisch ist das Ganze eben nicht mehr, sondern eher eine Form von Folklore, im Lauf der Zeit von Juden übernommen und heute als »jüdisch« vermarktet.

Wieder gilt es, auch für das Radikale Erklärungen zu finden. Je abstrakter die Dinge – das gilt auch für die Religion, die Gottesvorstellung –, desto schwerer fällt es den meisten Menschen, sie nachzuvollziehen. Das muß man verstehen. Außerdem ist die Westmauer des ehemaligen Tempels (Klagemauer) natürlich auch ein geschichtliches und politisches Symbol. Die Klagemauer symbolisiert die religiöse und zugleich die politische Verbindung von Volk und Land, von jüdischem Volk und dem ihm Gelobten Land.

Der Tempel war ein Synonym für jüdische Staatlichkeit. Der von König Salomo gebaute Tempel wurde 586 v. Chr. von den Babyloniern zerstört. Dies bedeutete gleichzeitig das Ende der judäischen Staatlichkeit. Mit dem Bau des Zweiten Tempels wurde 538 beziehungsweise 520 v. Chr. begonnen. Zu dieser Zeit entwickelte sich erneut eine Form jüdischer Staatlichkeit. Genauer: Die Juden erhielten vom Perserkönig Kyros die Genehmigung, in Zion ein autonomes jüdisches Gemeinwesen zu errichten. Das bedeutete Selbstbestimmung ohne Staatlichkeit. Abgesehen von einem knapp hundertjährigen Zwischenspiel jüdischer (makkabäischer) Staatlichkeit, das die Römer (Cäsar-Rivale Pompejus) im Jahr 63 v. Chr. beendeten, blieb es dabei. Im Jahr 70 n. Chr. wurden Tempel und jüdische Staatlichkeit für zweitausend Jahre zerstört. Dieser Zustand war ein Sinnbild jüdischer Existenz.

Zweimal haben die geistlichen Führer der Juden die grandiose Leistung vollbracht, den Verlust des religiösen Zentrums

(Tempel) durch verstärkte religiöse Durchdringung aufzufangen. Auf diese Weise wußten sie das Judentum als Religion zu stabilisieren, zu retten. Während des ersten babylonischen Exils (ab 586 v. Chr.) fungierten die Rabbiner als Ersatz für Priester und Leviten und dienten die Synagogen als Ersatz für den Tempel. Die auf das Heilige Land zentrierte Religion der Juden wurde eine »tragbare«, ortsunabhängige Religion. Sie orientierte sich freilich weiterhin am Heiligen Land, nur war die dortige Anwesenheit nicht mehr Voraussetzung jüdischer Existenz. Zwischen Rabbinern einerseits sowie Priestern und Leviten andererseits entstand dann nach der Zionsrückkehr (538 v. Chr.) bis zur Zerstörung des Tempels eine offenkundige Streitkultur, die aufmerksamen Lesern des Neuen Testaments nicht entgehen wird. Die vermeintlich so bösen Pharisäer waren die Rabbiner, die Sadduzäer die Priestergruppe.

Den geistlichen und politischen Machtkampf entschied die Geschichte – zugunsten der Pharisäer. Diese großen und großartigen jüdischen Schriftgelehrten (die viel besser waren, als ihr Ruf in der christlichen Welt noch heute ist) haben das Judentum endgültig zu einer ortsunabhängigen Religion gemacht. Ihr Gestaltungsinstrument war der Talmud. Wer heute etwas auf sich hält, bedient sich eines modernen, tragbaren PC, eines Laptop. Die vielen dickleibigen Bände des Talmud waren zwar stets schwerer als der heutige Laptop, aber deutlich leichter zu transportieren als der Tempel oder die Steine der Tempelruine.

Deutlich wird, daß das Judentum engste Bindungen zur Klagemauer (Westmauer) gepflegt hat – ohne sie in einen Götzen zu verwandeln. Gottes Geist ist durch die Talmudisten für die Juden endgültig allgegenwärtig geworden; universal gültig, also weltweit – ohne daß ein Hauptquartier erforderliche wäre.

Auch zur Zeit der islamischen Herrscher wollten, konnten

und durften Juden die Westmauer besuchen. Gewiß, auch unter den Briten war es möglich. Doch diese vermeintlich so aufgeklärten Inseleuropäer hatten dabei den Juden seit 1929 sehr genaue, geradezu kleinliche Vorschriften übergestülpt.

Von 1948 bis 1967 kassierte Jordanien völkerrechtswidrig den Ostteil Jerusalems. Er wurde »judenrein«, und Juden durften nicht einmal besuchsweise zum Gebet zur Klagemauer. Beendet wurde dieser Zustand im Jahr 1967 durch die israelische Eroberung und die anschließende (ebenfalls völkerrechtswidrige) Einverleibung Ost-Jerusalems in das Gebiet des Jüdischen Staates. Kurzum: Daß auch nichtreligiöse Juden an diesem Symbol hängen, sollte man verstehen. Doch unverständlich und theatralisch, zumindest irrational bleibt die Tatsache, daß Nichtreligiöse ein religiöses Schauspiel aufführen.

Es gibt auch noch andere »heilige Stätten« der Juden im Heiligen Land. Der *Ölberg* ist in diesem Zusammenhang zu nennen. Hier werde am »Tag des Herrn« die Auferstehung der Toten stattfinden, heißt es in der jüdischen Überlieferung. Gottes »Füße werden stehen zu der Zeit auf dem Ölberg, der vor Jerusalem liegt nach Osten hin« (Sacharja 14,4).

Schon in biblischen Zeiten bestatteten Juden hier ihre Toten. Eine Kostprobe jordanischer Toleranz und Totenverehrung erlebte man zwischen 1948 und 1967: Zahlreiche Grabsteine wurden als Baumaterial verwendet. Daß auch weltliche, nichtreligiöse Juden diese Schändung nicht noch einmal erleben wollen, wird man verstehen.

König Davids Grab befindet sich auf dem Zionsberg in Jerusalem. Es ist ein Ort der Volksfrömmigkeit, weniger der »amtlichen« Heiligkeit, denn hier handelt es sich um eine Art Personenkult. Häufig wurde und wird Jerusalem als die

»Stadt Davids« bezeichnet. Auch das ist ein Ausdruck dieses Personenkults. Aber er ist weder der erste noch der letzte: Die »Stadt Davids«, die »Stadt Lenins« (Leningrad), die »Stadt Stalins« (Stalingrad)... So vergänglich ist der Ruhm der sterblichen Menschen. Davids Nachruhm währte allerdings erheblich länger als der anderer Namensgeber von Städten. Er war auch kein so großer Schuft. Aber sehr schmeichelhaft sind keineswegs alle biblischen Geschichten über König David. Sicherlich, David war ein sehr erfolgreicher Herrscher, wohl der mächtigste der jüdischen Könige. Aus dem Hause Davids komme der Messias, sagt das Alte Testament. Auch das Neue Testament legt großen Wert auf die davidische Herkunft von Jesus Christus. Politisch war David gewiß ein Vorbild – aber moralisch, menschlich und damit auch religiös gesehen, sicher nicht. Selbst vor Ehebruch scheute er nicht zurück, was zugleich einen Bruch der Zehn Gebote bedeutete. Auch sein Sohn Absalom war kein Engel, doch zu jedem Streit gehören zwei. Daß also Absalom nur der rebellische und thronsüchtige, umstürzlerische Sohn gewesen sein soll, überzeugt nicht. Blut klebte an Davids Händen, und selbst Gott waren sie zu blutig, lesen wir im Alten Testament. Deshalb wollte er nicht, daß David Gottes Haus, den Tempel, baue. Das sollte Davids Sohn und Nachfolger Salomo beginnen und vollenden, was er auch tat. In David verehrt man somit eher die einstige politische Macht der Juden als die geistige Kraft der jüdischen Religion und Tradition.

Ein anderes Jerusalemer Grab, dem jüdische Volksfrömmigkeit gilt, ist die *Ruhestätte von Simon dem Gerechten*. Er war Hoherpriester zur Zeit Alexanders des Großen. Dieser politisch und militärisch so Mächtige sei, so erzählt uns der Talmud (Joma 69), vom Pferd gestiegen, als ihm Simon der Gerechte entgegenkam. Simon wollte verhindern, daß die Samaritaner den jüdischen Tempel zerstörten. Das hätte ihnen Alexander zuvor erlaubt, war dem Hohenpriester berichtet worden. Der Ausgang der Geschichte trifft uns nicht unerwartet: Simon der Gerechte überzeugte Alexander den Großen, und nun mußten statt dessen die Samaritaner leiden. Eindrucksvoll und durchsetzungsstark war dieser Simon gewiß, doch war er auch »gerecht«? Für sein Volk verhandelte er zwar höchst erfolgreich – aber auf Kosten anderer.

Ungetrübt erscheint dagegen die Erinnerung an *Rabbi Simon Bar-Jochai*. Zu seinem vermeintlichen Grab in Meron bei Safed in Galiläa pilgern fromme Juden alljährlich am Lag ba-Omer, einem Halbfeiertag zwischen dem Pessach- und Wochenfest, zeitlich ungefähr zwischen Ostern und Pfingsten des christlichen Kalenders gelegen. Auch dieser heilige Wallfahrtsort ist eher nur ein Ort der Volksfrömmigkeit.

Lag ba-Omer erinnert wahrscheinlich – Fachleute sind sich über den Ursprung nicht ganz einig – an einen (kurzfristigen) Sieg der von Bar-Kochba gegen die Römer geführten Juden in den Jahren 132 bis 135 n. Chr.: Juden, die noch im Heiligen Land lebten, durften bleiben.

Rabbi Simon Bar-Jochai, ein Schüler des großen Talmudisten Rabbi Akiwa, hielt sich dreizehn Jahre vor den Römern in einer Höhle verborgen. Sein Kampfeswille gegen die römischen Besatzer blieb auch nach dem grausamen Märtyrertod seines Lehrers sowie nach der Niederschlagung des jüdischen Aufstandes (135 n. Chr.) ungebrochen. »Erschlagt die Besten der Heiden«, riet er seinen Jüngern. Er meinte damit die Römer, die damals die wenigen im Heiligen Land verbliebenen Juden brutal drangsalierten und massakrierten.

Der Talmud-Abschnitt Brachot 61 b schildert die grauenvolle Ermordung Rabbi Akiwas durch die Römer: »In der Stunde, da sie Rabbi Akiwa zur Hinrichtung hinausführten, war es Zeit, das ›Höre, Israel‹ [das Hauptgebet der Juden] zu bekennen. Als sie sein Fleisch mit Kämmen aus Eisen kämmten, nahm er das Joch der Herrschaft des Himmels auf sich. Seine Schüler [zu denen Rabbi Simon Bar-Jochai zählte] sagten zu ihm: ›Unser Meister! Bis hierher?‹« Damit deuteten sie an, daß die Erfüllung des göttlichen Gebots in dieser Form des Märtyrertums wohl doch zu weit gehe. Aber Rabbi Akiwa antwortete ihnen: »Alle Tage meines Lebens habe ich mich über diesen Vers gegrämt: ›Mit deiner ganzen Seele‹ – sogar, wenn dessen Erfüllung deinen Lebensatem nimmt. Ich sagte mir: Wann wird es mir zuteil werden, daß ich den Inhalt dieses Verses erfüllen kann? Und jetzt, da dies mir zuteil wird, soll ich das Gebot nicht erfüllen?« Im Talmud-Abschnitt Menachot 29 b erfahren wir, daß sich sogar Moses empörte: »Herr der Welt! Solche Weisung und solcher Lohn?« Was antwortete Gott? »Schweige! So erstand's im Plan von mir.«

Die gleiche erregte Frage wurde Gott von den »Dienstengeln« gestellt, lesen wir in Brachot 61 b weiter. Ihnen antwortete er versöhnlicher, indem er aus Psalm 17,14 a zitierte: »Ihr Anteil ist im Leben.« Und dann (wie oft bei den Erzählungen der talmudischen Weisen): »Da ging eine Art Stimme hervor, die sprach: ›Wohl dir, Rabbi Akiwa, denn du bist bestimmt zum Leben der kommenden Welt!‹«

Hier wird deutlich, wie im Talmud argumentiert und entschieden wird: zum Beispiel durch Zitate aus der Bibel, die Gott, Engeln und Menschen in den Mund gelegt werden. Die Leser bemerken trotz der scheinbar harschen Antwort Gottes angesichts der Leiden Akiwas ganz deutlich die quälenden Zweifel der Weisen an der Gerechtigkeit Gottes. Das geht natürlich zu weit. Und deshalb züchtigen sich die Weisen selbst, indem sie die bohrende Frage in drastischer Kürze beantworten: »Schweige!« Gottes Ratschluß könne nun einmal nicht von Menschen nachvollzogen werden. Aber die talmudischen Weisen wagen es immer wieder. Wir werden im Zusammenhang mit der Geschichte der Landnahme diese Vorgehensweise noch einmal erleben.

Nun erklärt sich auch der bebende Zorn, der abgrundtiefe Haß, den Rabbi Simon Bar-Jochai den Römern gegenüber hegte. Dieser Haß war menschlich verständlich. Übermenschlich wäre Vergebung gewesen, doch unbestreitbar übermenschlich war seine einzigartige Gelehrsamkeit. Sie ist geradezu legendär. Rabbi Simon Bar-Jochai starb Mitte des 2. Jahrhunderts n. Chr. Die »genaue« Identifizierung seines Grabes erfolgte im 13. Jahrhundert, die Tradition dieser Wallfahrt begann im 16. Jahrhundert! Die Symbolik ist demnach eindeutiger als der Ort seiner tatsächlichen Ruhestatt.

In Zeiten besonders heftiger Verfolgungen orientierte man sich einerseits an einem geistlichen Führer, andererseits an einem Kämpfer. Der geistliche Führer war der bedeutende Talmudist Rabbi Akiwa, der Kämpfer hieß Bar-Kochba. In den Jahren 132 bis 135 n. Chr. führte er den letzten großen Aufstand gegen Rom. Rabbi Akiwa hielt Bar-Kochba für den Messias, also für den Retter. Er war es zwar nachweislich nicht, aber er und seine jüdischen Mitkämpfer wehrten sich. Rabbi Simon Bar-Jochais Name war Programm, zumindest Wunschdenken der Schwachen, die gerade im 16. und 17. Jahrhundert stärker denn je an das Kommen des Messias, an die Erlösung glaubten. Weil das Heilige Land den Juden damals (zumindest politisch) nicht gehörte, paßte die Wallfahrt zum Grab dieses Rabbis geschichtlich ebenso wie heilsgeschichtlich bestens ins Programm.

Die Geschichte von Rabbi Simon Bar-Jochai ist geradezu maßgeschneidert für das moderne, zionistische, also wehrhafte Israel. Es möchte an die geistigen Traditionen anknüpfen, ohne sich wie ein Lamm zur Schlachtbank führen zu lassen. Es möchte vor allem wieder in seinem Land leben. In seinem Land?

Grabstätten von biblischen oder anderen talmudischen Persönlichkeiten wären ebenfalls noch zu erwähnen. Die Echtheit von vielen dieser Grabstätten muß wie bei christlichen und islamischen heiligen Stätten angezweifelt werden. Die Echtheit der religiösen Gefühle ist hingegen über jeden Zweifel erhaben. Wie gesagt, auch der gläubige Mensch benötigt Brücken, um seinen Gott zu erreichen.

»Da starb Sara zu Kirjath-Arba, das ist Hebron, im Lande Kanaan. Und Abraham kam herbei, um Sara zu beklagen und zu beweinen. Dann erhob sich Abraham von der Seite seiner Toten und redete zu den Söhnen Hets und sprach: ›Ein Fremdsasse bin ich bei euch; gebt mir Grabbesitz bei euch, daß ich meine Tote, die vor mir liegt, begrabe‹«, lesen wir im Ersten Buch Mose (Genesis) 23,2–5. Nach einigem Hin und Her bekam Abraham dann die »Höhle des Talgrunds« (Machpela). Das *Grab der Stammväter und -mütter in Hebron* ist (sozusagen amtlich) Ort jüdischer und islamischer Wallfahrt. In gewisser Hinsicht sind die Stammväter Abraham, Isaak und Jakob sowie ihre Frauen Sara, Rebekka, Lea und Rahel den Christen heilig. Bei Juden und Muslimen spricht dabei auch die »Stimme des Blutes« – was immer das sei. Von Stammvätern ist immerhin die Rede.

Bei den Juden ist der Sachverhalt den meisten klar. Aber bei den Muslimen? Erinnerungen aus dem Religionsunterricht werden wach: Ismael war der Sohn, den Abraham mit seiner Nebenfrau (Kebse) Hagar zeugte. Diese Hagar war übrigens eine Nicht-Jüdin, eine Ägypterin! Als Abrahams Frau Sara dann endlich ihren Sohn, also Isaak, zur Welt gebracht hatte, blickte sie ärgerlich auf Hagar und Ismael. Wenig fein und schon gar nicht zimperlich beharrte sie darauf, daß Abraham seine Nebenfrau Hagar mit ihrem Sohn Ismael (im wahrsten Sinne des Wortes) in die Wüste schickte. »Das mißfiel Abraham sehr um seines Sohnes willen«, heißt es in 1. Mose, 21,9. »Und sie ging hinweg und irrte in der Wüste Beer-Seba umher. Als nun das Wasser aus dem Schlauch zu Ende war, warf sie das Kind unter einen der Sträucher und ging und setzte sich abseits, etwa einen Bogenschuß entfernt, denn sie sprach: ›Ich will nicht zusehen, wie das Kind stirbt.‹ So saß sie abseits; und sie hob ihre Stimme und weinte. Aber Gott hörte die Stimme des Knaben, und ein Bote Gottes rief Hagar vom Himmel zu und sprach zu ihr: ›... Fürchte dich nicht, denn Gott hat auf die Stimme des Knaben gehört... Auf, nimm den Knaben und halte deine Hand fest an ihm, denn zu einem großen Volk will ich ihn machen.‹ Da tat ihr Gott die Augen auf, und sie sah einen Wasserbrunnen. Und sie ging hin und füllte den Schlauch mit Wasser und gab dem Knaben zu trinken. Und Gott war mit dem Knaben, und er wuchs heran. Und er hielt sich in der Wüste auf und ward ein Bogenschütze. Und er wohnte in der Wüste Pharan [auf der Sinai-Halbinsel], und seine Mutter nahm ihm ein Weib aus dem Land Ägypten« (1. Mose 21,15–21). Ismael gilt als Begründer einiger arabischer Stämme.

Abraham ähnelt in dieser biblischen Geschichte dem von seiner Frau abhängigen Fischer in dem Märchen »Der Fischer und seine Frau«. Wie der Fischer ist Abraham hier nicht schlecht, aber schwach und durch seine Schwäche schuldig – wenngleich das in der Bibel direkt nicht gesagt wird. Es wird aber doch recht deutlich gemacht. Noch mehr Kritik wäre an einem Stammvater auch nicht möglich gewesen. Sara dagegen ist stark und die Urheberin der Schuld –

und auch das wird natürlich nicht offen ausgesprochen beziehungsweise niedergeschrieben.

Gemischte Gefühle läßt diese Geschichte zurück. Gemischte Gefühle empfand offenbar auch der Autor dieser Geschichte. Gemischte Gefühle bleiben dem Leser. Sie kennzeichnen ganz allgemein die Stimmung, die sowohl die Beteiligten als auch die Beobachter des jüdisch-arabischen Konfliktes bis heute verspüren, ja spüren müssen: Hier stehen zwei eng verwandte Völker einander gegenüber und bekämpfen sich – obwohl (oder gerade weil?) sie einander so nah sind. Sie sind einander sowohl räumlich als auch verwandtschaftlich nah. Man muß weder Rassen- noch Bibelkunde oder Geschichte betreiben, um das festzustellen. Man muß auch nicht an die Bibel glauben. Kapitel 21 aus dem Ersten Buch Mose (Genesis) bringt diese religiöse, moralische, politische und geschichtliche Vermengung allerdings kurz und knapp sowie unübertroffen klar und literarisch-stilistisch unvergleichlich auf den Punkt: »Auch den Sohn der Magd will ich zu einem Volk machen, weil er dein Same ist«, spricht Gott zu Abraham (1. Mose 21,13). Zu »seinem Volk« machte er die Juden, zu »einem Volk« die Araber. Beide aber entsprangen dem Samen Abrahams. So nah und doch so fern.

Das gilt auch in für die Grabstätte der Stammväter. Lange standen hier eine Moschee und eine Synagoge nebeneinander. Ausgrabungen haben nämlich die Reste einer spätmittelalterlichen Synagoge ans Tageslicht gebracht. Nach dem Mittelalter aber war es den »Ungläubigen«, den Juden und Christen, nicht erlaubt, den Bereich der Grabstätte zu betreten, schon gar nicht die Moschee. Als Zeichen des Entgegenkommens erlaubten die Muslime den Juden und Christen lediglich, bis zur siebten Stufe des Eingangs heranzutreten.

Wem »gehört« diese Grabstätte? Juden oder Muslimen? Oder beiden? Religiöse ebenso wie Nicht-Religiöse werden einräumen müssen, daß sowohl Juden als auch Muslime eindeutige Ansprüche auf diese heilige Stätte erheben können. Nach 1967, nach der israelischen Eroberung des Westjordanlandes, wurde zumindest hier die organisatorisch und moralisch einzig vernünftige Regelung getroffen: Muslimen und Nicht-Muslimen wurden bestimmte Eintrittszeiten zugestanden. Das Modell unterschiedlicher Besuchszeiten ist gewiß sehr löblich und vernünftig. Auf das Land, auf das Heilige Land, läßt es sich nicht übertragen. Oder wollte jemand den Juden von neun bis zwölf und den Nicht-Juden den Aufenthalt von zwölf bis fünfzehn Uhr gewähren? Absurdes Theater. Leider.

Auch das *Grab Rahels*, der Lieblingsfrau von Stammvater Jakob, wird in der Bibel erwähnt. »So starb Rahel, und sie wurde begraben auf dem Weg nach Ephrat, das ist Bethlehem. Und Jakob errichtete ein Standmal auf ihrem Grab, das ist das Grabmal Rahels bis auf diesen Tag« (1. Mose 35,19–20; vergleiche auch 48,7).

Die Heiligkeit dieser heiligen Stätte wiegt also schwerer als Orte der Volksfrömmigkeit. Aber bei aller Liebe zu Rahel: Sie war ein Mensch und keine Heilige, denn heilige Menschen kennt das Judentum nicht. Wenn jemand von der »heiligen Stamm-Mutter Rahel« spricht, beweist er nur Unkenntnis in bezug auf das Judentum.

Jedoch: Rahels Geschichte ist Teil der Volks- und der Heilsgeschichte der Juden und damit wirklich so etwas wie »Göttliches zum Anfassen«. In diesem Sinne ist ihr Grab zu den heiligen Stätten zu zählen. In der Bibel ist der Ort wenig präzise angegeben, zwischen Jerusalem und Bethlehem sei das Grab gelegen. Die Volksfrömmigkeit glaubt es ganz genau zu wissen. Und das macht nichts. Aber die talmudischen Weisen äußerten durchaus ihre Zweifel. Auf ihren Spuren wandeln heute die Wissenschaftler.

Irgendwie und irgendwo zwischen Jerusalem und Bethlehem müßte diese Volks- und Heilsgeschichte zum Greifen nahe sein. Also errichteten hier auch Christen in der byzantinischen Epoche eine heilige Stätte, und die Muslime bauten die noch heute sichtbare Kuppel im 19. Jahrhundert.

Nicht alle heiligen Stätten der Juden sowie die Wallfahrtsorte jüdischer Volksfrömmigkeit können hier aufgezählt werden. Erinnert sei nur kurz an das vermeintliche *Grab von Joseph* (dem Sohn Rahels) in der Nähe von Nablus; an die *Höhle des Propheten Elia* bei Haifa; an das *Grab von Jehuda Hanassi* (der Fürst) und anderer Größen des Talmud in Schearim bei Haifa.

In der Nähe der Städte Tiberias (am See Genezareth) sowie bei Safed (auch in Galiläa) häufen sich die Gräber der Großen. Die Volksfrömmigkeit hat zum Beispiel das Grab des uns nun wohlbekannten Rabbi Akiwa nach Tiberias verlegt. Fachleute bestreiten die Glaubwürdigkeit dieses Grabes ebenso energisch und eindeutig wie die der unweit gelegenen *Ruhestätte des Rabbi Jochanan Ben-Sakkai*, ohne den es heute wohl kein Judentum mehr gäbe, denn er überlistete die jüdischen Nationalisten und die Römer zugleich: Die jüdischen Eiferer (Zeloten) in Jerusalem wollten gegen die Römer bis zum letzten Blutstropfen kämpfen. Das taten sie. Daß sie gegen die römische Weltmacht verlieren würden, war absehbar – für Einsichtige wie Rabbi Jochanan Ben-Sakkai. Aber: Kontakte zu oder gar Verhandlungen mit den römischen Belagerern hatten die Zeloten verboten. Wer das Verbot verletzte, mußte mit der Todesstrafe rechnen. Was tat der trickreiche Rabbi? Er stellte sich tot und ließ sich im Sarg vor die Stadt tragen – zum Kommandeur der Römer. Ganz lebendig, vor allem aber bei glasklarem Verstand, trat der dem Sarg entstiegene Rabbi bald vor den römischen Feldherrn und trotzte ihm die Erlaubnis ab, nach dem Krieg bei Jawne ein jüdisches Lehrhaus eröffnen zu dürfen. Dieses Jawne liegt südöstlich von Jaffa. Es ist ein winziges Nest, aber hier wurde von Rabbi Jochanan Ben-Sakkai und seinen Schülern das Fundament des Talmud gelegt. Hier also wurde die Zukunft des Judentums gesichert, weil hier das Judentum endgültig in eine »transportable« Religion umgeformt wurde.

Doch zurück zu den »heiligen Stätten« von Tiberias: Dort liegt das vermeintliche *Grab von Rabbi Moses ben Maimon* (Rambam). Über die Echtheit dieses Grabes wird wenigstens gestritten. Dieser Rambam (1135 bis 1204) war der wohl bedeutendste jüdische Philosoph und Gesetzesgelehrte des Mittelalters, zugleich war er Mediziner und der Leibarzt des Sultans in Ägypten. Rambam personifiziert die enge geistige Verbindung der islamischen und jüdischen Welt des Mittelalters. Sie erreichte ihren Höhepunkt in Spanien – und wurde dort durch das Christentum im Jahr 1492 blutig beendet. »Von Moses bis Moses (Moses Ben-Maimon = Rambam) gab es keinen wie Moses« (Ben-Maimon), heißt es im jüdischen Volksmund. Und hier hat »Volkes Stimme« einmal recht. Anders als bei Ismael und Israel läßt sich in bezug auf Rambam durchaus jüdisch-arabisch-islamische Gemeinsamkeit herstellen. Sie gehört der Vergangenheit an – leider.

Diese Häufung der Grabstätten bedeutender Juden bei Tiberias und Safed ist darauf zurückzuführen, daß diese Städte nach der Zerstörung des Zweiten Tempels Zentren jüdischer Gelehrsamkeit und Frömmigkeit waren. Tiberias wurde noch von Rabbi Jochanan Ben-Sakkai zur religiösen »Reinen Stadt« erklärt. Hier entstand nun das Zentrum talmudischer Gelehrsamkeit, hier entstand der »Jerusalemer

Talmud«. Tiberias war bis zur Eroberung des Heiligen Landes durch die Muslime das geistige und religiöse Zentrum der (wenigen) im Heiligen Land verbliebenen Juden. Doch einmal mehr: Quantität ist nicht Qualität, Masse ist nicht Klasse. Diese Aussage gilt auch für das im 18. und 19. Jahrhundert neben Jerusalem, Hebron und Safed zu den »vier Heiligen Städten« zählende Tiberias.

Safed wirkte im 16. Jahrhundert als Hochburg der jüdischen Mystik, der Kabbala. Diese Mystiker waren auch so etwas wie die Entdecker von heiligen Gräbern. Eines nach dem anderen fanden sie. Aus mystischer Sicht überzeugend, aus der nüchternen wissenschaftlichen Perspektive weniger glaubhaft. Wer wollte aber ernsthaft behaupten, daß die Wissenschaft wichtiger und richtiger für Heil und Seele der Menschen sei als die tiefreligiöse Mystik? Ich jedenfalls nicht. Und das sage ich ohne jede Ironie.

Nüchterneren Gläubigen fällt dieser mystische Zugang jedoch schwer. Bereits im 10. Jahrhundert n. Chr. regte sich der Karäer Sahl ben Mazliah über den Gräberkult auf: »Wie kann ich gelassen bleiben, wenn sich einige Juden wie Götzendiener benehmen? Sie hocken an den Gräbern, übernachten dort auch manchmal und rufen die Toten: ›O, Rabbi Jossi, heile mich.‹ Oder: ›Gib mir Kinder.‹ Sie zünden Kerzen an und schwenken Weihrauch.« Kein Zweifel, dieser Karäer (der wie seine Mitstreiter den Talmud ablehnte und nur die Bibel anerkannte) karikierte die Verchristlichung des Judentums – zumindest das, was er dafür hielt und daher ablehnte.

Die heiligen Stätten der Christen

Geburt, Wirken, Wunder und Tod Jesu sind die Bezugspunkte der meisten den Christen heiligen Stätten. Sie beziehen sich jedoch auch auf das Leben Marias oder der Apostel.

Aber bevor wir uns genauer mit den heiligen Stätten der Christen beschäftigen, sollten wir uns das Verhältnis von Christen und Juden im Heiligen Land etwas genauer ansehen. Dabei wird deutlich werden, daß dieses »Verhältnis« vor allem vom Versuch der politischen Überwindung des Judentums durch Christen geprägt wurde.

Die frühen Christen konnten und wollten sich um die heilsgeschichtlich bedeutsamen Stätten im römisch beherrschten Palästina nicht kümmern. Sie waren zunächst eine im Römischen Reich stark verfolgte Minderheit, die ihr diesseitiges Schicksal auch deshalb willig ertrug, weil sie eher auf das Jenseits orientiert war und ohnehin das baldige Gottesreich auch auf Erden erwartete.

Kaiser Konstantin der Große (um 280 – 337) wurde selbst Christ, und damit endete die Verfolgung der Christen im Römischen Reich. Geschichte und Heilsgeschichte wurden seit Konstantin auch politisch verflochten. Nun war das Christentum sogar eine Art Staatsreligion.

Knapp vierhundert Jahre nach Jesu Tod wurde im allgemeinen die (vermeintlich) genaue Lage der heiligen Stätten ermittelt. Etwa dreihundert Jahre später kamen die Muslime und entrissen das Heilige Land dem christlichen Byzantinischen Kaiserreich, was den wenigsten heiligen Stätten gut bekam. Die meisten wurden zerstört. Die christliche Wallfahrt konnte trotzdem fortgesetzt werden.

Das Auf und Ab der Geschichte ging weiter. Karl der Große fand einen religiös nachsichtigen und politisch weitsichtigen (weil an Jerusalem und Palästina nicht sonderlich interessierten) Partner: den legendären Harun al-Raschid (786–809). Sogar den Schlüssel für die Grabeskirche habe der Morgenländer dem Abendländer überreicht, und für die Wallfahrenden durfte eine Pilgerherberge errichtet werden.

Dieser Harun al-Raschid war ein religiös toleranter Mann und politisch ein schlauer Fuchs. Das gute Verhältnis zu Karl dem Großen hatte politische Gründe. Der Frankenkönig bekämpfte nämlich auf der Iberischen Halbinsel zur selben Zeit die islamischen Rivalen des abbassidischen Harun al-Raschid, also die Omajjaden (die im Jahr 711 von Nordafrika nach Spanien übersetzten und es überwältigten).

Intoleranz können einzelne Herrscher bestenfalls zeitweise eindämmen. Im Jahr 1077, nach dem Sturz der in Ägypten (und Palästina) herrschenden Fatimiden, war Schluß mit der christlichen Wallfahrt. Die christliche europäische Welt blieb ihre Antwort nicht schuldig: »Befreiung!« war die Losung der nun folgenden Zeit. Gemeint war damit die »Befreiung des Heiligen Grabes«. Ab dem Jahr 1096 schlug die Stunde der Kreuzzüge – eine Eskalation der Intoleranz. Es folgte der zeitweilige Sieg der Kreuzfahrer, die sich jedoch im Jahr 1291 endgültig aus dem Heiligen Land (als Herrscher) verabschieden mußten. Zuvor hatten sie für eine Konjunktur der Bauwirtschaft gesorgt, indem sie eine Kirche beziehungsweise Pilgerstätte nach der anderen erbauen oder wieder herrichten ließen.

Zweiundvierzig Jahre später (1333) stellten die Christen dann fest, daß man mit diplomatischen Mitteln manchmal mehr erreicht als durch Kriege: Die Franziskaner erhielten den Besitz des Abendmahlsaales zugesprochen. Auch das Heilige Grab, das Grab Marias und die Geburtskirche in Bethlehem standen ihnen für Gottesdienste wieder zur Verfügung – bis zum nächsten Machtwechsel, bei dem die Türken im Jahr 1517 das Heilige Land eroberten. Eine neue Regelung ergab sich ab 1552, und dabei nahm die griechisch-orthodoxe Kirche nun gewaltig und ab dem Jahr 1634 sogar gewaltsam Einfluß – gegen die eigenen christlichen Glaubensgenossen. Die längste Zeit hatten nun die lateinischen

Christen alle Vorrechte genossen. Nun wollten die griechisch-orthodoxen Christen zum Zuge kommen. Sie vertrieben die Franziskaner 1757 aus der Geburtskirche (nicht aus der dortigen Grotte) sowie aus der Marienkirche und teilweise auch aus der Grabeskirche. Bis auf den heutigen Tag blieb es ungefähr bei diesem Zustand. Zu verstehen ist dieser Status quo freilich nicht immer.

Ein Beispiel für die fehlende innerchristliche Toleranz bietet der Krimkrieg (1854–1856). Anlaß, nicht Ursache dieses Krieges waren Auseinandersetzungen über die Rechte an der Geburtskirche Jesu in Bethlehem. Römisch-katholische Christen stritten mit den (griechisch- und russisch-) orthodoxen. Frankreich, Großbritannien und die Türkei kämpften gegen Rußland – im Grunde verfolgten alle politische Ziele, die allerdings religiös verbrämt wurden. (Häufig wird als Heiligkeit verkauft, was nicht selten scheinheilig, gewiß aber hochpolitisch ist.)

Wie soll Frieden zwischen den Religionen entstehen, die das Heilige Land für sich beanspruchen, weil es ihnen (angeblich oder tatsächlich) gehöre, wenn Toleranz nicht einmal innerhalb einer Religion möglich ist? Obwohl die christliche Religion eher rein religiöse als politisch-staatliche Ansprüche im Zusammenhang mit dem Heiligen Land stellt, scheint es unmöglich, Frieden zu stiften. Wenn also heute manche Christen erstaunt den Kopf schütteln, weil Juden und Muslime sich über das Heilige Land nicht einigen können, dann sollten sie nicht vergessen, daß sie auch selbst im Glashaus sitzen.

Innerchristlich herrschte seit den Jahren 1917/18 (britische Herrschaft) zwar nicht immer nur eitel Sonnenschein, aber als »Herr im Haus« lebte es sich nun doch angenehmer für Christen. Daß Juden in der britischen Mandatszeit der Zugang zum Grab Davids verwehrt wurde, sei nur am Rande erwähnt. Juden raus, Muslime rein – das war das damals dort geltende Motto. Weshalb sollten die Briten souveränere Herrscher sein als ihre Vorgänger?

Anfang der 1950er Jahre kursierte in Kreisen des Vatikans, die dann Südamerika, andere Teile der katholischen Welt und schließlich auch Bonn am Rhein erreichte, eine Alarmmeldung: »Die Juden« hätten angeblich viele heilige Stätten der Christen in Bars und andere zweifelhafte Vergnügungslokale umgewandelt. Daß diese Behauptung unsinnig war, erkannte man bald. Ebenso unsinnig – politisch aber durchaus hintersinnig – waren die vorurteilsgeladenen Assoziationen, die damit verbunden werden (und den Jüdischen Staat treffen) sollten – eine abgeschwächte, moderne Spielart der uralten Legende von »den Juden« als Christusmördern.

Herzlich ist das christlich-jüdische Verhältnis im Heiligen Land und an den heiligen Stätten auch heute nicht. Das zeigt sich immer wieder. So konnte man zum Beispiel einmal in der Zeitung lesen, daß sich armenische Christen, Franziskaner und griechisch-orthodoxe Christen darüber beschwerten, daß die israelische Zivilverwaltung das beschädigte und regendurchlässige Dach der Geburtskirche in Bethlehem nicht repariert habe. Sie drohten sogar, alle weihnachtlichen Feierlichkeiten abzusagen. Das war an einem 6. Dezember, und diese Drohung scheint den jüdischen Verwaltern mächtig in die Glieder gefahren zu sein (als wäre Weihnachten ein jüdisches Fest). Tags darauf erfuhren die überraschten Zeitungsleser nämlich, daß inzwischen das Dach ausgebessert worden sei. Dabei arbeiten ansonsten auch in Israel und im Westjordanland die Handwerker selten so zügig. Es ist eben doch ein Land voller Wunder, ein wundervolles Land ...

Bei einer anderen Gelegenheit erklärten neun Bischöfe der wichtigsten Kirchen in Jerusalem, »daß sie möglicherweise bei der UNESCO internationalen Schutz für die heiligen Stätten der Christen anfordern werden, wenn die israelische Regierung nicht imstande ist, diese zu bewahren«. Es war nicht das erste Mal, daß Kirchenführer auf die Forderung nach einer Aufsicht der Vereinten Nationen über die christlichen Baudenkmäler in Jerusalem hinwiesen, nachdem ein christliches Kloster unter einer neu gebauten Hochstraße in Jerusalem verschwunden war. Die Vertreter der Kirchen erklärten (in seltener Einmütigkeit und gewohnter Aufmüpfigkeit), daß Israel für die Wahrung der heiligen Stätten aller Religionen verantwortlich sei. Israel trage jedoch lediglich für die jüdischen heiligen Stätten Sorge.

So weit, so dramatisch. Was die Kirchenführer offensichtlich übersehen und überhört hatten, war die Tatsache, daß orthodoxe Juden ebenfalls gegen diese Straße protestiert hatten. Denn auch ihre Belange wurden davon im wahrsten Sinne des Wortes berührt. Das ließ aber die Kirchenmänner unbeeindruckt. Ließen die Kirchenführer diesen Sachverhalt unerwähnt, weil er den eigenen Protest entdramatisiert hätte? Probleme mit der Heiligkeit? Gewiß. Aber allzu durchsichtig waren auch die politischen Hintergedanken der vordergründig heiligen Motive – zumal die Kirchenführer zugleich gegen die israelische Siedlungspolitik protestierten. Dieser Protest ist ebenso gerechtfertigt wie verständlich, aber er ist politisch motiviert. Und wieder einmal wurde die Heiligkeit zum Instrument der Politik.

Vom *Tempelberg* hören wir nichts im Zusammenhang mit den heiligen Stätten des Christentums. Lehre und Wirken von Jesus waren offenkundig gegen das Tempel-Establishment gerichtet; nicht nur gegen die verkannten Pharisäer: Wer im Matthäusevangelium das Kapitel 21 liest, erkennt unschwer die gegen den Tempelkult gerichtete Stoßrichtung des Christentums: »Jesus ging in den Tempel und jagte alle, die als Verkäufer und Käufer im Tempel Handel trieben, hinaus; die Tische der Wechsler und die Stände der Taubenhändler stieß er um und rief ihnen zu: Es steht geschrieben: Mein Haus soll ein Gebetshaus heißen, ihr aber macht es zu einer Räuberhöhle... Als der Hohepriester [= Tempel-Establishment] und die Schriftgelehrten [= Pharisäer] dies... sahen..., wurden sie unwillig« – was Jesus gelassen wahrnahm. Er »ließ sie stehen und ging aus der Stadt hinaus nach Bethanien und übernachtete dort«.

Noch Deutlicheres erfährt man in Matthäus 24,1–2: »Darauf verließ Jesus den Tempel und ging weiter. Da traten seine Jünger zu ihm und wiesen ihn auf das Bauwerk des Tempels hin. Er gab ihnen zur Antwort: Seht ihr das alles? Wahrlich, ich sage euch: Kein Stein wird hier auf dem anderen bleiben; sie werden alle in Trümmer gehen.«

Aus christlicher Sicht war deshalb die Zerstörung des Tempels die Bestätigung dieser Weissagung und ein Beweis für die Verwerfung der Juden durch Gott. (Die Juden wurden verworfen, weil sie Jesus nicht als Christus, also nicht als Messias anerkannten.)

Die Römer hatten auf dem Gelände des zerstörten Tempels sogar eine eigene Kultstätte errichtet: den Gegenkult einer Gegenkultur, einer Gegenreligion. Ein uraltes, in der Menschheitsgeschichte ebenso bewährtes wie abscheuliches Mittel; ein Mittel zur Überwindung und Erniedrigung des Gegners.

Sichtbares Zeichen der politischen Überwindung des Judentums durch das Christentum in bezug auf Tempel und Tempelberg konnte jedoch kein Gegenkult sein, sondern schon eher die sichtbare Vernachlässigung dieser einstigen »Räuberhöhle«. Als das Römische Reich christlich wurde (unter Kaiser Konstantin im 4. Jahrhundert), wurde viel und prachtvoll in Jerusalem gebaut. Der Tempelberg aber wurde bewußt vernachlässigt. Diese Vernachlässigung führte zur Verwahrlosung. Am Ende der byzantinischen Herrschaft (das Erbe des Oströmischen Reiches in Palästina) war der Tempelberg eine Art Müllkippe. Kein Wunder, denn auf dem Müllberg der Geschichte und Religionen war das Judentum gelandet. So sah es jedenfalls das frühe Christentum.

Bei der politischen Überwindung des Judentums entfaltete das frühe Christentum erstaunliche Energien. Der Sieg über das Judentum sollte ausgekostet, *Jerusalem* sollte »judenrein« werden. »Judenrein« ist keineswegs nur eine Parole der deutschen Nationalsozialisten. Diese Vokabel hat eine uralte Tradition. Nach dem jüdischen Aufstand gegen die Römer (132–135) wurde Jerusalem zunächst durch (heidnische) kaiserliche Verfügung bevölkerungs- und namenspolitisch »judenrein«. Kaiser Hadrian bestimmte, daß Jerusalem fortan »Aelia Capitolina« heißen mußte. Nicht einmal an der Peripherie durften Juden das Land um Jerusalem betreten. Provinzhauptstadt blieb aber bei aller Liebe zu Jerusalem Cäsarea. Im Geiste angeblich christlicher »Nächstenliebe« und »Toleranz« bestätigte und verschärfte Kaiser Konstantin der Große diese Politik, die im Jahrhundert zuvor wegen der Ohnmacht der römischen Zentralregierung verwässert worden war.

War Konstantin wirklich der »Große«? Politisch war er gewiß bedeutsam, aber moralisch »groß«? Zweifel sind erlaubt. Immerhin: Einmal im Jahr durften die Juden Jerusalem betreten, und zwar sinnigerweise am neunten Tag des jüdischen Monats Aw. An jenem Tag wurden (so sagt es die jüdische Tradition) sowohl der Erste als auch der Zweite Tempel zerstört. Es war also für Juden ein Tag der vollständigen Demütigung, an dem ihnen der allerchristlichste Kaiser Einlaß nach Jerusalem gewährte; auf den Tempelberg. Trotzdem unternahm der eine oder andere Jude immer wieder den illegalen Versuch, sich Jerusalem zumindest zu nähern.

Konstantin der Große bezeichnete die Juden als »verderbliche« oder »ruchlose« Sekte. Daß sie »Prophetenmörder« oder »Mörder des Herrn« waren, verstand sich von selbst. In seinem Osterbrief aus dem Jahr 352 sprach er vom »äußerst verhaßten Pöbel der Juden«. Kurzum: Konstantin war ein unchristlicher Christ, sein äußerlich angenommenes Christentum erwies sich inhaltlich als eine Mogelpackung – was leider auch über andere Christen dieser und anderer Zeiten gesagt werden muß.

Einige Fachleute (zum Beispiel Günter Stemberger) führen die antijüdischen Formulierungen Konstantins auf »die Handschrift seiner christlichen Berater« zurück. Das mag sein. Als mächtiger Kaiser trug er jedoch zweifellos die politische Verantwortung. Daß diese scharfen Gesetze Konstantins den Juden »keine realen Verschlechterungen gebracht« haben sollen (ebenfalls Stemberger), wirkt eher verquer akademisch als politisch und historisch überzeugend. Ganz abgesehen davon, daß sich die Situation der Juden in anderen Teilen des Römischen Reiches unter Konstantin dramatisch verschlechterte.

Viel wichtiger als der vermeintliche oder tatsächliche Antijudaismus dieses Kaisers, den das Judentum wie viele und vieles trotz allem überlebt hat, ist ein anderer Gedanke: Wenn Menschen den Geist der Religion (miß)interpretieren, so trifft die Menschen die Schuld, nicht die Religion.

Anders als sein Vetter Konstantin verhielt sich Kaiser Julian. Er gestattete den Juden im Jahr 362 die Rückkehr nach Jerusalem, und ein Jahr später erlaubte er ihnen sogar den Wiederaufbau ihres Tempels. Doch ein Brand brach aus, die Arbeiten wurden abgebrochen und seitdem nie mehr aufgenommen. Der Tempelberg wurde wieder eine christliche Müllkippe.

Kaiser Julian war freilich alles andere als ein typisch christlicher Kaiser. In seiner rund zweijährigen Herrschaft bäumte er sich gegen die Christianisierung des Reiches auf und strebte dessen erneute Hellenisierung an – also die Wiederbelebung des griechisch-römischen »Heidentums«.

Die talmudischen Gelehrten, die Rabbiner, zeigten sich übrigens alles andere als entzückt vom Gedanken des Tempelneubaus. Sie fürchteten eine Wiedergeburt und ein Wiedererstarken des Priestertums. Ihnen schien die Absicherung der dezentralen »tragbaren« jüdischen Religion wichtiger. So kochte jeder sein eigenes Süppchen. Man könnte allerdings feststellen, daß die politische Einschätzung der talmudischen Weisen durchaus richtig war, denn Julian amtierte nur zwei Jahre.

Im Jahr 629 unternahm der byzantinische Kaiser Herakleios einen erneuten Versuch, Jerusalem in eine »judenreine« Stadt zu verwandeln. Die Freude währte nicht lange, denn nur fünf Jahre später begann der islamisch-arabische Ansturm auf das Heilige Land. Und 638 befand sich auch die Heilige Stadt in den Händen der Muslime. Ausgeträumt war der Traum.

Etwas mehr als vierhundert Jahre später konnte man ihn kurzfristig fortsetzen, den Traum vom christlichen Jerusalem. Denn die Kreuzritter eroberten am 15. Juli 1099 die Heilige Stadt. Dabei gebärdeten sie sich jedoch höchst unheilig. In der Al-Aksa-Moschee »töteten die Franken mehr als siebzigtausend Muslime, unter ihnen viele Imame, Religionsgelehrte, Fromme und Asketen, die ihr Land verlassen hatten, um an diesem heiligen Ort zu leben«, berichtet der muslimische Geschichtsschreiber Ibn al-Atir über den Tag der Eroberung. Sicherlich kann man Quellenkritik üben. Man wird dabei unschwer feststellen, wie übertrieben die Darstellung ist. Ihr wahrer Kern ist allerdings unbestreitbar. Aggressiv und mordsüchtig verhielten sich die kreuzritterlichen Eroberer. Der israelische Spezialist für die Zeit der Kreuzzüge, Jehoschua Prawer, nennt eine Zahl von zirka vierzigtausend Menschen, die bei der Eroberung Jerusalems ermordet wurden.

Erzbischof Wilhelm von Tyrus (1130–1184), ein im allgemeinen zuverlässiger (weil sich auf Berichte von Augenzeugen stützender) Chronist, bestätigt das Bild, das wir aus islamischer Sicht vom 15. Juli 1099 kennen. Keiner wird den Erzbischof verdächtigen, antichristliche Hetze betrieben zu haben, als er schrieb: »Man konnte nicht ohne Entsetzen diese Menge von Toten sehen, und der Anblick der Sieger, die von Kopf bis Fuß mit Blut befleckt waren, war nicht minder entsetzlich.«

Wen wundert es da, daß die Juden Jerusalems von dem Massaker nicht verschont blieben? Scharenweise strömten sie in die Synagogen, wo sie sich verbarrikadierten und beteten. Doch ihr Gebet blieb ungehört. Grausam war das Wüten der Kreuzritter. Sie steckten die Synagogen in Brand. Einige Juden konnten sich auf den Tempelberg retten, den sie (gemeinsam mit den Muslimen!) zu verteidigen suchten. Vergeblich. Alle wurden massakriert. Eine Tragödie. »Niemand hat von einem ähnlichen Blutbad unter dem heidnischen Volk gehört oder es gesehen. Scheiterhaufen gab es wie Ecksteine, und niemand außer Gott kennt ihre Zahl«, lesen wir im Augenzeugenbericht eines unbekannten Christen.

Fast die gesamte islamische und jüdische Bevölkerung Jerusalems wurde von den unchristlichen, kreuzritterlichen Christen ermordet. Politisch unerwünscht und unter dem Deckmantel der Religion, war Jerusalem nun »muslimrein«

und »judenrein«. Aus damaliger christlicher Sicht schien dies wie eine Erlösung. Auch der Tod von Papst Urban II., dem Urheber des ersten Kreuzzuges, brachte den nichtchristlichen Jerusalemern keine Verbesserung ihrer Lage. Ob er wohl noch etwas vom Beginn der neuerlichen Christenherrschaft über das Heilige Land und die Heilige Stadt erfahren hatte? Man weiß es nicht genau. Sicher ist jedoch, daß diese Eroberung für Muslime und Juden eine Art Endlösung war. Doch weil sich überall und immer das Rad der Geschichte weiterdreht, bedeutete diese Endlösung keineswegs das Ende. Später kamen Muslime und Juden wieder, und die Christen mußten dieses Territorium räumen: Das ist der Lauf der Geschichte – ein ewiger Rollenwechsel.

Trotz der grausamen Eroberung durch die Kreuzritter nahm anschließend der Terror ab, eine Schreckensherrschaft entstand nicht. Aber deswegen schwebte noch lange kein Geist der Toleranz über Jerusalem. Es war und blieb ein Verhältnis zwischen Siegern und Besiegten. »Nichts Neues unter der Sonne«, auch nicht unter der Sonne Jerusalems.

Die Al-Aksa-Moschee wurde christianisiert und umbenannt. Namen sind niemals nur Schall und Rauch, sondern sie spiegeln Inhalte wider. »Templum Salomonis«, Tempel Salomos hieß die Moschee nun – als ob Salomo sie jemals gebaut hätte. Der Felsendom wurde zum »Tempel des Herrn« und so weiter und so fort. Für Juden und Muslime war Jerusalem im Prinzip eine gesperrte Stadt, aber wie jedes Prinzip wurde auch dieses durchlöchert.

»Liebe deinen Nächsten wie dich selbst.« Bald gerieten sich auch die Christen in die Haare. Franzosen und Deutsche rivalisierten wie Lateiner und Orthodoxe: Odo von Deuil, Kaplan des Franzosenkönigs Ludwig VII., berichtet verärgert über »die Deutschen«, die »Platz in den Schenken« nahmen und sich dabei natürlich betranken. »Die Deutschen sind unerträglich, selbst für uns ... (Die) Deutschen wollten nicht dulden, daß die Unsrigen etwas kauften, bevor sie selber reichlich genommen hatten, was sie wünschten. Daraus entstand eine Rauferei mit fürchterlichem Geschrei«, schreibt Odo weiter.

Die christliche Nächstenliebe fiel der christlichen Gemeinschaft in Jerusalem offenbar so schwer, daß es dort sozusagen national getrennte Stadtteile gab.

Nach der Niederlage gegen Saladin (1187 bei Hattin) mußten die Kreuzritter Jerusalem räumen. Zwischen den Jahren 1229 und 1244 kehrten sie aufgrund eines politisch vernünftigen und religiös vorbildlichen Kompromisses zwischen Kaiser Friedrich II. und dem muslimischen Herrscher Ägyptens Malik al-Kamil kurzfristig zurück. Mit Ausnahme des Tempelberges wurde Jerusalem den Christen zugestanden, auch ein Korridor zwischen Jaffa über Ramlah nach Jerusalem. Die Stadt wurde entmilitarisiert, die freie Ausübung der Religionen vereinbart. Nicht nur die Zeit schien fortzuschreiten, auch der menschliche Geist schien sich weiterzuentwickeln. Der Lohn für Friedrich II.: In der Grabeskirche ließ er sich zum »König von Jerusalem« krönen. Das war jedoch kein Triumph der Diplomatie, denn auf beiden Seiten regte sich lautstarker und lebhafter Protest. Viele Untertanen empörten sich. Auch der Papst verweigerte seinen Segen, denn Friedrich stand damals unter päpstlichem Bann. Ohne die Geistlichkeit vollzog also Friedrich die Krönung am Ort christlicher Heiligkeit.

Einsichtig war das Abkommen, weitsichtig war es gedacht, nur kurzfristig blieb es wirksam. Wieder konnten vernünftige Männer Konflikte nur eindämmen – bis zum nächsten Eklat. Dem vorangegangenen Fortschritt folgte der Rückschritt. Bereits im Jahr 1244 riefen die aijubitischen Herrscher Ägyptens die Charismier, einen turkvölkischen

Stamm, zu Hilfe gegen ihre muslimischen (und ebenfalls aijubitischen) Machtrivalen in Damaskus. Bei dieser Gelegenheit kehrten Muslime ganz nach Jerusalem zurück und verbanden dies mit einem Kehraus der Christen sowie der Zerstörung der Grabeskirche und anderer christlicher Gotteshäuser. So schnell verblaßte die politische Macht des Königs von Jerusalem.

Ähnlich erging es den Aijubiden in Ägypten. Das Rad der Geschichte drehte sich mit Höchstgeschwindigkeit. Schon im Jahr 1250 wurden die Aijubiden von ihrer eigenen Kriegerzunft, den Mamelucken, entthront. Anfang 1260 überrannten mongolische Horden Jerusalem, bereits im September 1260 wurden sie von den Mamelucken vertrieben. Nun drehte sich das Rad langsamer, bis in den Jahren 1516/17 die Türken kamen: Bis zum Jahr 1917 gehörte auch Jerusalem zum Osmanischen Reich.

Die Christen hatten sich 1244 als Herrscher unfreiwillig verabschiedet. Erst am 9. Dezember 1917 betraten erneut christliche Eroberer die Heilige Stadt: An jenem Tag zog der britische General Allenby mit seinen Truppen in Jerusalem ein. Als er das Jaffa-Tor erreichte, stieg er von seinem Pferd – er wollte die Stadt als Pilger, nicht als Eroberer, betreten. Ein Kasperletheater – aber ein todernstes. Es blieb jedoch wieder einmal nur ein kurzes Zwischenspiel. Am 14. Mai 1948 war es offiziell zu Ende. Weder den Juden noch den Muslimen hatte es politisch oder religiös Vorteile gebracht. Die britische Schaukelpolitik schaukelte auch die Gegensätze zwischen Zionisten und Palästinensern, zwischen Juden und Muslimen hoch.

1947 beschloß die UNO-Vollversammlung, daß Jerusalem weder arabisch-palästinensisch noch israelisch-jüdisch sein solle. Beide Seiten kümmerten sich um diese Entscheidung stets nur dann, wenn es ihnen bequem war. Ein

Jahr darauf, 1948, verleibte sich das Königreich Jordanien (damals noch »Transjordanien«) den Ostteil von Jerusalem ein. 1952 vollzog es diesen Schritt dann auch juristisch, was aber völkerrechtlich nicht galt und nur von Großbritannien, der Schutzmacht Jordaniens, und Pakistan anerkannt wurde.

Die Israelis formten ab dem Jahr 1949 den Westteil zu ihrer Hauptstadt um und kopierten im Juni 1967, nach dem Sechstagekrieg, das jordanische Beispiel aus dem Jahr 1948: Sie annektierten Ost-Jerusalem und zementierten diese Maßnahme durch ein Gesetz im Jahr 1981. Doch wie haltbar ist politischer Zement in der Geschichte der Menschheit? Er gleicht morschem Holz. Die Geschichte der jüdischen und der christlichen und der islamischen Herrschaft über Jerusalem beweist es.

Bethlehem war zum einen die Heimatstadt von König David. Hier wurde er von Samuel zum König gesalbt. Hier fand Rahel, die Lieblingsfrau von Stammvater Jakob, ihre letzte Ruhestätte. Hier wurde aber auch Jesus geboren. Wem gehört Bethlehem? Zweifellos haben beide Religionen einen berechtigten Anspruch. Kein Zweifel besteht aber auch daran, daß hier einmal mehr der (politisch und heilsgeschichtlich verständliche) Wunsch des Christentums deutlich wird, das Judentum aus sich selbst heraus zu überwinden.

Den genauen Ort der *Geburtskirche in Bethlehem* entdeckte Helena, die Mutter Kaiser Konstantins. Sie war eine fromme Frau und ließ hier eine prachtvolle Kirche bauen (die mehrfach ab- und umgebaut wurde). Wenngleich die Ortung der späteren Geburtskirche durch Kaiserin Helena durchaus groteske Züge trug, darf nicht übersehen werden, daß es diesbezüglich eine vergleichsweise feste Überlieferung gab.

Auch die Orte der Kreuzigung und Auferstehung von Jesus legte die große Expertin Helena fest. Hier fand sie, wie sie behauptete, das Heilige Kreuz, an das die Römer Jesus (Christus) schlugen.

Die *Grabeskirche* wurde an der von Helena bezeichneten Stelle gebaut und später mehrfach umgebaut: von den Kreuzfahrern ab 1099 und nach dem Brand von 1808. Die letzten fünf der insgesamt vierzehn Stationen des Leidensweges *(Via Dolorosa)* von Jesus befinden sich in dieser heiligen Stätte.

Ich möchte an dieser Stelle mögliche Mißverständnisse in aller Deutlichkeit ausräumen: Religiöse Gefühle nehme ich ernst, sogar sehr ernst – egal, ob es sich dabei um die jüdische, christliche, muslimische oder irgendeine andere Religion dreht. Ich bin selbst ein religiöser Mensch. Aber jegliche Unglaubwürdigkeit schadet dem wahren Glauben, sei er nun christlich, jüdisch oder islamisch. Wer Krücken dieser Art benötigt, um himmlische Gefilde zu erreichen, muß höllisch aufpassen, daß diese Krücken nicht brechen. Zusammenbrechen könnte dann auch der Glauben, und das wäre (aus meiner Sicht) zu bedauern. Wer ohne Krücken läuft, wird länger, besser und fester auftreten können.

Die Rolle der Kaisermutter beweist einmal mehr, daß eine allzu enge Verflechtung von Religion und Politik zumindest der Religion schlecht bekommt. Die Religion wird politisiert, und die Politik wird religiös überhöht. Politik ist Opium für die Religion.

Die religiöse Entleerung kann ebenso durch die Vertreter der vermeintlich reinen Lehre erfolgen; auch durch Streitigkeiten innerhalb einer Glaubensgemeinschaft. Man blicke einmal mehr auf die innerchristlichen Rivalitäten. An der Grabeskirche werden sie besonders deutlich.

Die meisten christlichen Pilgerstätten findet man in und um *Jerusalem.* Ich werde sie nicht im einzelnen erwähnen, da man sie in jedem Reiseführer findet: zum Beispiel die *Via Dolorosa*, den *Garten Gethsemane*, das *Tal des Kreuzes*, die *Kirche Dominus Flevit*, wo Jesus über Jerusalem weinte (Lukas 19,41–42): »...sah er die Stadt an und weinte über sie und sprach: Wenn doch auch du erkenntest zu dieser Zeit, was zu deinem Frieden dient! Aber nun ist's vor deinen Augen verborgen.« Das scheint auch heute zu gelten. Was ihrem Frieden dient, haben offenbar Jerusalems Bewohner bis in unsere Tage nicht erkannt.

Ein weiteres Pilgerziel in Jerusalem ist die *Himmelfahrtskapelle*: »Er führte sie aber hinaus bis nach Bethanien und hob die Hände und segnete sie. Und es geschah, da er sie segnete, schied er von ihnen und fuhr auf gen Himmel« (Lukas 24,50–51). In der Apostelgeschichte des Lukas (1,12) jedoch ist der *Ölberg* Ort der Himmelfahrt. Wir kennen bereits diesen Zusammenprall von politischer Geschichte und Heilsgeschichte, von Wissenschaft und Glauben. Schwer zu sagen, was mehr Gewicht hat.

Wem gehört das Heilige Land? In diesem Zusammenhang ist die Tatsache wichtig, daß auch und gerade in Jerusalem die christlich-jüdische Rivalität mit den Händen zu greifen ist. Der *Zionsberg* ist ein gutes Beispiel: König Davids Grab, die Dormitionskirche (wo Maria starb) und der Saal des letzten Abendmahles liegen unmittelbar nebeneinander. Wieder einmal erkennt man den Wunsch des Christentums, das Judentum aus sich selbst heraus zu überwinden. Natürlich muß man bedenken, daß die Geschichte und Heilsgeschichte von Jesus sich vor allem in und um Jerusalem abspielten, weil Jerusalem schon damals ein Brennpunkt der politischen wie religiösen Auseinandersetzungen war.

Ganz anders aber verhält es sich mit anderen heilige Stätten des Christentums. Galiläa ist wirklich Neuland. *Nazareth:* Ort der Verkündigung, Heimatstadt von Jesus. Dieses Nazareth tritt erst mit ihm und durch ihn in die Geschichte und Heilsgeschichte. Gleiches gilt für *Kana*. Auf der Hochzeit zu Kana verwandelte Jesus Wasser in Wein. »Das ist das erste Zeichen, das Jesus tat, geschehen zu Kana in Galiläa, und offenbarte seine Herrlichkeit. Und seine Jünger glaubten an ihn« (Johannes 2,11).

Auch den *See Genezareth* finden wir in Galiläa. Oberhalb dieses Sees liegt Tabgha. Gleich mehrere heilsgeschichtlich bedeutsame Ereignisse fanden hier statt: die Speisung der Fünftausend mit fünf Laib Brot und zwei Fischen (Markus 6,30–44), die Bergpredigt, Jesu Offenbarung gegenüber den Jüngern sowie die Übertragung der Gemeindeführung an Petrus.

Direkt am See Genezareth lag »seine Stadt«, *Kapernaum*: »Da trat er in das Schiff und fuhr wieder herüber und kam in seine Stadt« (Matthäus 9,1). Kapernaum war der Mittelpunkt seines Wirkens und Lehrens in Galiläa. Höchst erfolgreich war er dabei, und jeder Pfarrer, der Markus 2,1 liest, wird vor Neid erblassen: »Und es versammelten sich viele, so daß sie nicht Raum hatten, auch nicht draußen vor der Tür.« Galiläa war sozusagen Jesusland. Ironie der Geschichte? Dieses Jesusland fiel 1948 ebenso an den Jüdischen Staat Israel wie die Küstenebene – die einstige Hochburg der Philister, mit denen die alttestamentlichen Juden so manches Hühnchen zu rupfen hatten (und umgekehrt).

Gehört das Heilige Land in Galiläa demnach den Christen? Offenbar nicht, denn nach Christus wurde es Siedlungsschwerpunkt und geistiger Mittelpunkt der wenigen im Lande verbliebenen Juden. Man denke an Tiberias, die Stadt am See Genezareth. Sie war seit dem 2. Jahrhundert das Zentrum talmudischer Gelehrsamkeit, der Ort, woher der

»Jerusalemer Talmud« kam. Dieses Tiberias, das seit dem 2. Jahrhundert für Juden als rein galt, ist also alles andere als »judenrein« gewesen. Eindeutig? Nein. Vieldeutig und vielschichtig ist das Heilige Land auch hier.

Diese Vieldeutigkeit und Vielschichtigkeit gilt ebenso für den *Berg Tabor*. Schon die Kanaaniter huldigten hier ihrem Götzen Baal. Ungläubige Juden äfften sie nach, was den Propheten Hosea (5,1) empörte. Deshalb lautete sein Urteil: »Ephraim ist nun eine Hure und Israel unrein« (Hosea 5,3). Früher hatte hier die Richterin Deborah den kanaanitischen Feldherren Sisera geschlagen (Buch der Richter 4 und 5). Kanaanitische, jüdische und christliche Schichten bilden die vielgestaltige religiöse Tradition am Berg Tabor. In Lukas 9,29–32 lesen wir von Jesu Verklärung: »Und da er betete, ward das Aussehen seines Angesichts anders, und sein Kleid ward weiß und glänzte. Und siehe, zwei Männer redeten mit ihm, welche waren Moses und Elias; die erschienen verklärt und redeten von dem Ausgang, welchen er erfüllen sollte zu Jerusalem.«

Ganz bewußt wird wieder die christlich-jüdische Verknüpfung hergestellt. Einerseits wird auf die jüdische Tradition zurückgegriffen, andererseits wird sie wieder überwunden. Das ist System, das hat System. Das geschieht hier an einem landschaftlich atemberaubend schönen Platz. Das religiöse Ereignis wird am Berg Tabor auch zum Naturereignis. Und gehört die Natur nicht zur Schöpfung? Ist sie nicht Gottes Schöpfung, zumindest für gläubige Menschen?

Wem gehört nun also der Berg Tabor? Die Kanaaniter stehen an erster Stelle, Besitzansprüche anzumelden. Sie haben aber offensichtlich keine heute mehr lebenden Erben. Oder doch? Die Palästinenser behaupten, die Nachfahren der Kanaaniter zu sein…

Die heiligen Stätten der Muslime

Moses' Grab auf dem Weg von Jerusalem nach Jericho ist seit dem 12. Jahrhundert ein Ziel muslimischer Wallfahrt. In der Bibel allerdings finden wir keinen Hinweis auf ein Grab dieses größten der Propheten. Das ist ein weiteres Beispiel dafür, wie Volksfrömmigkeit die Quellen umformt, verdrängt und vergessen läßt. Der Bibeltext (Deuteronomium = 5. Mose 34,5–6) ist jedenfalls eindeutig: »Dann starb Moses, der Knecht des Ewigen, im Land Moab nach dem Ausspruch des Ewigen; und man begrub ihn im Tal, im Land Moab, nach Bet-Peor hin, und niemand kennt sein Grab bis auf diesen Tag.«

Ein anderes Ziel der muslimischen Gläubigen ist das *Grab des Sayyiduna Ali*, der im Kampf gegen die Kreuzfahrer fiel. Die israelischen Behörden haben es lange verwahrlosen und verlottern lassen. Gewiß, ein Heiliger im engeren Sinne war dieser Mann nicht, aber auch folkloristische Heiligkeit hat ihre Wichtigkeit. Gerade die heiligen Stätten der Juden beweisen es.

Das *Grab des Propheten Samuel* in der Nähe Jerusalems ist ebenso ein Ziel islamischer Pilger im Heiligen Land wie das *Grab der Stammväter in Hebron* oder die *letzte Ruhestätte von Ruben* (dem ältesten Sohn Jakobs) im Süden des Landes. Wie für die Juden ist auch den Muslimen die *Höhle des Propheten Elia* bei Haifa heilig. Die Vielschichtigkeit der heiligen Pilgerstätten zeigt sich einmal mehr. Die tiefere Bedeutung und die sich daraus ergebenden politischen Abgründe werden noch zu prüfen sein.

In der islamischen Mystik heißt es, daß Jerusalem und das Heilige Land die Seele der Menschen reinigen. Das erinnert an die talmudisch-jüdische Tradition, die außer der Seele auch den Verstand erwähnt: »Die Luft des Landes Israel macht weise« (Bawa batra 158 b).

Der *Tempelberg*, der Haram al-Scharif, in Jerusalem ist für Muslime besonders heilig. Sie haben dort die Al-Aksa-Moschee und den Felsendom errichtet. Die mündliche Überlieferung der Muslime behauptet ja zudem (in Weiterführung und Anlehnung an talmudische Erzählungen), daß der heilige Felsen (im Felsendom, der Omar-Moschee) direkt unter dem Thron Gottes (Allahs) liege. Dieser Felsen befinde sich auch oberhalb einer Höhle, in der sich alle zwei Wochen die Seelen der Toten versammelten. Vor der Erschaffung des Menschen hätten die Engel diesem Felsen zweitausend Besuche abgestattet, und auch die Arche Noah sei hier nach der Sintflut gestrandet. Kein Wunder also, daß dieser Platz als ein Teil des Paradieses beschrieben wird, dem alle Süßwasserquellen dieser Erde entsprängen. Bei der Bedeutung des Wassers in dieser heißen und trockenen Weltgegend versteht man die Verbindung von Wasser und Paradies. Am Tag des Jüngsten Gerichts soll auf diesem Felsen der Todesengel stehen und dreimal (nach gutem jüdischen Brauch) in das Widderhorn stoßen; dann werde die Auferstehung der Toten beginnen.

Omar, Nachfolger (Kalif) des Propheten und Eroberer Jerusalems, ordnete im Jahr 638 an, den von den christlichen Byzantinern verwahrlosten Tempelberg zu säubern. Eine provisorische Moschee ließ er errichten. Zehn bis zwanzig Jahre später errichtete man die Al-Aksa-Moschee auf dem Tempelberg.Die Forschergruppe »Inarah« sagt: Der Islam war bis ca. 800 ein arianisches Christentum, die Moscheen also Kirchen (Köster 2010). Orthodoxie und etablierte Orientalistik widersprechen.

Die ursprüngliche Gebetsrichtung (Kibla) der Muslime wies nach Jerusalem, denn es war die einzige für Monotheisten (also an nur einen einzigen Gott glaubende Menschen) heilige Stadt, und an die Tradition der beiden monotheistischen Religionen Judentum sowie Christentum knüpfte der Islam bewußt an. Die Ausrichtung auf Jerusalem war demnach eine ganz natürliche Sache. Je selbstbewußter, selbständiger und mächtiger der Islam wurde, desto mehr suchte er die Abgrenzung. Was war nun naheliegender, als die Gebetsrichtung auf die Stadt zu lenken, aus der Mohammed stammte? Auf die Stadt, die nun die wirkliche, die eigentlich heilige Stadt der Muslime wurde – also auf Mekka?

Immer wieder ist zu lesen oder zu hören, daß zunächst die Juden gewonnen werden sollten. Deshalb hätten die frühen Muslime nach Jerusalem gebetet. Nach dem Bruch mit den Juden habe man dann aus Trotz die Entscheidung zugunsten von Mekka getroffen. Diese These wird inzwischen verworfen – was einige nicht daran hindert, sie unverdrossen weiterzuverbreiten.

Die politische Wichtigkeit Jerusalems entsprach offenbar nicht ihrer Heiligkeit. Das ist schon daran zu sehen, daß die islamischen Eroberer Jerusalem erst zirka fünfzig Jahre nach der Eroberung »Al-Quds« nannten, also »Die Heilige«.

Es gibt auch noch andere Hinweise: Als Hauptstadt der zwischen 634 und 638 eroberten Provinz Palästina wählten die muslimischen Eroberer das winzige Städtchen *Ramlah*. Es liegt auch heute noch zwischen Tel Aviv und Jerusalem und wurde zwischen 715 und 717 gegründet.

Im Jahre 750 besiegten die Abbassiden die Omajjaden. Eine Folge davon war, daß nun Bagdad zur neuen Hauptstadt des arabisch-islamischen Reiches erklärt wurde und nicht mehr das Palästina unmittelbar benachbarte Damaskus. Die größere Entfernung zur Hauptstadt machte sich auch in bezug auf Jerusalem bemerkbar. Die Heiligkeit blieb, die politische Wichtigkeit nahm weiter ab. Die Islamisierung und Arabisierung Jerusalems wurde eigentlich erst in der Spätphase der Omajjadenherrschaft intensiver betrieben, und zwar baulich und auch bevölkerungspolitisch durch die Ansiedlung von südarabischen Stämmen. Die meisten frühen muslimischen Siedler Jerusalems kamen allerdings wahrscheinlich aus der arabischen Stadt Medina.

Die Heiligkeit der Stadt, ungeachtet der geringen politischen Wichtigkeit, wurde unter den Abbassiden durch bauliche Verschönerungen noch betont. Aber nicht nur die Bautätigkeit nahm zu – auch die Toleranz, besonders unter dem Kalifen Harun al-Raschid. Seine Großzügigkeit wurde im Zusammenhang mit den christlichen Stätten (und Karl dem Großen) bereits erwähnt. Sie wurde auf die Juden ausgeweitet, und das Zentrum jüdischer Aktivitäten verlagerte sich wieder von Tiberias nach Jerusalem.

Überhaupt ging es lange Zeit weder Juden noch Christen schlecht unter der muslimisch-arabischen Herrschaft. Daß die islamischen Eroberer den Juden (wie zuvor der »tolerante« christlich-byzantinische Kaiser) den Zugang nach Jerusalem versperrt hätten, ist eine christlichen Quellen entsprungene Legende. Die Wirklichkeit sah anders aus. Sie war toleranter – gegenüber Juden und Christen. Zyklische Schwankungen traten gleichwohl immer wieder auf. Aktionen und Reaktionen sind dabei oft nicht zu unterscheiden. Denn im 10. Jahrhundert schickte sich das christliche Byzanz an, das Heilige Land erneut zu erobern. Die muslimische Antwort darauf blieb nicht aus: Man attackierte den Gegner nicht nur vor den Toren, sondern auch innerhalb der eigenen Mauern. In einer islamisch-jüdischen Gemeinschaftsaktion (!) wurden im Jahr 966 die Grabeskirche und auch andere Kirchen in Brand gesetzt. Noch feuriger als ihre muslimischen Mittäter sollen dabei jüdische Aktivisten gewesen sein, berichtet die (islamische) Überlieferung. Zeigt sich darin das schlechte Gewissen?

Doch drei Jahre später erfolgte wieder ein dramatischer Wechsel: Die schiitischen Fatimiden, die neuen Herren Ägyptens, entrissen den sunnitischen Abbassiden in Jerusalem die Macht. Ruhe kehrte ein – kurzfristig. Überfälle von Beduinen und Verfolgungen von Juden und Christen setzten bald ein. Der Kalif al-Hakim (er regierte von 996 bis 1021) erwarb sich dabei einen besonders traurigen Ruhm. Im Jahr 1009 wurde die Grabeskirche zerstört, erst vierzig Jahre später war der Wiederaufbau vollendet. Wieder einmal war es den Christen erlaubt worden, ihre heilige Stätte zu bewahren. Im Auf und Ab der Geschichte kamen bessere Zeiten; auch christliche Pilger strömten in das Heilige Land, das ihnen zwar nicht politisch gehörte, das aber mit ihrem religiösen Glauben untrennbar verbunden war.

Dem Aufschwung folgte rasch der Abstieg. Wo war es am schlimmsten? Natürlich dort, wo das Heilige Land besonders heilig ist, also in Jerusalem, das bis zu den Kreuzzügen zweifellos ganz im Schatten des heute völlig bedeutungslosen Ramlah stand. Erst die Kreuzzüge werteten Jerusalems politische Bedeutung wieder auf. Die Heiligkeit gewann durch sie an Wichtigkeit – so unmoralisch die Kreuzzüge auch waren. Eine Hauptstadt wurde Jerusalem erst wieder, nach mehr als tausend Jahren, durch die Kreuzritter – die »Hauptstadt des Königreiches Jerusalem«.

Zunächst jedoch standen vor den Toren des Byzantinischen Reiches die Seldschuken. Im Jahr 1071 brach dieses Tor, vier Jahre später verschafften sich die Seldschuken Eingang in das Heilige Land, und schon 1077 verboten sie die christliche Wallfahrt. Dieser Aktion folgte die bekannte christliche Reaktion: der erste Kreuzzug der Jahre 1096 bis 1099. Zwar konnten die ägyptischen Fatimiden im Jahr 1098 Jerusalem zurückerobern, aber die christliche Gegenwelle war bereits im Rollen. Die christliche Herrschaft begann. Die Örtlichkeiten der Kultstätten änderten sich damit freilich nicht, wohl aber die Heftigkeit, mit der gestritten und gekämpft wurde.

Im »Heiligen Krieg« eroberten Muslime das Heilige Land und die Heilige Stadt zurück, geführt von dem legendären Saladin, dem kurdischen Aijubiden. Saladin war ein wirklich Großer, weil er den Mut fand, nach dem siegreichen Krieg auch zu vergeben und den Frieden zu planen. Allerdings war diese Nachgiebigkeit zugleich ein Gebot der politischen Vernunft, denn keine Gesellschaft kann dauerhaft Krieg führen. Wie auch immer: Die durchaus glaubwürdige Schilderung der Rückeroberung Jerusalems durch Ibn al-Atir ist eindrucksvoll. Hier siegte damals ein Großherziger. (Nachzulesen ist diese Beschreibung in dem Buch »Die Kreuzzüge aus arabischer Sicht«, das im Anhang erwähnt ist.) Der »große Patriarch sammelte alles, was sich um das [Heilige] Grab befand... und alles, was in der Auferstehungskirche war... Ich [Imad ad-Din] sagte daher zum Sultan: ›Das sind große Reichtümer von augenscheinlichem Wert... Freier Abzug ist erlaubt für ihre Habe, nicht für die der Kirchen und Klöster; laß sie nicht in den Händen der Schamlosen!‹ Er entgegnete aber: ›Legen wir die Abmachungen zu ihrem Schaden aus, bezichtigen sie uns in ihrem Unwissen über den wahren Sachverhalt des Wortbruchs. Darum wollen wir sie nach dem Buchstaben des Sicherheitsvertrages behandeln und ihnen nicht erlauben, den Gläubigen Eidbrüchigkeit vorzuwerfen, vielmehr sollen sie von den Wohltaten berichten, mit denen wir sie überhäuft haben.‹«

Doch wo Licht ist, findet man auch Schatten. Weiter berichtet Imad ad-Din, der Vertraute Saladins: »Frauen und Kinder zählten achttausend, wir teilten sie unter uns, und das Antlitz des Reiches lächelte über ihr Weinen. Wie viele gut behütete Frauen wurden entehrt, Herrschende beherrscht, junge Mädchen geheiratet, Edle verschenkt..., wie viele wurden zum Gespött gemacht..., Jungfrauen entjungfert.« Imad ad-Din war ein guter Berichterstatter. So edel wie sein Herr war er nicht, denn all dies rührte ihn kaum. Im Gegenteil: Auf diese Weise würde »Jerusalem vom Dreck der schmutzigen Franken gereinigt«, meinte er.

Hauptstadt war Jerusalem nach der sogenannten Befreiung nicht mehr. Die Aijubiden regierten ihr Reich, also auch das Heilige Land, weiter von Ägypten aus. Hauptstadt wurde Jerusalem erst knapp achthundert Jahre später: als Hauptstadt Israels. Selbst unter jordanischer Herrschaft (1948–1967) war es nur die Nummer zwei – hinter Amman.

Zu Beginn der mameluckischen Herrschaft war Jerusalem fast völlig zerstört. Gewütet hatten vor allem die Charismier 1244 und die Mongolen 1260. Den Aufbau der Stadt betrieben die Mamelucken energisch. Selbst das heutige Jerusalem gibt hierfür ein bauhistorisches Zeugnis. Die selbstbewußte äußere Pracht der Stadt sollte potentielle Eroberer von vornherein entmutigen. Die Bauten waren also zugleich ein politisches Signal. Auf die Rückkehr der Kreuzritter oder anderer Christen legte die muslimische Welt verständlicherweise keinen Wert. Jerusalem als islamischer Augapfel, damit es nicht mehr zum islamisch-christlichen Zankapfel würde, das war die eine Seite. Andererseits war Jerusalem zwar wichtig, aber als Hauptstadt auch diesen muslimischen Herrschern nicht bedeutsam genug. Wir sollten uns die folgende Aussage zur Spannung von Heiligkeit und Wichtigkeit Jerusalems in der arabisch-islamischen Herrschaft fest einprägen: Zwischen Anspruch und Wirklichkeit, zwischen Phrasen und Politik klafft ein Abgrund. Dies zu sagen gebietet die Wahrhaftigkeit, es verbirgt sich dahinter keine einseitige Meinungsmache.

Während der Mameluckenherrschaft war Jerusalem eher ein Ort des Exils für politisch Abgehalfterte als ein Zentrum der Politik oder Religion. Und weil es eben kein Zentrum war, entwickelte sich langsam, aber sicher eine lokale muslimische Führungsschicht. In und um Jerusalem entstanden die bis heute noch so wichtigen Führungsfamilien der Palästinenser. Darin liegen Ironie und Segen der palästinensischen Geschichte, denn anders als die mameluckisch-islamischen Fremdherrscher in Kairo identifizierte sich diese einheimische Führung mit ihrer Heimat, mit Jerusalem und dem Heiligen Land.

Christen und Juden erging es unter mameluckischer Herrschaft eher gemischt. Genauer gesagt entsprach ihre Lage eher einem dauerhaften Tief. Auf Christen hatte es die muslimische Führung (und der Pöbel – den es leider auch bei Juden, Christen und allen anderen gibt) besonders abgesehen. Immer wieder wurde die Grabeskirche geschändet. Am meisten wurden die Franziskaner drangsaliert. Die Juden litten unter extrem hohen Steuern und vereinzelten Synagogenschändungen, aber wenigstens ging es ihnen nicht (oft) an den Kragen. Verglichen mit der anderen Leidensgeschichte der Juden war ihr Schicksal in dieser Zeit eher etwas für sie Alltägliches – wenn man es zynisch betrachtet.

Ein demographisches Mikroskop muß man zu Hilfe nehmen, um den damaligen jüdischen Bevölkerungsanteil zu finden. Um das Jahr 1500 dürften es nicht mehr als zweihundert Familien beziehungsweise rund 1600 Seelen gewesen sein.

Die neuen Herren des Heiligen Landes und damit auch der Heiligen Stadt wurden in den Jahren 1516/17 die Türken. (Wann genau Selim I. Jerusalem einnahm, ist umstritten.) Bis 1917 gehörte Jerusalem zum Osmanischen Reich.

Auch diese Türkenherrscher waren Muslime, gute Muslime, sogar Kalifen, also »Nachfolger« des Propheten Mohammed. Und deshalb war ihnen das heilige Jerusalem lieb und teuer. Trotzdem blieb Istanbul, das von ihnen im Jahr 1453 eingenommene byzantinisch-christliche Konstantinopel, ihre Hauptstadt – als Zeichen der türkisch-muslimischen Überlegenheit. Zugleich deutete diese Wahl die eigentliche Stoßrichtung und Orientierung der Osmanen an: Sie hieß Europa.

Die Türken sind zwar Muslime, aber keine Araber. Im Zusammenhang mit Jerusalem ist dieser Sachverhalt bedeutsam. Die Heilige Stadt konnte für die nicht-arabischen, doch muslimischen Osmanen eine hochpolitische Aufgabe erfüllen: Daß Jerusalem nach Mekka und Medina nur die Nummer drei der islamischen heiligen Städte war, konnten und wollten natürlich auch die Türkenherrscher nicht bestreiten. Streitig machen aber konnten (und wollten) sie zeitweise die Dominanz der heiligen Städte in Arabien – und damit auch die herausragende Rolle der Araber für die islamische Welt.

Man sollte diese Tatsache nicht zu gering einschätzen, denn als nichtarabische Kalifen, als nichtarabische »Nachfolger« des arabisch-islamischen Propheten Mohammed benötigten sie diesen Trumpf im innenpolitischen Poker. Solange die Araber still, schwach und fügsam blieben, konnte Istanbul diese Karte liegenlassen. Sobald die Araber jedoch auf Eigenständigkeit pochten, konnten die Türken diesen Trumpf hervorziehen. (Ein Joker war er allerdings trotzdem nicht.)

Die Türken hatten außerdem aus der Vergangenheit gelernt, daß die Verwahrlosung Jerusalems besonders von den Christen als Verlockung zur Wiedereroberung verstanden werden könnte. Bauten zur Verhinderung christlicher Initiativen mußten also errichtet werden. Dies geschah auch. Und wieder einmal erleben wir die Verknüpfung von Religion und Politik in bezug auf die Orte der besonderen Heiligkeit.

Sultan Süleiman der Prächtige (1494–1566) machte seinem Namen und Jerusalem Ehre. Er war der große Baumeister Jerusalems. Viele Monumente, die wir bis heute bewundern, verdanken wir ihm: die mächtige, zwischen 1537 und 1541 gebaute Stadtmauer (die vor allem gegen Überfälle der Beduinen schützen sollte), die Ausbesserung des Felsendomes oder eine Reihe von herrlichen Brunnenanlagen, nicht zuletzt auf dem Tempelberg. Heiligkeit und Prächtigkeit verbanden sich hier auf einmalige Art und Weise.

Ein winziges Städtchen blieb die Heilige Stadt trotzdem. Zu Beginn der osmanischen Herrschaft lebten in Jerusalem nur rund viertausend Menschen. Mit Hilfe der Politik Süleimans wurden es zwölftausend.

Bald nach dem prachtvollen Feuerwerk des großen Bauherrn kehrte der Alltag in Jerusalem ein. Die Stadt wurde wieder ein Provinznest. Zwischen 1500 und 1800 schwankte die Zahl der Einwohner zwischen siebentausend und zehntausend Menschen.

Arabische Aufstände waren nicht zu befürchten, von außen war die türkische Herrschaft nicht gefährdet, und die ständigen Überfälle der Beduinen gehörten seit Jahrhunderten ohnehin zum nahöstlichen Alltag. Es zeigte sich eben hier der alte Gegensatz zwischen der städtischen Bevölkerung und den Nomaden (Beduinen). Daß auch Reisende, sogar Pilger, seien sie muslimisch, christlich oder jüdisch, überfallen wurden, versteht sich fast von selbst. Bis weit in das 19. Jahrhundert machten die Beduinen das Reisen unsicher, und sie kontrollierten die Wege nach Jerusalem. Für die Reichsregierung waren dies örtliche Sticheleien, doch keine bedrohlichen Attacken gegen ihre Herrschaft.

Die untergeordnete Stellung Jerusalems beweist auch die Verwaltungsstruktur des Osmanischen Reiches. Die Heilige

Stadt unterstand meistens dem Gouverneur von Damaskus, manchmal dem von Sidon oder Akko, anfänglich dem ägyptischen. Damaskus war eine traditionsreiche, große, wichtige islamische Stadt. Aber konnten Sidon oder Akko als Konkurrenz zu Jerusalem gelten?

Abgesehen von einer hauchdünnen politisch-militärischen Führungsschicht wurden Jerusalem und das Heilige Land nicht turkisiert. Das bedeutet, daß das Osmanische Reich dort kaum Türken ansiedelte. Auch das war ein Zeichen von Desinteresse und Vernachlässigung. Für die einheimischen Palästinenser erwies es sich (wie in der Zeit der Mamelucken) als Segen, denn auf diese Weise konnte sich die örtliche Führungsschicht weiter entwickeln.

Im 19. Jahrhundert warfen die Europäer, besonders in London und Paris, lüsterne politische, das heißt imperialistische Blicke auf das Heilige Land und die Heilige Stadt. Nur aus realpolitischen Erwägungen zerschlug man damals das Osmanische Reich nicht – noch nicht. Auch die arabische Welt erwachte aus ihrer osmanisch-türkischen Narkose und strebte nach mehr Eigenständigkeit. Beides mußte die osmanischen Herrscher alarmieren: die sehr deutlich erkennbaren Hintergedanken der Europäer und die Aufmüpfigkeit der gar nicht nur brüderlichen islamischen Nachbarn in der arabischen Welt.

Die Türken konnten mit dem sichtbaren Ausbau der heiligen Stätten politische Zeichen setzen. Der Sultan und seine Berater besannen sich auf einen ihrer Trümpfe: Jerusalem. Die Renovierung Jerusalems, besonders des islamischen Teils, stand daher seit Mitte des 19. Jahrhunderts auf der Tagesordnung.

Der Baupolitik entsprach der Umbau der Verwaltung: In der zweiten Hälfte des 19. Jahrhunderts wurde Jerusalem aufgewertet. Der Bezirk wurde reichsunmittelbar, das heißt aus der Umklammerung der Provinz Damaskus gelöst, und unterstand direkt der Zentrale in Istanbul. Hebron, Jaffa und Gaza wurden dem Bezirk Jerusalem zugeschlagen.

Doch die Herrschaft der Türken im Heiligen Land und in der Heiligen Stadt ging damals bereits ihrem Ende zu. Das Osmanische Reich wurde im Unabhängigkeitskrieg der Griechen (1821–1829), die sich gegen das türkische Joch erhoben hatten, geschlagen. Besonders in London hatte man dabei die Griechen unterstützt. Rußland, Frankreich, bald auch Italien und eben Griechenland sowie die Völker des Balkans beanspruchten Stücke des zerfallenden Reiches. Für eine Gebietsverteilung war es aber noch zu früh.

Ägypten wollte sich vom Osmanischen Reich in den 1830er Jahren lösen. Militärisch an sich reißen wollten 1831 der dortige Machthaber Mohammed Ali und sein Stiefsohn Ibrahim Pascha das Heilige Land sowie die Heilige Stadt. Verwestlichende Modernisierer waren diese beiden Männer. In Jerusalem beschnitten sie als erstes die Vollmachten der führenden muslimischen Familien. Christen und Juden wurden traditionelle Zwangszahlungen erlassen, die Diskriminierung ihrer Religionen wurde aufgehoben. Die großen, einflußreichen palästinensisch-muslimischen Familien Jerusalems wehrten sich. Gemeinsam mit unzufriedenen Kleinbauern der Region versuchten sie in den Jahren 1834/35 den Aufstand gegen Ibrahim Pascha. Vergeblich. Die Verwestlichung nahm ihren Lauf, und 1838 wurde in Jerusalem ein britisches Konsulat eröffnet.

Allerdings bestand man im London des Jahres 1840 gemeinsam mit den übrigen europäischen Mächten auf dem Rückzug von Ibrahim Pascha aus dem Heiligen Land sowie aus der Heiligen Stadt – weil man immer noch nicht wußte, wie das Osmanische Reich am besten aufgeteilt werden könnte.

Im Krimkrieg (1854–1856) konnten die Osmanen gegen Rußland nur mit englischer und französischer Hilfe gerettet werden. Die Osmanen waren damit eine Siegermacht, die verloren hatte.

Das Osmanische Reich unternahm einen letzten, verzweifelten Rettungsversuch. Es beschloß ein radikales Modernisierungsprogramm für Wirtschaft, Gesellschaft, Verwaltung und Militär. (Im militärischen Bereich arbeitete man am liebsten mit den zackigen Preußen zusammen.) Und wieder einmal wurde in Jerusalem, als heiliger Stadt der Muslime, gebaut.

Modernisierung und Neubauten kosten Geld, und das hatte Istanbul nicht. Man mußte es sich bei den (West-)Europäern borgen. Und diese stellten Bedingungen: verstärkte politische wie religiöse Präsenz und Aktivität in der Heiligen Stadt. Sie wurden ihnen zwangsläufig gewährt.

Ihrer islamisierenden Baupolitik in und um die muslimischen heiligen Stätten der Heiligen Stadt entzog die osmanische Führung auf diese Weise selbst den Boden. Aber was hätte sie sonst tun können? Sie war von europäischem Geld und Wohlwollen gänzlich abhängig. Deshalb blieb das antieuropäische, anti-christliche Signal dieser islamisierenden Baupolitik in Jerusalem wirkungslos. Je mehr Christen und Juden sich in Jerusalem festsetzten, desto deutlicher konnten die Araber erkennen, daß die türkische Macht abbröckelte. In gewisser Weise baute der Sultan in Jerusalem ein Potemkinsches Dorf.

In Jerusalem wurde es um die Mitte des 19. Jahrhunderts immer multikonfessioneller. Ab 1848 residierte hier wieder der römisch-katholische Patriarch, und der griechische zog von Istanbul nach Jerusalem. Der regionale anglikanische Oberhirt kam 1841, und im selben Jahr erhielten die örtlichen Juden einen Oberrabbiner.

Neue Kirchen und Synagogen wurden gebaut, ebenfalls eine »Amerikanische Kolonie« und eine »Deutsche Kolonie«. Die Sprachregelung verrät eigentlich alles; die Mehrheit der Jerusalemer Bevölkerung war im ausgehenden 19. Jahrhundert jüdisch. Noch 1845 waren von 15 000 Einwohnern ungefähr 6000 jüdisch. In den 1890er Jahren gab es zirka 43 000 Jerusalemer, davon 28 000 Juden und nur knapp 8000 Muslime, der Rest waren Christen.

Die politische Herrschaft von Muslimen konnte zumindest am Ende die osmanische und letztlich auch gesamtislamische Ohnmacht in der Heiligen Stadt nicht verhindern. Aber das türkische Millet-System, das den verschiedenen Religionsgemeinschaften die innere Selbstbestimmung und Selbstverwaltung überließ, sucht auch heute international seinesgleichen.

Im Grunde genommen haben es die Briten und Israelis übernommen. Lücken hatte und hat es gewiß, verbesserungsfähig war und ist es, aber im Vergleich dürfte es konkurrenzlos sein. Es verhinderte (noch mehr) Mord und Totschlag, es regelte ein eher mehr als weniger friedliches Miteinander – zumindest von den staatlichen Rahmenbedingungen her. Daß Türken, Briten und Israelis trotzdem ihr eigenes politisches Süppchen gekocht haben, wird man allerdings nicht bestreiten können.

Die Zahlen beweisen es: Die islamische Macht wurde immer löchriger. War es Ohnmacht oder Toleranz? War es gar beides? Einerlei. Das politische Ergebnis ist klar, die Fortsetzung bekannt. Im Dezember 1917 begann das kurze britisch-christliche Zwischenspiel in Jerusalem.

Islamisch, und zwar jordanisch-islamisch, war ab 1948 nur noch der Ostteil Jerusalems. Von 1948 bis 1967 war die Stadt geteilt, in einen jordanisch-islamischen Ost- und einen israelisch-jüdischen Westteil.

Der Tempelberg blieb bis 1967 in jordanischer Hand. Die heiligen Stätten der Christen wurden geschont und verschont, die heiligen Stätten der Juden wurden geschunden. Verschwunden waren sie nicht, aber geschändet. Zum Beispiel der jüdische Friedhof auf dem Ölberg. Grabsteine wurden zu Baumaterial für Häuser, Straßen und sogar Latrinen.

1967 gewann Israel den Sechstagekrieg gegen Jordanien, Ägypten und Syrien. Jerusalem wurde unter israelischem Vorzeichen wiedervereinigt; zutreffender ist der Ausdruck: einverleibt. Daß die israelisch-jüdische Herrschaft für die Muslime Gerechtigkeit gebracht hätte, kann man auch nicht gerade behaupten. Alles ist relativ. Vielleicht auch der Verzicht auf Rache und Vergeltung. Pingelig und sanft war und ist die israelische Besetzung wahrlich nicht. Aber immer wieder einmal zu hörende Gerüchte über israelische »Provokationen gegenüber der Al-Aksa-Moschee« sind propagandistische Übertreibungen und daher Verzerrungen. Ein uraltes, unheiliges Spiel. Die Heilige Stadt kennt es aus der Geschichte der heiligen Stätten, auch aus der Zeitgeschichte. Ein Beispiel aus dem Jahr 1969: Ein Brand wurde an der Al-Aksa-Moschee gelegt. Sofort hieß es: »Das waren die Juden.« Der Brandstifter wurde bald darauf entdeckt. Es war ein geistesgestörter Christ aus Australien.

Gerade weil die Palästinenser unter der israelischen Besatzung (vergessen wir in diesem Zusammenhang das Wort »Befreiung«) über keine politische Instanz oder gar Macht verfügten, war ihre islamische geistliche Obrigkeit so etwas wie ein Führungsersatz. Auch deshalb (nicht nur deshalb, aber eben auch deshalb) stieg der Einfluß des Islam im Westjordanland und Gaza-Streifen ständig. Arafats Führung der Autonomiegebiete war seit 1994 demokratisch legitimiert, durch Korruption und Inkompetenz demontierte sie sich leider selbst.

Wem also gehört Jerusalem? Wem gehören die jeweiligen heiligen Stätten? Eigentlich den kanaanitischen Jebusitern. Ihnen hatte es König David ungefähr um 1000 v. Chr. entrissen. Und natürlich war es den Jebusitern ebenfalls heilig. Das war keine Besonderheit, denn wie jeder größere Ort des Alten Orients hatte auch Jerusalem seine Stadtgottheit, und der Stadtkönig war (versteht sich ebenfalls) Stellvertreter dieses Gottes auf Erden. Die Jebusiter haben keine Rechtsnachfolger mehr. Sie ruhen im Völkergrab, das in und wegen Jerusalem entstand. Wie gesagt: Die Palästinenser behaupten zwar, Nachfahren der Kanaaniter (also auch der Jebusiter) zu sein, aber dieser Anspruch steht auf wackligen Füßen, was im dritten Teil dieses Buches noch erörtert werden wird.

Wem also gehört Jerusalem? Wem gehören die heiligen Stätten im Heiligen Land? Bei einigen ist die Antwort einfach und klar: Stätten, die nur von einer Religion beansprucht werden, bilden kein Problem. Doch wem »gehört« das Grab der Stammväter in Hebron? Den Juden oder den Muslimen? Oder beiden? Wem »gehört« der Tempelberg? Den Juden oder den Muslimen? Oder beiden? Wem »gehört« der Zionsberg? Den Juden wegen König Davids Grab? Den Muslimen, weil dort ab 1524 die Moschee des »Propheten David« stand? Den Christen, weil sozusagen gleich darüber der Ort des Letzten Abendmahls oder nebenan die Dormitionskirche liegen? Die Beispiele ließen sich mühelos fortsetzen. Wir haben zumindest die wichtigeren heiligen Stätten im Heiligen Land erwähnt. Aber wem »gehören« diese multireligiösen heiligen Stätten? Allen oder keinem? Einem?

Des Pudels Kern liegt wieder sowohl in der politischen Geschichte als auch in der Heilsgeschichte, und daher ist er ebenso kompliziert wie trotzdem einfach: Christentum und

Islam wollten das Judentum überwinden. Sie haben es überwunden. Sie haben es zumindest politisch besiegt – bis 1948, bis zu der für sie und die streng orthodoxen Juden heilsgeschichtlich (und auch politisch) völlig unerwarteten Wiedergründung eines Jüdischen Staates.

Sichtbar werden mußte und sollte diese Überwindung. Sichtbar wurde sie durch äußere Zeichen neuen religiösen Inhalts: nämlich durch heilige Stätten. Sie dokumentierten den politischen Sieg der »Kämpfenden Kirche« und des »Islamischen Schwertes« über das Judentum.

Wer Wind sät, wird Sturm ernten. Genau das geschah. Denn nach der Überwindung des Judentums durch das Christentum schickte sich der Islam seinerseits an, das Christentum zu überwinden, bis dann das Christentum zurückschlug (Kreuzzüge) und schließlich von den Muslimen wieder besiegt wurde – scheinbar endgültig. Im 19. und vor allem im 20. Jahrhundert kamen die Christen siegreich zurück; wieder scheinbar endgültig. Und dann kehrten die Juden siegreich zurück. Endgültig? Wie endgültig?

Nichts ist in der Geschichte so dauerhaft wie der Wechsel von Aufstieg und Niedergang. Der jeweilige Sieger hielt sich auch im Heiligen Land immer für den endgültigen Sieger – ein ebenso dummer wie gefährlicher Irrtum. Der Sieger von heute sollte bedenken, daß er der Verlierer von morgen sein könnte, mit Sicherheit sein wird. Vielleicht erreicht man dadurch mehr Toleranz?

Die Überwindung konnte nur, oder zumindest zum Teil, dort geschehen, wo das Judentum sein Zentrum hatte, nämlich im Heiligen Land, am besten in Jerusalem. Die Gegenreligionen mußten daher genau an diesem Ort ihren Anspruch mit eigenen heiligen Stätten sichtbar machen.

Das klingt kämpferisch, vielleicht sogar anklagend; es ist aber gar nicht so gemeint. Es soll das Problem erhellen und aufklärend wirken. Wir streiten hier nicht über die Berechtigung der einen oder anderen Religion oder über die Richtigkeit ihrer jeweiligen Andersartigkeit. Wir setzen sie ohne Wenn und Aber voraus. Die Vielschichtigkeit der Heiligkeit ist gerade an diesen besonders heiligen Stätten im Heiligen Land im wahrsten Sinne des Wortes sichtbar; auch die Schwierigkeit der friedlichen Koexistenz. Die Konflikte sind so lange programmiert, wie Christentum und Islam sich als »Überwinder« des Judentums betrachten. Wenn aber tatsächlich alle drei Religionen an denselben Gott glauben, dann sollten sie einsehen, daß viele Wege zu diesem Gott führen.

Doch die Gegensätze waren programmiert und gewollt. Die Machtverhältnisse haben sich oft geändert. Hochfliegend waren die Ziele; niedrig war sehr oft die Gesinnung der Sieger. Friedlich waren meist die Verlierer, die Schwachen. Als Starke verloren die einst Schwachen in der Regel ihre vorher gezeigte Toleranz. Die Grade der Intoleranz und Toleranz waren durchaus unterschiedlich. Aus Mangel an Gelegenheit schneidet die jüdische Seite (bis 1967) dabei gar nicht schlecht ab. Seit 1967 war sie alles andere als vorbildlich, aber verglichen mit den Kreuzrittern oder den jordanischen Grabschändern von 1948 bis 1967 ist sie ein Muster der Toleranz, wenngleich das türkische Millet-System auch seine Vorteile hatte.

Wo immer man hinschaut, findet man nur relative Toleranz, nichts Großartiges also. Einmal mehr erkennen wir den permanenten Rollenwechsel. Die zwangsläufige Machtablösung kann auch der Besitz der heiligen Stätten nicht verhindern, denn er lockt die Nichtbesitzenden – aus religiösen ebenso wie aus politischen Gründen. Die politischen Gründe haben besonders in der islamischen Geschichte meist überwogen. Das Interesse am Heiligen Land und an den heiligen Stätten wuchs immer dann, wenn man sie nicht politisch-militärisch kontrollierte.

Christen und Muslime haben heute gewiß Gründe und Anlässe, symbolisch Steine auf die jüdischen Israelis zu werfen. Sie sollten allerdings nie vergessen, daß sie im Glashaus sitzen. Die »Kämpfende Kirche« bejubelte in zahlreichen mittelalterlichen Kunstwerken, die zugleich ideologische Mach(t)werke waren, ihren »Sieg« über die »Blinde Synagoge«. Dieser ist dabei oft ein Tuch vor die Augen gebunden, und in der Hand hält die »Blinde Synagoge« einen (von der Kirche) gebrochenen Stab. Die Symbolik ist eindeutig. Sie kennzeichnet die christliche Wahrnehmung gegenüber den Juden. Erst nach dem Holocaust hat sich diese Sichtweise geändert.

Im Islam wurden die Juden zwar nicht so häufig und auch nicht so brutal verfolgt wie im europäisch-christlichen Abendland, aber die Morgenröte menschlicher und religiöser Toleranz strahlte auch im islamischen Herrschaftsbereich nicht. Das Judentum war (wie auch das Christentum) bestenfalls geduldet, und zwar als Religion zweiter Klasse.

Rache und Vergeltung sind stets schlechte Ratgeber. Von dieser Erkenntnis haben sich die Israelis mehr oder weniger leiten lassen. Daß sie auf Sticheleien, Hakeleien, auch Hauereien und Provokationen im Alltag verzichtet hätten, kann man leider nicht berichten oder behaupten.

Und was ist nun die »Lehre der Geschichte«? Den Teufelskreis endlich zu durchbrechen und einen Schlußstrich zu ziehen ist gewiß schwierig, und in Deutschland setzt sich jeder, der so etwas (auch in anderem Zusammenhang) fordert, Verdächtigungen aus. Aufgrund der Gnade meiner (jüdischen) Geburt habe ich da jedoch keine Probleme.

Wie ist es heilig? Oder: Heiligkeit und Staatlichkeit

Konnte die Heiligkeit nur durch eine eigene Staatlichkeit im Heiligen Land gesichert werden? Diese Frage muß eindeutig verneint werden. Fast könnte man sogar sagen: Heiligkeit und Staatlichkeit schlossen einander aus. Um zu dieser Schlußfolgerung zu gelangen, muß man keineswegs extrem orthodoxe Positionen vertreten; vor allem keine extrem orthodox-jüdische Position, die ja bekanntlich die Gründung eines Jüdischen Staates vor der Ankunft des Messias ablehnt.

Nein, die Antwort ist einfach aus der Geschichte abzuleiten. Schauen wir zunächst auf die jüdische Seite: Nur die kürzeste Zeit ihrer Geschichte hatten die Juden im Heiligen Land einen eigenen Staat. Und nur die kürzeste Zeit ihrer Geschichte lebte ein Großteil der Juden im Heiligen Land.

Geschichte und Chronologie seien im folgenden kurz umrissen: Mitte des 13. Jahrhunderts v. Chr. erfolgte die Landnahme durch die Juden. Gesichert und staatlich auf- sowie ausgebaut wurde sie erst durch die Könige Saul und David. Sie lebten und wirkten ungefähr um 1000 v. Chr. In der Mitte des 10. Jahrhunderts v. Chr. geschah die Teilung des Davidischen Reiches in »Israel« und »Judäa«. Im Jahr 722 wurde Israel von den Assyrern besiegt, als Staat zerstört und die Bevölkerung zum großen Teil verschleppt. Die Babylonier vervollständigten unter Nebukadnezar das Werk der Zerstörung jüdischer Staatlichkeit im Jahre 586 v. Chr. (Kenner der Verdi-Oper »Nabucco« sind mit dem Sachverhalt zumindest halbwegs vertraut. Der berühmte Gefangenenchor dieser Oper trauert ja im Grunde genommen der jüdischen Staatlichkeit nach.)

Ab 538 v. Chr. durften Juden nach Zion zurückkehren. Die Perser hatten die Babylonier geschlagen, König Kyros erlaubte den Aufbau eines autonomen jüdischen Gemeinwesens. Autonom, aber eben *nicht* staatlich. Das bedeutete: Zion war und blieb Teil des Persischen Reiches, konnte jedoch seine inneren (vor allem religiösen und kulturellen) Angelegenheiten selbständig bestimmen. Dieses autonome jüdische Gemeinwesen war seinem Wesen nach viel jüdischer als die vorherigen jüdischen Königreiche »Israel« und »Judäa«. Dieses autonome jüdische Gemeinwesen war ein extrem jüdisch-religiöser Staat, eine jüdische Theokratie. Wie intolerant dieser jüdische Gottesstaat war, wurde am Beispiel des jüdisch-samaritanischen Verhältnisses gezeigt. Die Formel für das autonome jüdische Gemeinwesen lautete: Selbstbestimmung ohne staatliche Souveränität. Schlecht war diese Regelung meines Erachtens nicht, aber darüber kann man vortrefflich streiten – damals wie heute.

Die Perser wurden von den Griechen (Alexander der Große) beziehungsweise von hellenistischen Nachfolgern abgelöst. Die jüdische Autonomie blieb bis zur Mitte des 2. Jahrhunderts v. Chr. bestehen. Dann folgte wieder ein kurzes Zwischenspiel mit jüdischer Staatlichkeit. Das war der Staat der Makkabäer. Im Jahr 63 v. Chr. kamen die Römer (angeführt von Pompejus) und bissen sich fest. König Herodes und seine Helfer ordnen wir als jüdische Marionetten der Römer ein. Ihre Erbschaft trat Ost-Rom an, also das christliche Byzantinische Kaiserreich. Erst 1948 erlangten die Juden wieder Staatlichkeit im Heiligen Land, das heißt: In einem Teil des Heiligen Landes konnten sie ihren Staat errichten. Ironie der

Geschichte: Das geschah genau in dem Teil, der traditionell häufiger ihren Gegnern gehört hatte. Der Küstenstreifen war ja sozusagen Philisterland, Galiläa Jesusland.

Wir zählen somit zirka 3500 Jahre jüdische Geschichte. Wie viele Jahre davon entfallen auf Zeiten jüdischer Staatlichkeit? Hier eine Übersicht:

Von 1000 bis knapp 600 v. Chr.	rund	400 Jahre
Staat der Makkabäer	knapp	100 Jahre
Staat Israel	knapp	50 Jahre

Das Ergebnis dieser einfachen Addition lautet: rund 550 Jahre jüdische Staatlichkeit bei knapp viertausendjähriger Heiligkeit. Um überdauern und fortdauern zu können, benötigte die jüdische Heiligkeit offensichtlich keineswegs nur jüdische Staatlichkeit.

Aber nichts ist eindeutig, sondern fast alles zumindest zweideutig. Deshalb gilt es zu betonen: Mag sein, daß die jüdische Heiligkeit des Landes auch ohne Staatlichkeit überdauern konnte, doch das Überleben der Juden außerhalb des Landes und in Zeiten der Fremdherrschaft im Heiligen Land war alles andere als gesichert. Und diese Formulierung ist noch eine geradezu maßlose Untertreibung, denn nicht zuletzt wegen der fehlenden Staatlichkeit wurden die Juden zum Märtyrervolk schlechthin. Auch in Zeiten der Staatlichkeit führten sie selten ein politisch komfortables Dasein. Aber immerhin, dieses Dasein, das Leben, das nackte Überleben, war durch das staatliche So-Sein besser gesichert. Außenpolitisch sicher war es nicht, aber eben besser gesichert. Vor allem war es kein innenpolitischer Gnadenakt des jeweiligen Gastvolkes. Man darf diesen Sachverhalt nicht unterschätzen.

Trotzdem: Die Sicherung der Heiligkeit des Landes auch ohne jüdische Staatlichkeit ist unbestreitbar. Ermöglicht wurde sie durch die jüdische Religion selbst, vor allem durch die Rabbiner und die talmudischen Schriftgelehrten (die »bösen« Pharisäer). Sie verwandelten das Judentum in eine internationale, »transportable« Religion. In der Diaspora sicherten sie das Überleben der Juden und des Judentums. »Landesrecht gilt«, sagten sie (dina demalchuta dina). Das bedeutete: Festigung des Judentums nach innen; außerhalb der Mauern aber Integration. Keine Integration durch Assimilation (also innere Anpassung), sondern Integration durch alltägliches Miteinander im Nebeneinander, ohne ein Gegeneinander.

Auch auf das Leben im Heiligen Land selbst übertrugen sie dieses Denkmuster. Wir erinnern uns: Rabbi Jochanan Ben-Sakkai hatte vor ziemlich genau zweitausend Jahren gegen die nationalistischen Eiferer (Zeloten) die politische Oberherrschaft, also die äußere Macht, der Römer gebilligt, um das innere Gefüge der Juden und des Judentums zu festigen. Nach der Niederlage im »Jüdischen Krieg« gegen die römische Besatzung (66–70 n. Chr.) begann er sein geistig-religiöses Aufbauwerk. Gerade diese äußere Machtlosigkeit war die Grundlage der inneren Stärke der Juden und des Judentums – allen Eiferern in allen Epochen zum Trotz.

Ansätze finden wir schon beim großartigen Propheten Jeremia im 6. Jahrhundert v. Chr. Als die Babylonier unter Nebukadnezar auf Judäa und Jerusalem vorstießen, riet Jeremia ab, den Kampf überhaupt aufzunehmen. Ja, er forderte die Jerusalemer Juden auf, zum Gegner überzulaufen, zu desertieren. Wir erfahren es aus Jeremia 21,8–9: »Zu diesem Volk aber sprich: So spricht der Ewige: Seht, ich lege vor euch den Weg des Lebens und den Weg des Todes: Wer in dieser Stadt bleibt, wird durch Schwert, Hunger und Pest sterben; wer aber hinausgeht und zu den Kasdäern überläuft, die euch belagern, der wird am Leben bleiben.«

Es kommt noch deutlicher im Sinne der Formel: »Heiligkeit ohne Staatlichkeit«. Jeremia 27,11: »Das Volk aber, das seinen Hals ins Joch des Königs von Babel fügt und ihm dient, das will ich auf seinem Boden belassen, ist des Ewigen Spruch, daß es ihn bestelle und darauf wohnen bleibe.«

Teufelszeug sind diese Prophetenworte natürlich nur für extreme Nationalisten, nicht für Humanisten, denen innere Werte (Heiligkeit) mehr bedeuten als äußere Macht (Staatlichkeit).

Der Gedankengang des Propheten Jeremia war eindeutig: Die Niederlage und das Exil in Babylon waren Voraussetzung der inneren Reinigung der Juden, ihrer Rückkehr zum Judentum. Scheinbar paradox formuliert: Im Heiligen Land der Juden sündigten die Juden auf höchst unjüdische Art und Weise. Im Exil, außerhalb des Heiligen Landes, würden sich die Juden innerlich reinigen und zum Judentum zurückkehren. Erst nach der geistigen Rückkehr der Juden zum Judentum sei auch an eine Rückkehr der Juden in das Land der Juden zu denken.

Deshalb lautete die Empfehlung des Propheten Jeremia an seine nach Babylon verbannten Glaubensgenossen: »Mehrt euch dort …, und strebt nach dem Wohl der Stadt, dahin ich euch fortgeführt habe, und betet für sie zu dem Ewigen, denn mit ihrem Wohl wird auch euch wohl sein« (Jeremia 29,6–7).

Die Heiligkeit des Volkes war also das eigentliche Ziel des Propheten Jeremia. Voraussetzung zur Erlangung dieser Heiligkeit war ein innerer, religiöser Klärungsprozeß der Juden. Ohne diese Reinigung war keine Heiligkeit zu erlangen – und ohne Heiligkeit keine Staatlichkeit. Bis zur Gegenwart ist dies die religiöse und zugleich politische Leitlinie der jüdischen Orthodoxie. Man mag sie kritisieren und attackieren, doch kennen muß man sie. Und wer kritisieren will, muß wenigstens wissen, was er in Frage stellt.

Daß die Vertreter jüdischer Staatlichkeit und Obrigkeit (einschließlich des religiösen Establishments) mit dieser prophetischen Argumentation nicht immer glücklich waren, lernen wir ebenfalls aus der Bibel. Wir erfahren auch, daß sie, und nicht der Prophet, die Mehrheit hinter sich wußten – wie heute: »Als aber der Priester Paschur, der Sohn des Immers – der war Oberaufseher im Haus des Ewigen [im Tempel] – Jeremia diese Worte weissagen hörte, da schlug Paschur den Jeremia, den Gottbegeisterten, und tat ihn in das Kerkergewölbe« (Jeremia 20, 1–3).

Es blieb nicht dabei, und gerade zimperlich waren die Gegner des Propheten nicht (Jeremia 26,8–9): »...da ergriffen ihn die Priester... und alles Volk und sprachen: Sterben mußt du! ...Und alles Volk rottete sich gegen Jeremia im Haus des Ewigen zusammen.« So weit kam es dann doch nicht, weil die politische Führung einlenkte.

Daß jüdisches Leben im Heiligen Land auch ohne jüdische Staatlichkeit möglich ist, entspricht der religiös-talmudischen Sichtweise. Ob freilich diese Sichtweise auch geschichtlich und politisch richtig ist, ob sie erwünscht ist, bleibt umstritten. Hier gibt es keine allgemein verbindlichen Richtlinien.

Heiligkeit und Staatlichkeit verbanden sich für die christliche Welt in bezug auf das Heilige Land für einen noch viel kürzeren Zeitabschnitt: knapp zweihundert Jahre (in unterschiedlich großen Abständen) zwischen 1099 und 1291. Zu diesen zweihundert Jahren können wir das britische Zwischenspiel der Jahre 1917/18 bis 1948 rechnen, also dreißig Jahre. Aber was sind denn schon gut zweihundert Jahre angesichts der Weltgeschichte? Nichts.

Noch eindeutiger also ist das Ergebnis für die christliche Seite: Die Heiligkeit des Heiligen Landes war und ist auch für die Christen ohne Staatlichkeit möglich. Kein Wunder, denn die Heiligkeit des Heiligen Landes ist für die Christen Teil der Heilsgeschichte, weniger ihrer irdischen politischen Geschichte.

Und die Muslime? Abgesehen von der rund zweihundertdreißigjährigen christlichen Unterbrechung verbanden sie Heiligkeit und Staatlichkeit in der Zeit von 638 (islamisch-arabische Eroberung) bis 1948 (Gründung des heutigen Staates Israel) beziehungsweise bis 1967 (Eroberung der gesamten Heiligen Stadt sowie des heiligen Stammlandes in Judäa und Samaria = Westjordanland).

Doch die Heiligkeit des Heiligen Landes war für die Muslime weder religiös noch politisch zentral. Zentral waren und blieben der arabische Prophet, seine Heimat Arabien und die arabische Sprache.

Um überleben zu können, brauchten die Muslime Staatlichkeit im Heiligen Land schon gar nicht. (Es liegt auf der Hand, daß in bezug auf die palästinensischen Muslime diese Aussage zumindest abgeschwächt werden muß.)

Die Herrschaft der Kreuzritter ebenso wie der schleichende Machtverfall des Osmanischen Reiches im 19. Jahrhundert beweisen, daß Staatlichkeit die Zugänglichkeit und Sicherheit der Heiligkeit nicht garantierte. In der Endphase der türkischen Herrschaft, seit Mitte des 19. Jahrhunderts, wurde die Heilige Stadt eine zunehmend jüdische Stadt. Eine Stadt mit einer jüdischen Mehrheit und einer christlichen Bevölkerung, die so groß wie die muslimische war.

Wodurch bekommt es der Eigentümer?

Wodurch bekamen die tatsächlichen oder vermeintlichen Eigentümer des Heiligen Landes dieses Land? Die Antwort ist ebenso einfach wie niederschmetternd: durch Landnahme, also durch Eroberung. Ihre Berechtigung und Verherrlichung wurden und werden auch religiös abgeleitet. Die Tatsache der gewaltsamen Landnahme bleibt jedoch unstrittig. Sie gilt für Juden, Christen und Muslime. Sie gilt auch in bezug auf deren Vorfahren und Vor-Vorfahren: die Völker des Alten Orients (besonders Mesopotamien und Ägypten). »Nichts Neues unter der Sonne.«

Man denke aber nicht, daß diese gewaltsame Landnahme unumstritten war. Ganz im Gegenteil. Wieder finden wir in der Bibel zahlreiche Belege, zum Beispiel die Geschichte von den zwölf Sendboten. Zwölf Sendboten (nennen wir sie ruhig Spione) sandte Moses vor der Eroberung in das Gelobte Land. Sie sollten es erkunden. Nicht zuletzt die politischen und militärischen Voraussetzungen eines israelitischen Angriffes waren zu klären. In Numeri (4. Mose 13,27 ff.) lesen wir: »Und sie erzählten ihm und sprachen: Wir sind in das Land gekommen, dahin du uns entsendet hast, und es fließt ja auch von Milch und Honig, und dies ist seine Frucht. Nur daß das Volk, das im Land wohnt, stark ist und die Städte sehr fest und groß sind; auch die Kinder des Anak [= Riesen] haben wir dort gesehen … Da beschwichtigte Kaleb das Volk vor Moses und sprach: Wir werden hinaufziehen und es in Besitz nehmen, denn wir können es mit ihm aufnehmen! Die Männer aber, die mit ihm hinausgezogen waren, sprachen: Wir können nicht gegen das Volk hinaufziehen, denn es ist stärker als wir! ... Das Land, das wir durchzogen haben, ... es ist ein Land, das seine Bewohner frißt, und alles Volk, was wir darin gesehen, sind Männer von Ausmaß. Dort haben wir die Riesen gesehen, die Söhne des Anak von dem Geschlecht der Riesen; wir waren in unseren Augen wie Heuschrecken, und so waren wir es in ihren Augen.«

Ungeheuer aktuell klingt dieser Abschnitt. Die Geschichte des modernen Zionismus und des modernen Israel kennt diese Stimmen bestens. So sprechen diejenigen, die an der militärischen (und auch moralischen) Schwierigkeit der Aufgabe verzweifeln. Sie verzweifeln und verzagen an der Landnahme und am Festhalten.

»Das Volk weinte in jener Nacht«, heißt es dann weiter, und (4. Mose 14,2–4): »Wären wir doch im Land Ägypten gestorben, oder wären wir doch in dieser Wüste gestorben. Und warum bringt uns der Ewige in dieses Land, um durchs Schwert zu fallen, daß unsere Frauen und Kinder zur Beute werden! Ist's nicht besser für uns, nach Ägypten zurückzukehren?«

Natürlich konterten Moses und Aaron vor rund 3200 Jahren und später die zionistischen Gründerväter: »Fürchtet euch nicht!« (4. Mose 14,9). »Und wenn ihr wollt, ist es kein Märchen«, versprach an der Wende zum 20. Jahrhundert der Begründer des politisch organisierten Zionismus, Theodor Herzl, in seinem Buch »Altneuland«.

Natürlich, die zehn pessimistischen Kundschafter, die »das böse Gerede über das Land ausgebracht hatten«, traf der »Gottesschlag« (4. Mose 14,37). Allein die Optimisten wurden belohnt: Kaleb und Josua.

Aber Mut mußten sich die jüdischen Eroberer auch später immer wieder machen: »Sei stark und fest.« Diesen Satz findet man vor allem im Eroberungsbuch der Bibel, also im Buch Josua (zum Beispiel Josua 1,6ff.). Weder die Vertreibung der Nichtjuden (Josua 3,10) noch Massaker (Josua 8,24 oder 11,21) bleiben in der Bibel unerwähnt. Es ist ein durch und durch ehrliches Buch, ein grandioses Buch, doch auch ein widersprüchliches Dokument. Man denke in diesem Zusammenhang von Vertreibung und Ermordung an König Saul. Er wird in der Bibel (1. Samuel 15) dafür bestraft, daß er sich weigerte, die besiegten Amalekiter samt Frauen, Kindern und Vieh zu töten. Auch die talmudischen Weisen stellten die Moral dieser Geschichte in Frage – bis eine himmlische Stimme ihnen verbot, diese Frage zu stellen. Das geschieht im Talmud oft: Wenn die Weisen geradezu Ketzerisches bedenken, ertönt diese Stimme. Aber, immerhin, sie ertönt.

An dieses Ringen und an diese Aufrichtigkeit knüpft (nach gewaltigen Startschwierigkeiten) die heutige israelische Geschichtswissenschaft durchaus an. Und auch in der Politik und sogar im Militär gibt es Stimmen, die auf zu harte Maßnahmen gegen die Palästinenser in den Jahren 1947/48 und seit 1967, besonders seit dem Beginn der Intifada (ab 9. Dezember 1987), hinweisen. Es gibt nicht (mehr) nur solche, die alles verherrlichen, was Israel gegenüber den Palästinensern unternahm. Lange (zum Teil bis heute) meinten »berufsmäßige« Freunde der Juden und Israels, Flecken auf der jüdischen Weste verbergen zu müssen. Sie fürchteten, andernfalls als »Antisemiten« zu gelten. Was für ein Unsinn, wenn auch ein wohlmeinender Unsinn.

Hatte Israel, hatten die Juden eine andere Wahl? Das ist eine wichtige Frage. In Ägypten (zur Bibelzeit) wurden sie wie später in Europa (bis in das 20. Jahrhundert) brutal verfolgt, unterdrückt und ermordet. In Kanaan/Palästina/Israel widersetzte sich die einheimische Bevölkerung der Eroberung beziehungsweise Rückkehr der Juden. Sie weigerte sich, die

Rechnung der Judenverfolger bezahlen zu müssen. Auch dies ist verständlich. Ob aber die jeweiligen Einheimischen (von den Kanaanitern bis zu den heutigen arabischen Staaten und den Palästinensern) die richtigen und vor allem die moralisch richtigen Gegenmittel ergriffen, darf bezweifelt werden.

Wer wollte wirklich den ersten Stein werfen? Die christlichen Kirchen? War Rom, war Byzanz bis 638 wirklich friedlich? Was taten die Kreuzritter? Wie kamen die Briten?

Will die islamische Welt den ersten Stein werfen? Wenn Muslime in das Land wollten, kamen sie doch ebenfalls meistens mit dem Schwert: der Kalif Omar, Saladin, die Mamelucken, die Osmanen.

Gewiß, gewiß: Sie waren »Heilige Krieger«. Das waren die jüdischen Eroberer der Bibel auch. Und in bezug auf die moderne Landnahme des Zionismus stand die jüdische Orthodoxie abseits. Mehr noch: Sie warf ihren zionistischen Glaubensgenossen diverse Knüppel zwischen die Beine.

Am 29. November 1947 beschloß die Vollversammlung der Vereinten Nationen (UNO) die Teilung des britischen Mandatsgebietes Palästina und damit die Gründung eines jüdischen und eines palästinensischen Staates. Den palästinensischen Staat verhinderte das Königreich Transjordanien, das sich 1948 das Westjordanland und Ost-Jerusalem gewaltsam einverleibte. Friedlich? Eine Versammlung projordanischer Marionetten segnete im Dezember 1948 diese Maßnahme ab. War das des Volkes Willen, war das »Demokratie«?

Noch 1972 verabschiedete die Gipfelkonferenz der muslimischen Staaten die »Islamische Charta«. Sie forderte ausdrücklich den »Heiligen Krieg« (Dschihad), um Palästina zu »befreien« und um die heiligen Stätten in Al-Quds (Jerusalem) zu sichern. Das ist lange her. Heute hat die Islamische Gipfelkonferenz dem »Heiligen Krieg« abgeschworen.

Einen Dschihad wolle und werde sie nicht führen, um

Palästina zu befreien. Das verkündete zum Beispiel die Islamische Gipfelkonferenz im Dezember 1991 in Dakar, der Hauptstadt des Senegal. Aber die »Fortsetzung des Kampfes mit allen Mitteln« bis zur »Befreiung Jerusalems« gelobte sie dennoch gleichzeitig. PLO-Chef Jassir Arafat zeigte sich enttäuscht – obwohl oder gerade weil zur selben Zeit seine Vertrauten unter der Schirmherrschaft der USA in Washington mit den Israelis und arabischen Staaten über eine Friedensregelung verhandelten. Das nennt man dann wohl folgerichtiges, überzeugendes Handeln. Zu Beginn der Debatte hatte Arafat damals der Islamischen Gipfelkonferenz erklärt: »Ich war mit euch in Mekka, als wir vor der Kaaba standen und zu Allah um den Heiligen Krieg beteten.« Sein ganzes Leben habe er dem Heiligen Krieg geweiht. »Was soll ich dem palästinensischen Kämpfer, der dem israelischen Feind gegenübersteht, jetzt sagen? Soll ich ihm sagen, daß ich ihn die ganze Zeit betrogen habe?«

Fazit: Alle sitzen im Glashaus – und werfen nur zu gerne Steine aus diesem Glashaus heraus auf andere.

Wer Frieden will, muß aufrichtig und selbstkritisch sein. Es gibt dabei Traditionen, an die man anknüpfen kann, auf der jüdischen Seite; auch auf der christlichen, denn sie hat sich ja längst (aus Einsicht in die Notwendigkeit) von dem Gedanken verabschiedet, das Heilige Land erobern und besitzen zu müssen. Und auch in der islamischen Welt gibt es andere als diejenigen, die meinen, islamische »Erlösung« durch eine »Endlösung« Israels erreichen zu können. Sie haben es nicht leicht. Der Kampf Arafats und der PLO gegen die Islamisten beweist dies ebenso wie das Schicksal des ägyptischen Staatspräsidenten Sadat. Er wurde im Oktober 1981 von Fundamentalisten ermordet, weil er 1979 einen Friedensvertrag mit Israel geschlossen hatte.

III

Die Geschichte der Besitzwechsel

Besitzer oder Eigentümer?

Wem gehört das Heilige Land? fragen wir immer wieder. Unser Interesse richtet sich nun auf die Geschichte der Besitzwechsel im Zusammenhang mit der Eigentumsfrage. Doch was ist damit gemeint? Wer ist gemeint? Der *Besitzer* oder der *Eigentümer*? Das ist eine grundlegende Unterscheidung, denn es ist ja durchaus möglich, daß die Besitzer häufig wechselten, ohne daß sich der Eigentümer geändert hat. In der Umgangssprache werden die beiden Begriffe häufig gleichgesetzt. Das ist ungenau. Viel genauer ist ursprünglich die Sprachregelung sowohl im Deutschen als auch im Lateinischen und (daraus abgeleitet) zum Beispiel im Englischen und Französischen. »Eigentum« ist das, was einem eigen ist, was einem selbst gehört, »Besitz« hängt mit Sitzen zusammen. Man kann auch auf einem solchen Stuhl sitzen, der einem nicht gehört. Das Sitzen drückt ganz einfach die körperliche Anwesenheit aus. Nichts wird durch das Sitzen, das Besitzen, über die Eigentumsverhältnisse ausgesagt.

Das »Eigentum« heißt im Englischen »property«, im Französischen »propriété«, im Lateinischen »proprietas«. Gerade im Lateinischen wird damit zugleich auch das für die jeweilige Person Eigentümliche ausgedrückt, also ein Stück Identität.

»Besitz« lautet übersetzt »possessio« im Lateinischen, »possession« im Englischen und Französischen, wobei jeweils das Wort »sitzen« (lateinisch: »sedere«) enthalten ist.

Der Duden hilft uns ebenfalls weiter: Unter »Besitz« versteht man »das, worüber jemand tatsächlich die Herrschaft hat«. »Eigentum« ist dagegen das, worüber man die »rechtliche (aber nicht unbedingt die tatsächliche) Herrschaft ausübt«.

Besitz ist also eng mit physischer Herrschaft verbunden, Eigentum mehr mit Rechtsansprüchen. Selbstverständlich kann auch ein rechtmäßiger Eigentums- und, damit verbunden, auch ein Besitzwechsel stattfinden. Die entscheidende Frage lautet also stets: Ist der Besitz, ist die jeweilige Herrschaft gerechtfertigt? Sind Herrschaft und Recht deckungsgleich, oder stehen sie im Widerspruch zueinander?

Wem gehört das Heilige Land? Wir suchen also den *Eigentümer* des Heiligen Landes, nicht den Besitzer. Wer ist der Eigentümer?

Die Juden wurden aus ihrem Land 722 v. Chr. von den Assyrern und 70 n. Chr. von den Römern vertrieben – ohne auf ihr Eigentum (das Heilige Land) jemals verzichtet zu haben. Sie blieben Eigentümer, aber die Besitzer wechselten seitdem häufig, sehr häufig. Wurden die Besitzer Eigentümer?

Vorsicht! Wir bewegen uns hier auf geschichtlich, politisch und völkerrechtlich umstrittenem Gelände. Wenn wir nämlich diese Denkweise übernehmen, bliebe fast kein Volk dieser Erde der rechtmäßige Eigentümer seines Staates, wäre fast kein Besitzer auch der rechtmäßige Eigentümer. Man kann in diesem Zusammenhang bei den Indianern Amerikas anfangen, sich den vertriebenen Ostdeutschen und Sudetendeutschen zuwenden und bei Juden und Palästinensern fortfahren, ohne an ein Ende zu gelangen.

Wenn man zudem Frieden anstrebt, kann man nicht das Unrecht der Vergangenheit durch eine neue Vertreibung »wiedergutmachen«. In guter Absicht würden wir Schlechtes vollbringen. Es wäre also kein Volltreffer, sondern ein Eigentor.

Weiter muß bedacht und gefragt werden: Waren denn die Juden tatsächlich die Eigentümer dieses Landes? Des Landes, das ihnen, aber gleichzeitig auch den Christen und Muslimen heilig ist? Nein!

Das Heilige Land wurde erstmals Mitte des 13. Jahrhunderts v. Chr. von den Juden in Besitz genommen. Die Bibel schildert die Landnahme ausführlich im Buch Josua oder auch im Buch der Richter.

War diese Besitznahme des Landes auch rechtens? Die Bibel sagt ja, weil Gott Abraham (und damit den Juden) das Land versprach beziehungsweise gelobte. Deshalb wird es das Gelobte Land genannt. Mag sein. Aber wir bewegen uns hier nicht mehr im Bereich von irdischem Recht, irdischer Politik oder politischer Geschichte. Wir bewegen uns im Bereich der Heilsgeschichte, für die die Kategorien des Völkerrechts nicht verbindlich sind.

Heilsgeschichte hat mit Religion zu tun, und Religion ist eine Glaubensfrage. Da wir glücklicherweise in einer Gesellschaft leben, die Glaubensfreiheit garantiert, in der also auch Unterschiedliches geglaubt werden kann, ist eine verbindliche Antwort unmöglich. Juden mögen an ihre Heilsgeschichte glauben, andere können und wollen es nicht. Wie sollte man darüber diskutieren? Wir führen hier kein theologisches Streitgespräch, wir wollen politische Fragen ganz konkret beantworten. Deshalb zurück zum irdischen Recht und zur irdischen Geschichte.

Kanaaniter, Philister, Hebräer oder: Namenspolitik ist Herrschaftspolitik

Ahnenforschung wollen wir eigentlich nicht betreiben. Das war zwischen 1933 und 1945 eine deutsche Mode; keine gute und keine nachahmenswerte. Das Glatteis der Geschichte ist ohnehin rutschig genug.

Manche meinen es natürlich ganz genau zu wissen, zum Beispiel Mohammed Adib Aamiry. Von der »Kontinuität der arabischen Rasse« im Heiligen Land schreibt er gleich im ersten Satz seines 1978 in London erschienenen Buches »Jerusalem. Arab Origin and Heritage« (Jerusalem. Arabischer Ursprung, arabisches Erbe). Der Autor war in Jordanien Minister, unter anderem Erziehungsminister. Den Inhalt der Schulbücher kann man sich ausmalen. Schriebe heute in Deutschland jemand über die »Rasse« von Einwohnern bestimmter Regionen, wo sich Nationen, aber nicht Rassen streiten, hieße es bestimmt: »Typisch deutsch.« Aber das nur nebenbei.

Was und wem hilft eigentlich das Pochen auf tatsächliche oder vermeintliche historische Rechte? Die Toten werden davon leider nicht wieder lebendig. Den Lebenden macht es das Leben oft weder lebenswerter noch leichter. Die Beseitigung von vergangenem Unrecht schafft im allgemeinen nicht Recht oder gar Gerechtigkeit, sondern neues Leid. Das Beharren auf der Geschichte erweist sich oftmals als eine nicht enden wollende Geschichte des Leids. Mir bereitet dies Unbehagen – auch weil Geschichte mein Beruf ist.

Wenn uns Geschichte etwas lehrt, dann dies, daß sie als oberste Berufungsinstanz denkbar ungeeignet ist. Dafür noch ungeeigneter sind Historiker. Viele, viel zu viele von ihnen sind für den jeweiligen Zeitgeist zu anfällig. Als überzeitliche und objektive Instanz können wir sie getrost vergessen. Manchmal gleichen Historiker mehr abhängigen Hofdichtern als unabhängigen Richtern.

Die Kanaaniter ruhen auf dem Völkerfriedhof des blutgetränkten, unheilschwangeren Bodens des Heiligen Landes. Vor allem diesen Kanaanitern haben die Juden vor mehr als dreitausend Jahren das Land entrissen. Das geschah sehr irdisch, allerdings mit Hilfe einer religiösen Rechtfertigung. Den Philistern nahmen die Juden etwas später Land ab. Anderen Völkern auch, aber vor allem diesen beiden.

Als ihre Nachfahren bezeichnen sich heute die Palästinenser. Damit wollen sie ausdrücken: »Wir sind die Rechtsnachfolger der Kanaaniter und Philister. Wir fordern unser Eigentum von den jüdischen Besitzern zurück.«

Weil wir den Eigentümer des Heiligen Landes suchen, müssen wir diese Behauptung überprüfen. Sie führt uns auf das Gebiet der Ahnenforschung; ja, sogar zur Rassenkunde. Das sind nicht nur in Deutschland, aber verständlicherweise besonders in Deutschland, heikle Disziplinen. Es hilft jedoch nichts. Wenn heiße Eisen vorhanden sind, muß man sie anpacken. Ihre Existenz zu verleugnen löst keines der Probleme.

Das Ergebnis sei vorangestellt: Die Palästinenser sind *nicht* die Rechtsnachfolger der Kanaaniter und Philister – jedenfalls dann nicht, wenn sie zugleich Araber sein wollen. Wie das? wird sich nun mancher fragen. Wer wollte denn ernsthaft bestreiten, daß die Palästinenser Araber sind? Niemand.

Die Kanaaniter konnten zunächst weder als ein Volk noch

als ein Stamm, weder als arabisch noch jüdisch, mesopotamisch oder ägyptisch bezeichnet werden konnten.

Die Einheimischen des (heute) Heiligen Landes werden in den ältesten der von Archäologen gefundenen Quellen als »Retenu«, dann als »Hurru« bezeichnet. Ein ägyptisches Monument aus dem 15. Jahrhundert v. Chr. gibt uns genauere Auskünfte. Es berichtet von einem Eroberungszug des Pharaos Amenhotep II. im Jahr 1429 v. Chr. Die Einheimischen werden dort als »Hurriter« (beziehungsweise »Hurru«) bezeichnet. Ihre herrschende Adelsschicht waren die »Maryanu«. Außer den »Maryanu« gab es noch die Kaufleute der Küstenstädte. Und diese Kaufleute werden auf jenem Monument als »Kanaaniter« bezeichnet. Der Name »Kanaaniter« war also ursprünglich eine Schichten- beziehungsweise Berufsbezeichnung.

Auch die »Apiru-Habiru« werden genannt. Sie waren fremde Halbnomaden; Landlose, die vor allem im westjordanischen Gebirge oder auch teilweise in den Städten als Abhängige der Einheimischen lebten. Habiru – Hebräer? Das klingt zumindest ähnlich, oder nicht? Wir sind auf der richtigen Spur, denn »Hebräer« heißen ein Jahrhundert später in den Dokumenten der Ägypter alle aus der Wüste und anderen Gegenden in das (heute) Heilige Land einfallenden und einwandernden Gruppen.

Die Israeliten waren auch »Hebräer« – aber eben nicht die einzigen. Die Israeliten, Stämme von der Arabischen Halbinsel, die Ammoniter, die Edomiter oder auch die Moabiter, waren solche »Hebräer«. Alles Verwandtschaft also, Feindschaft eingeschlossen.

Die enge Verwandtschaft und zugleich das gespannte Familienverhältnis von Ammonitern und Moabitern illustriert die Geschichte ihrer Ahnen: Die Töchter Lots »gaben ihrem Vater Wein zu trinken in jener Nacht. Dann ging die

Ältere hinein und legte sich zu ihrem Vater. Er aber merkte nicht, wie sie sich zu ihm legte, noch wie sie aufstand« (Genesis = 1. Mose 19,33). In der nächsten Nacht schlief die jüngere Tochter mit dem alkoholisierten Vater. Das Ergebnis folgte nach neun Monaten (Genesis = 1. Mose 19,36–38): »Da wurden beide Töchter Lots von ihrem Vater schwanger. Und die Ältere gebar einen Sohn und nannte seinen Namen Moab. Das ist der Stammvater Moabs bis heute. Und auch die Jüngere gebar einen Sohn und nannte ihn Ben-Ammi. Das ist der Stammvater der Söhne Ammons bis heute.«

Wir haben nun die schwarzen Schafe der Familie kennengelernt. Schwarz waren für Bibel und Juden auch die »Roten«, die Edomiter. Der Name »Edom« hängt mit dem hebräischen Wort »adom« zusammen, auf deutsch: rot. Stammvater der Edomiter war Esau, der ruppige Zwillingsbruder von Stammvater Jakob.

Aufgezählt werden in den ägyptischen Quellen als weitere Bevölkerungsgruppe schließlich auch Raubnomaden (Beduinen). Im 14. Jahrhundert v. Chr. nennen dann die Quellen der damals herrschenden Ägypter die gesamte Region (nun Provinz) »Kanaan«.

Wir können also vorläufig zusammenfassen:
- »Kanaan« war zunächst die Bezeichnung einer Berufsgruppe (Kaufleute), und aus dieser Bezeichnung einer Berufsgruppe wurde dann der Name einer Provinz.
- Die dort lebende Bevölkerung nannte man demnach »Kanaaniter«, und diese Kanaaniter waren ein Völkergemisch. Von Einheitlichkeit konnte keine Rede sein. Multikulturell, multikonfessionell, »multinational« (wenngleich man nicht wirklich von Nationen sprechen kann), »multirassisch«.

- Sowohl die Kaufleute (Kanaaniter) als auch die Hebräer (einschließlich der späteren Israeliten) gehörten zur einheimischen Bevölkerung – wenngleich die Hebräer Zugereiste waren.
- Später hat ein Teil der verschiedenen hebräischen Gruppen und Stämme die gesamte Provinz Kanaan erobert. Dieser Teil der verschiedenen hebräischen Gruppen und Stämme waren die Israeliten.
- Die nichtisraelitischen Einwohner Kanaans sind untergegangen. Direkte Nachfolger sind auch mit dem historischen Mikroskop nicht zu erkennen – es sei denn, man erschafft sie aus der Retorte. Rechtsnachfolger auf ihr Eigentum sind nicht vorhanden. Ausgestorben, lautet die erschütternde Bilanz. Die Geschichte ist leider nicht selten grausam.

Wer waren die Philister? Sind sie die eigentlichen Vorfahren der Palästinenser? Die Vermutung liegt nahe; allein schon aus sprachlichen Gründen: Palästina – Philister. Die Römer vernichteten nicht nur das jüdische Gemeinwesen, sie löschten auch den Namen Judäa aus. Die römischen Besitzer wollten auf diese Weise die Erinnerung an den früheren jüdischen Eigentümer tilgen. Namenspolitik ist Herrschaftspolitik. Mit Gerechtigkeit hat das alles nichts zu tun, nur mit dem »Recht des Stärkeren«, einem höchst fragwürdigen Recht. Die Römer machten also aus Judäa das »Land der Philister«, eben »Palästina«.

Waren die Philister jedoch Araber? Waren die Philister wirklich, wie von heutigen Palästinensern behauptet, Vorfahren unserer zeitgenössischen Palästinenser?

Wenn die Philister Araber waren, dann haben sie einen seltsamen Weg von ihrer Heimat in das (heute) Heilige Land gewählt. Sie kamen nämlich ursprünglich vom griechischen

Festland, dem Peloponnes, von den Ägäischen Inseln, Kreta und Kleinasien. Arabien liegt bekanntlich woanders.

Die Philister kamen also als Seevölker Mitte des 12. Jahrhunderts v. Chr. in das (heute) Heilige Land. In Kanaan war die vorher schon äußerst geschwächte Herrschaft der Ägypter noch mehr ins Wanken geraten; nicht zuletzt durch das Eindringen der Kinder Israels rund hundert Jahre zuvor.

Im Jahr 1168 v. Chr. versuchten die Seevölker eine Invasion gegen das ägyptische Kernland, sie wurden aber von Pharao Ramses III. geschlagen. Dessen Sieg war allerdings nur ein Teilsieg. Die Seevölker eroberten den südlichen Küstenstreifen der ägyptischen Provinz Kanaan, und sie nahmen auch deren Hauptstadt ein: die Stadt Gaza. Diese Seevölker flohen seit dem 13. Jahrhundert v. Chr. vor den dorischen Griechen, und diese Seevölker waren Indoeuropäer, also keine Semiten. Die Palästinenser sind Semiten und Araber, und darauf legen sie zu Recht Wert. Wenn sie aber Semiten und Araber sind, können die indoeuropäischen Philister nicht ihre Vorfahren sein.

Der von den Römern gewährte namenspolitische Triumph der Philister war zugleich ihr geschichtlicher Untergang. Durch die für sie leichte und daher weitgehende Anpassung und Angleichung an die römische Welt ward von ihnen nichts mehr gehört – bis die Palästinenser sie als ihre Vorfahren entdeckten. Die Tel-Aviver Biologin Bat-Scheva Bonna Tamir hat mit Hilfe von DNA-Analysen ermittelt, daß ein Volk den Juden – genetisch – am ähnlichsten sei: die Palästinenser (Tamara Traubmann und Ruthi Sinai, Haaretz, 9.5.2000).

Natürlich versuchten auch die Araber in das an die Arabische Halbinsel grenzende (heute) Heilige Land zu stoßen. Daß zudem auch die (vorislamischen) arabischen Beduinen in dieses benachbarte Gebiet vordringen würden, war anzunehmen. Ein solcher Versuch wurde zu Zeiten des Richters Gideon unternommen, im 12. Jahrhundert v. Chr. Sicherlich kamen sie noch öfter, vorher ebenso wie nachher. Sie unternahmen aber im allgemeinen Raubzüge, setzten sich nicht fest und hinterließen deshalb auch keine archäologisch auswertbaren Spuren.

Kanaaniter und Philister waren also nicht die frühesten Bewohner des Heiligen Landes. Blenden wir daher noch weiter zurück, um die Eigentumsfrage zu klären. Bei Adam und Eva müssen wir zwar nicht beginnen, wohl aber bei Abraham, Isaak und Jakob, den jüdischen Stammvätern also, und sogar noch ein bißchen früher.

Die Stammväter Isaak und Jakob

Erste Hälfte des 2. Jahrtausends v. Chr.

Der See Genezareth steckt wirklich voller Wunder. Als beispielsweise im Sommer 1991 das Gewässer stark austrocknete, fand man ein Skelett, dessen Alter man auf rund 19000 Jahre datierte. War das der erste Jude? Der erste Araber? Egal. Es war ein Mensch! Schädelmessungen mit Rassegedanken sind überflüssig, denn der jüdische Schädel ist nicht anders geformt als der arabische. Zudem wollen wir weder Rassenkunde noch Rassenmystik betreiben. Auch das Leben der Höhlenbewohner werden wir nicht näher beschreiben. Es gab sie. Man findet ihre Behausungen zum Beispiel im Karmelgebirge oder in der Umgebung von Haifa. Aber in diesen Höhlen lebten weder Juden noch Araber, sondern Steinzeitmenschen. Als Vorfahren einer Nation, eines Volkes bleiben sie undeutbar, weshalb sie sich auch als Rechtfertigungsgrundlage für geschichtlich-politische Ansprüche heute lebender Menschen nicht eignen.

Viele Völker waren den Juden vorangegangen, als diese, die Kinder Israels, das Heilige Land Mitte des 13. Jahrhunderts v. Chr. zu erobern begannen. Aber auch diese Eroberer hatten, wen sollte es verwundern, Vorfahren. Ihre Ursprünge liegen im dunkeln. Wer Ahnenforschung betreibt, glaubt natürlich, alles besser zu wissen. Es darf aber getrost bezweifelt werden, daß diese Forschungen korrekte Ergebnisse liefern, auch wenn der schon erwähnte ehemalige Erziehungsminister Jordaniens es ganz genau zu wissen scheint:

Demnach waren die Urbewohner des Heiligen Landes die Kanaaniter und Amoriter. Und diese kamen seiner Ansicht nach vom Inneren der Arabischen Halbinsel, waren also Araber. Jedoch, auch in nichtzionistischen Darstellungen (übrigens auch in der Bibel) finden wir andere Schilderungen von den verschiedenen Wanderungen nach Palästina. Ihr Ausgangspunkt ist das Zweistromland, also Mesopotamien. Stammvater Abraham kam bekanntlich aus dem westsemitischen Mesopotamien. Das war auch die Herkunftsregion der ersten dokumentierbaren Einwohner des (heute) Heiligen Landes.

Wenn wir das Zusammenleben und die Konflikte der Völker im Heiligen Land verstehen wollen, müssen wir die grundlegenden geographischen Voraussetzungen klären. Wir werden dann auch die verschiedenen Wanderungsbewegungen und damit die Völkerwechsel verstehen.

Das Heilige Land war stets ein Durchgangsland für Wanderungen vom Zweistromland zwischen Euphrat und Tigris (Mesopotamien) zum Land am Nil, also nach Ägypten. Es war ein Durchgangsland zwischen zwei alten Hochkulturen. Zunächst entwickelten sich diese beiden Hochkulturen ganz getrennt. Politisch zumindest gab es keine Berührungspunkte und daher auch keine Konfliktherde. Das änderte sich jedoch, und wer dann von einem Zentrum zum anderen wollte, mußte das Heilige Land passieren. Ein Blick auf die Karte erklärt leicht den Grund. Über Gebirge oder durch Wüsten konnten und wollten die wenigsten freiwillig reisen. Weniger mühsam und gefährlich war der Weg entlang der Küste und am Gebirgsrand.

Indem wir diese geographischen Gegebenheiten auf die politische Geschichte übertragen, kommen wir zu folgender Aussage: Das Heilige Land war zu fast allen Zeiten entweder Teil des jeweils mächtigeren Machtzentrums oder ein eigenständiger Puffer zwischen beiden. Puffer war es nur, wenn weder Mesopotamien noch Ägypten stark genug waren, das Durchgangsland militärisch oder politisch zu beherrschen. Jüdisch-politische Eigenständigkeit bestand demnach nur, wenn in der Nahostregion ein Machtvakuum oder auch ein Gleichgewicht zwischen Nil und Euphrat/Tigris entstand.

Nicht nur vom Norden und Süden, auch vom Westen und Osten (auch Südosten) stießen Völker in das Gebiet des (heute) Heiligen Landes vor. Die Seevölker aus dem Westen habe ich erwähnt, auch den Zusammenprall zwischen dem Richter Gideon und Stämmen von der Arabischen Halbinsel (aus dem Südosten).

»Deutschlands Lage, Deutschlands Schicksal.« Wer kennt diesen Ausspruch in bezug auf die deutsche Situation nicht. Ausgedrückt werden soll damit die enge Verflechtung zwischen der geographischen Mittellage und der geschichtlichen Entwicklung Deutschlands. Die historisch-politische Mittellage muß keineswegs auch der geographischen Mitte entsprechen. Korea ist dafür ein gutes Beispiel. Die Halbinsel Korea, obwohl am östlichen Rand Asiens gelegen, befand sich stets in einer politischen Mittellage zwischen China einerseits und Japan andererseits.

Ähnliches gilt für das Heilige Land. Dessen Mittellage ist eindeutig, weil hier ein Zusammentreffen von Völkern aus Ost und West, Nord und Süd stattfand. Wer wollte bei diesem Völkergemisch, aus diesem Völkergrab die eindeutigen Ahnenlinien nachziehen?

Die Bibel berichtet von diesem Aufeinanderprallen der Völker und teilt die Völker der Welt (stets aus der Sicht des Heiligen Landes betrachtet) in drei Gruppen ein:

- Semiten aus Mesopotamien und von der Arabischen Halbinsel,
- Hamiten aus dem Bereich Ägypten, Sudan und so weiter,
- Jafetiden aus dem Norden und Westen.

Im 3. Jahrtausend v. Chr. entstand in Mesopotamien die erste Hochkultur der Menschheit; kurz danach entfaltete sich eine zweite in Ägypten. Beide strahlten bevölkerungspolitisch, militärisch und kulturell in das (heute) Heilige Land aus. Stadtstaaten bildeten sich hier. Megiddo oder Hazor in Galiläa kennt jeder Tourist. Aber genaue volkskundliche Informationen besitzen wir nicht. Dagegen wissen wir ziemlich genau, daß um das Jahr 2350 v. Chr. der ägyptische Pharao Pepi I. die rebellierenden Stadtstaaten Palästinas an die kürzere Leine nahm.

Um 2000 v. Chr. überschwemmte eine Invasion von westsemitischen, das heißt aus dem Gebiet westlich des Euphrat stammenden Nomaden sowohl Mesopotamien als auch das Heilige Land. »Amurru« werden sie in akkadischen Dokumenten genannt. Die Bibel spricht von Amoritern, die bald darauf offenbar seßhaft wurden, ihre Macht aber wenig später (um 1900 v. Chr.) wieder an Ägypten verloren. Allmählich paßten sie sich der Lebensweise der einheimischen Bevölkerung in den Stadtstaaten an. Die nun weiterhin eher tröpfelnd einwandernden als angreifenden Amoriter vermieden die großen Handelswege und Städte, um Konflikten auszuweichen. Deshalb zogen sie von einem Ort des dünn besiedelten westjordanischen Gebirgsrandes zum anderen, sie überquerten auch den Jordan nach Osten (Transjordanien) oder wanderten an den südlichen Rand, also zur Negev-Wüste.

Ungefähr in die erste Hälfte des 2. Jahrtausends v. Chr. datieren die meisten Fachleute den Zug Abrahams. Ob es Abraham als historische Person gab oder nicht, vermag wohl außer den Gläubigen niemand zu bestätigen. Es zu widerlegen dürfte jedoch ebenfalls schwerfallen. Die Geschichte Abrahams, Isaaks und Jakobs paßt durchaus in die historische, durch Funde der Archäologen bewiesene Entwicklung, nämlich die westsemitische Wanderung, die ab dem Jahr 2000 v. Chr. einsetzte. Und aus diesem westsemitischen Gebiet soll Abraham stammen; aus der Stadt Ur in Chaldäa, Mesopotamien.

Die Wanderwege Abrahams, die uns die Bibel schildert, entsprechen unseren Informationen über die halbnomadisierenden Amoriter. Weil sie schwächer als die Einheimischen waren, mieden sie deren Bevölkerungszentren und Handelswege – und die Militärbasen der Ägypter.

Die Amoriter sowie Abraham und seine Nachkommen waren kämpferische Naturen. Wenn sie zuschlagen konnten, dann taten sie dies auch. Die Bibel verheimlicht es nicht. Jakobs Söhne betrachteten den Angriff als die beste Verteidigung. Ihre Rache an Sichem, der ihre Schwester Dina vergewaltigt hatte, fiel ziemlich grausam aus (Genesis = 1. Mose 34). Doch Sichem liebte Jakobs Tochter Dina ganz offensichtlich. Um sie zu ehelichen, ließ er sich beschneiden, und seine Untertanen hatten dem Beispiel zu folgen. Die durch den operativen Eingriff geschwächten Männer wurden dann von Jakobs Söhnen überwältigt und ermordet.

Wir sehen, daß auch die in der Regel schwächeren Halbnomaden die einheimische Bevölkerung durchaus angriffen – wenn sie konnten. Hier beschönigt die Bibel die Taten der Juden ebensowenig wie an anderer Stelle. Die Bibel ist eben ein ehrliches Buch. So mancher »berufsmäßige« Judenfreund könnte sich ein Beispiel daran nehmen. Er könnte nämlich lernen, daß man durchaus kein Antisemit ist, wenn man auch Schwachpunkte jüdischen Verhaltens zeigt. Die Wahrheit ist eben stets die beste Grundlage im menschlichen Miteinander.

Das geschichtlich-geographische Fazit lautet:
- Die Geschichte von den Stammvätern paßt in das Geschichtsbild der ersten Hälfte des 2. Jahrtausends v. Chr.
- Diese Geschichte zeigt uns außerdem, daß nicht der Küstenstreifen, sondern das Westjordanland, das Ostjordanland und der Nord-Negev das »Land der Väter« waren.
- Als eindeutig bestimmbaren Stamm oder gar als Volk können wir in dieser Zeit die Israeliten nicht identifizieren. Das ist Vorgeschichte, vielleicht auch Legende, aber eine Legende, die in das allgemeine Geschichtsbild paßt. Hierin liegt ihre historische Bedeutung. Als Rechtfertigungsgrundlage für die Inbesitznahme oder gar für rechtmäßig erworbenes Eigentum kann sie allerdings nicht dienen.

Die jüdische Landnahme

Ab Mitte des 13. Jahrhunderts v. Chr.

Wir überspringen die Geschichte von den Kindern Israels in Ägypten, also das Schicksal der unmittelbaren Nachkommen Jakobs.

Wir wissen, daß die Machtkämpfe und Machtwechsel zwischen Ägypten und seinen nördlichen Nachbarn Mitte des 13. Jahrhunderts v. Chr. (um 1250) einen neuen Höhe- und Wendepunkt erreichten. Ägypter und vornehmlich im Gebiet der heutigen Türkei (Anatolien) herrschende Hethiter bekämpften, blockierten und schwächten sich gegenseitig. Wenn zwei sich streiten, freut sich der Dritte. Und nur in diesem Machtvakuum konnten sich die Einheimischen von der südlichen oder nördlichen Vormacht befreien.

Zu diesen von den Zwistigkeiten der Großen profitierenden Dritten zählten israelitische Stämme, deren wichtigste (und fast einzige) Gemeinsamkeit darin bestand, daß sie eine Religionsgemeinschaft waren. Der früheste archäologische Beleg für israelitische Stämme im Heiligen Land läßt sich auf die Zeit um 1220 v. Chr. datieren. Zu diesen lachenden Dritten zählten auch die kanaanitischen Stadtstaaten. Sie hatten jedoch ein großes Problem; sie waren untereinander heftig zerstritten, was wiederum Dritte freute. Zu diesen Dritten gehörten schließlich Ammoniter, Moabiter und Edomiter. Sie stießen aus dem Osten und Südosten in das Heilige Land vor. Aus dem Südwesten (Sinai-Halbinsel) kamen die Israeliten sowie schließlich ab 1200 v. Chr. auch die Seevölker, die Philister.

Das Machtvakuum wurde von einwanderungs- beziehungsweise eroberungswilligen Gruppen und Völkern genutzt. Das Vakuum wirkte wie ein Völkermagnet. Die geschwächten auswärtigen Großmächte und die alteingesessenen Kanaaniter verloren ihren Einfluß. Die Israeliten waren nicht die einzigen, die auftrumpften. Die erobernden Nachkömmlinge setzten sich zunächst im Ostjordanland fest. Das wissen wir nicht nur aus der Bibel, das bestätigen uns auch einmal mehr die Funde der Archäologen.

Allmählich, nicht abrupt, erfolgte die Eroberung. Der israelitische Vorstoß war besonders mühsam, weil er auch auf das Landesinnere und die Ostküste des Mittelmeeres zielte, wo der Widerstand heftiger war. Hier lebten ja schon seit Jahrhunderten viele Menschen, und weil es mehr Einwohner gab, traf man auch auf mehr Militär und mehr institutionalisierte Macht. Auch in den Gebieten, welche die Israeliten eroberten, blieben lange rein kanaanitische Bevölkerungsinseln erhalten. Erst langsam, sehr langsam vermischte man sich – nach Klärung der Machtfrage.

Das Zentrum der Landnahme waren also das Ost- und Westjordanland, nicht das israelitische Kernland, das zwischen 1948 und 1967 an der Küste bestand. Das muß man wissen, wenn man die heutigen politischen Ansprüche derer verstehen will, die von Groß-Israel sprechen und damit zumindest auch das Westjordanland meinen und nur zähneknirschend auf das Ostjordanland »verzichten«. Aber umgekehrt erkennen wir, daß sich hier einst eine Landnahme als Inbesitznahme vollzog, nicht als rechtmäßige Übertragung des Eigentums. Auch dazu ist wieder ein Gegenargument anzuführen: *Heute* leben keine Rechtsnachfolger der einst rechtmäßigen Eigentümer mehr.

Wurde der damalige Besitzer also dadurch zum Eigentümer? Bejahen kann die Frage derjenige, der gläubig ist, der

der Bibel folgt und sie als Rechtsgrundlage nicht nur für Juden anerkennt. Diese Rechtsgrundlage setzt jedoch so viele Wenn und Aber voraus, daß sie unverbindlich bleibt und dadurch höchst umstritten ist und es auch in Zukunft sein wird.

Kurz nach den Israeliten landeten Seevölker (die Philister) im Heiligen Land und besetzten ihrerseits die Küste. Nun hatten die Israeliten sowohl Kanaaniter (im Norden des Küstenstreifens) als auch Philister (im Süden um Gaza, Aschdod sowie Aschkelon; im Landesinneren um Gath und Ekron) zu überwinden, wenn sie an die Küste gelangen wollten. Und dieses hatten sie auch vor. Die Philister kamen also erstens noch später als die Juden; deshalb sind sie nicht die Eigentümer des Landes. Zweitens waren die Philister keine Araber.

Der Kampf zwischen Juden und Philistern währte Jahrhunderte. Vieles kennen wir aus der Bibel, zum Beispiel das Schicksal des von Delila verführten und geprellten Simson, den Kampf zwischen David und Goliath und so weiter. Große Macht erlangten die Philister jedoch nicht. Sie triumphierten allerdings nach der Niederlage der Juden gegen die Römer, weil das Land nämlich fortan »Palästina« hieß. Der römische Besitzer nannte es nach einem abhängigen, doch nicht ins Exil geschickten Volk, um das besiegte und verschleppte jüdische Volk zusätzlich zu demütigen.

Die als Eroberer einwandernden Israeliten waren zu Beginn der Landnahme kein seßhaftes Volk, das lediglich einen Ortswechsel vollzog. Erst mit der Landnahme wurden die Kinder Israels seßhaft und gaben ihre nomadische beziehungsweise halbnomadische Lebensweise auf. Diese Juden hatten durchaus auch Gemeinsamkeiten mit den Nomaden von der Arabischen Halbinsel. Die städtischen Philister schienen sowohl zivilisatorisch als auch kulturell auf einer erheblich weiterentwickelten Stufe zu stehen. Auf einem einfachen Niveau befand sich ihre heidnische Religionsausübung.

Trotz ihrer zivilisatorischen Rückständigkeit hatten die Juden damals schon eine kulturelle Höchstleistung vollbracht: Sie formten eine ortsunabhängige, »transportable« Religion. Die Bundeslade war nämlich beweglich. Das mobile Heiligtum wurde erst durch die Überführung nach Jerusalem (um das Jahr 1000 v. Chr.) ortsfest. Es folgte die Epoche des Tempels (bis 586 v. Chr.). Durch das babylonische Exil entwickelte sich dann das rabbinische und damit erneut ein mobiles Judentum. Der Wiederaufbau des Tempels (Ende des 6. Jahrhunderts v. Chr.) brachte bis zu dessen zweiter Zerstörung (durch die Römer im Jahr 70 n. Chr.) den Wettbewerb zwischen rabbinisch-mobilem und auf Tempel und Priester bezogenem, ortsfestem Judentum. Die Geschichte (das heißt die Römer) sorgte schließlich dafür, daß sich die mobile Fraktion durchsetzte.

Als loser, durch die Religion verbundener Stamm konnten die Juden in der Frühzeit gegen Kanaaniter und Philister nicht viel ausrichten. Eine nördliche sowie eine südliche Gruppe bildeten sich innerhalb des jüdischen Stammesbundes. Die nördliche Gruppe hatte ihr politisches Zentrum in Silo, die südliche in Hebron.

Konzentration der Kräfte und Straffung der Führung, das war das Gebot der Stunde. Diese Strategie war nicht unbedingt heilig, aber politisch und militärisch notwendig, denn Mitte des 11. Jahrhunderts v. Chr. waren die Philister Landesherren und die Israeliten von ihnen abhängig. Die Fortsetzung der Geschichte kennen wir ebenfalls aus der Bibel: Es ist die Zeit der Richter.

Königreich und Königreiche

Um 1000 bis 722/586 v. Chr.

Auch hier erkennen wir nur eine Übergangsphase, und die Juden kämpften diesmal auch untereinander. Erst die Vereinigung zum Königreich unter Saul (um 1025 bis um 1006 v. Chr.) brachte militärische Erfolge. Die jüdische Herrschaft wurde stabilisiert, ihr Territorium über das west- und ostjordanische Kernland hinaus erweitert. Die Kanaaniter wurden allmählich eingekreist. David enteignete ihr Land dann als »Königsgut«. Die Bevölkerung war zu schwach, um Widerstand zu leisten; sie paßte sich an und gab ihre Eigenständigkeit auf. Die meisten blieben als »Fremde« politisch-gesellschaftliche Zwitter, das heißt, sie waren weder freie Bürger noch Sklaven. Wir kennen diese »Fremden« aus der Bibel. Wir kennen aus der Bibel auch die »Sklaven«. Es handelte sich dabei zweifellos unter anderem auch um Kanaaniter und deren Nachkommen.

Wer sind nun die Nachkommen der Kanaaniter? Ist es die kanaanitisch-jüdische Mischbevölkerung? Und wer sind deren Nachfahren? Die Rassenkunde führt uns einmal mehr in eine Sackgasse. Sie führt jedenfalls nicht zu den Palästinensern, was jedoch nicht die »Sache der Palästinenser« schwächt, denn Ahnen- und Rassenkunde zählen zu den zweifelhaftesten Grundlagen der Politik.

Die Städte der Philister wurden von David seinem Reich einverleibt. Aber die Philister blieben trotzige Untertanen, die ihre Selbständigkeit wiedererlangen wollten.

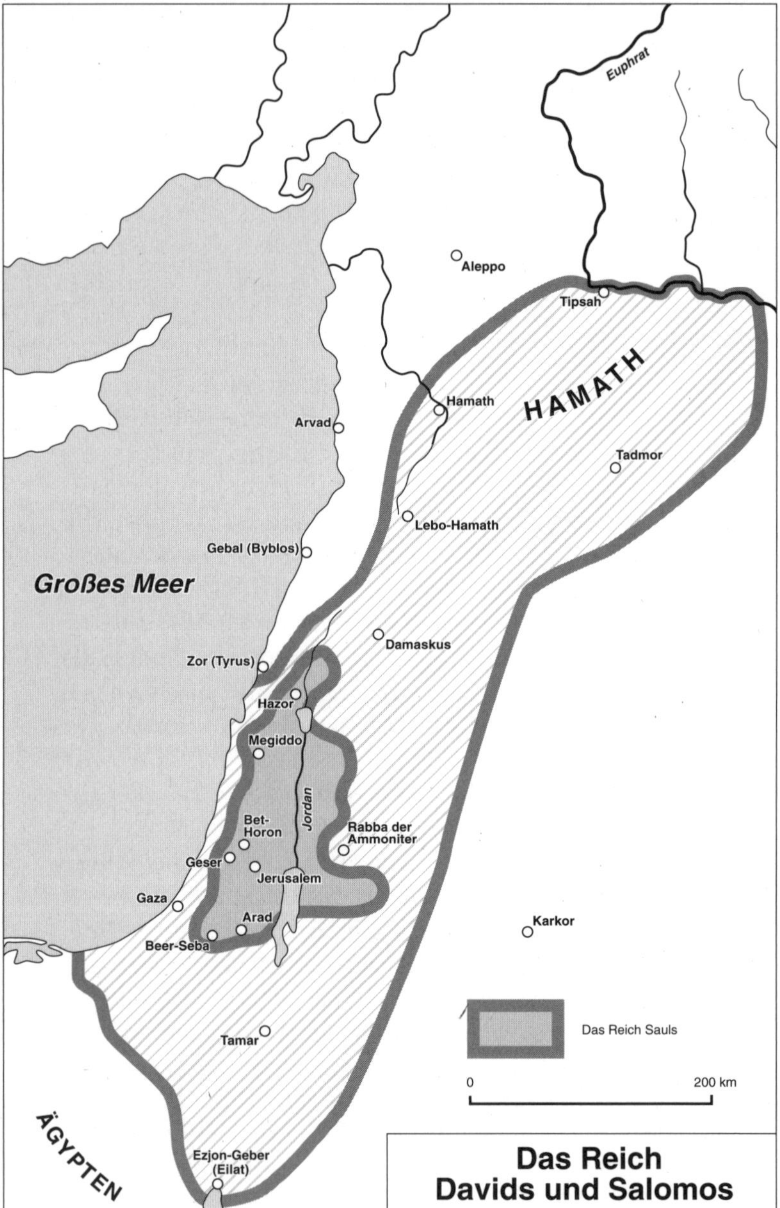

Das Reich Davids und Salomos
(10. Jh. v. Chr.)

Vor dem Hintergrund des Machtvakuums der alten nördlichen und südlichen Hochkulturen vergrößerte sich Davids Land (990–968 v. Chr.) zu einem großen, multikonfessionellen Reich. Ein Völkergemisch war es ohnehin. Auch Nichtjuden gelangten unter David in militärische oder politische Spitzenfunktionen. Uria, der Mann der schönen Batseba, war zum Beispiel nicht nur ein hoher General, sondern auch ein Hethiter.

Der große jüdische König David übernahm auch das Modell der ägyptischen Verwaltung. Es war nicht sonderlich menschenfreundlich, sondern glich mehr oder weniger einer »orientalischen Despotie«. Das Kopieren des ägyptischen Musters war politisch und psychologisch durchaus brisant. Rund zweihundertfünfzig Jahre zuvor hatte der Auszug der Kinder Israels aus Ägypten stattgefunden. Ägypten war und blieb in der jüdischen Geschichte ein Urtrauma; so ähnlich wie Deutschland es durch den Holocaust wurde. Das Pessachfest (das im Frühjahr, ungefähr zur Osterzeit, begangen wird) erinnert alljährlich an die Fron der Juden in Ägypten. Ägypten, das war damals *das* Land der Judenverfolgung schlechthin. Und diesem Land schaute der (zumindest in seiner späteren Symbolkraft) jüdischste der jüdischen Könige gerne so manches ab.

Indem die Juden nun einerseits »multinational« und multikonfessionell sowie andererseits auch ein Königreich wurden, glichen sie sich mehr und mehr den anderen Völkern an. Sie wurden »wie alle anderen Völker« – was dem Abgrenzungsbedürfnis und damit auch der jüdisch-religiösen Substanz widersprach. Zwischen Anpassungswilligen und Abgrenzlern begann eine Auseinandersetzung, die bis in die Gegenwart hineinreicht (und wohl noch in der Zukunft fortdauert). Das waren und blieben die Pole jüdischen Seins.

Wen wundert es, daß innenpolitische Spannungen ein jüdisch-israelitisches Dauerthema blieben? In jener frühen Reichszeit rebellierten vor allem die entmachteten Häupter der Stämme. Gewiß, die Philister loszuwerden gefiel ihnen, der Verlust der eigenen Macht jedoch mißfiel. Sie rebellierten deshalb gegen David, und zwar unter anderem auch gemeinsam mit dessen Sohn Absalom.

Die jüdische Einheit war und blieb äußerst instabil. Hatte nicht David selbst, noch als Rebell gegen Saul, letztlich doch als Spalter, als Separatist, gewirkt? Die Ältesten, die einflußreichsten Männer, bewegte er damals dazu, ihn zum Gegenkönig in Hebron zu krönen. Auf dem Weg zur Macht verbündete sich das südliche Judäa mit den Philistern. Das war eine jüdisch-nichtjüdische Zusammenarbeit in Nahost, die man heute nicht mehr findet (einmal ganz abgesehen davon, wie koscher das damalige Ziel war).

Auch unter Salomo (er regierte von 968 bis 928 v. Chr.) kam es zu innerjüdischen Revolten, von denen wir aus der Bibel erfahren. Wieder stand der jüdische Nord-Süd-Konflikt im Mittelpunkt. Auch der Aufbau der Reichsverwaltung Salomos spiegelt diesen Gegensatz wider. Zur arabischen Welt scheint Salomo gute Beziehungen gepflegt zu haben. Der Handel blühte, und auch die jüdisch-arabische Heiratspolitik gedieh, wenngleich sie ohne weitreichende geschichtliche Wirkung blieb (zumindest im Nahen Osten). Doch vergessen wir nicht, daß die so kluge und schöne Königin von Saba aus dem Südwesten der Arabischen Halbinsel kam. Sogar eine Tochter des Pharaos hatte Salomo geheiratet. Die Eheschließung erfolgte nach einem Invasionsversuch Ägyptens, der offensichtlich gescheitert war. Geschichtspolitisch gesehen ist es bemerkenswert, daß diese Ehe überhaupt geschlossen wurde. Wir erinnern noch einmal an die Fron der Juden in Ägypten und deren Flucht aus dem Land.

Über jede Kritik erhaben war die Innenpolitik von König Salomo letztlich doch nicht, das teilt uns die Bibel recht offen mit. Seine Weisheit rühmt sie, auch den Tempelbau und manches mehr; daß er tolerant war, würden wir heute sagen. Aber gegenüber den Götzendienern sei er zu nachsichtig gewesen, mäkelt die Bibel. Zu weit geht ihr die Götzenverehrung seiner Geliebten. Die »Strafe« (so drückt es die Bibel recht deutlich aus) folgte bald. Allerdings erst nach dem Ableben Salomos, der (auch das muß gesagt werden) seine Untertanen regelrecht auspreßte – trotz seiner politischen Versöhnungsbereitschaft.

928 v. Chr. brach das Jüdische Reich nach dem Tode Salomos wieder auseinander. Ursache war der alte Nord-Süd-Konflikt. Die unterdrückten und eroberten nichtjüdischen Völker erhoben sich gegen die jüdische Herrschaft; die Philister, Moabiter und Ammoniter allen voran. Edomiter und andere arabische Stämme zeigten sich erneut angriffslustig. Sie behinderten die Handelswege, überfielen Land und Leute und unternahmen Beutezüge.

Ägyptens Blicke wurden seit dem 10. Jahrhundert v. Chr. wieder begieriger, und auch im Norden entstand rund hundert Jahre später eine neue Großmacht: Assyrien.

Auch über sehr Altes kann die Wissenschaft manchmal Neues präsentieren: Die Archäologen Israel Finkelstein und Neil A. Silberman (David und Salomo. Archäologen entschlüsseln einen Mythos, München 2006) verweisen die Landnahme sowie die Groß-Königreiche Davids und Salomons ins Reich der Mythen. Ihre (Be)Funde und ihre großartigen Bücher lesen sich überzeugend, ändern aber an unserer letztlich tagespolitischen Frage – und Antwort – nichts.

Assyrer, Babylonier, Perser, Griechen oder: Exile, Rückkehr, Autonomie

722/586 und 538 bis 167 v. Chr.

Der Verlust jüdischer Unabhängigkeit war (rückblickend betrachtet) auf jeden Fall nur noch eine Frage der Zeit, trotz einiger Phasen der politischen und militärischen Stabilisierung. Unversöhnlich gaben sich Israel (Nordreich) und Judäa (Südreich) dem Bruderkonflikt hin.

Um das Jahr 800 v. Chr. war das kleine Israel schon wieder tributpflichtig, nämlich der Großmacht Assyrien. Und auch innerlich war ein großer Teil der jüdischen Bevölkerung im Norden wie im Süden wohl willens, sich den Nichtjuden anzupassen. Die Propheten jedenfalls reagierten auf diese Tendenzen mit heftigen Warnungen und Drohungen. Ab und zu hatten sie Erfolg, aber er währte nie lange. Kurzfristig erlebte Israel im 9. Jahrhundert v. Chr. sogar einen Zuwachs an politischer Stärke. Er wirkte sich allerdings nicht gegenüber der assyrischen Großmacht aus, sondern nur gegenüber den kleinen Nachbarvölkern. Wir erkennen hier die altbekannten Politspiele im Machtvakuum.

»Gottes Strafe« für den Abfall von den jüdischen Riten und Sitten (so die Sicht der Propheten) folgte bald: Im Jahr 722 v. Chr. zerstörte Assyrien das israelitische Nordreich. Mit Tributen begnügte sich die siegreiche Großmacht nicht. Sie verschleppte die jüdische Bevölkerung, vor allem die Oberschicht. Die Samaritaner wurden ansässig. Auch Araber siedelte man an. Nicht alle Araber zeigten sich hierfür dankbar. Immer wieder rebellierten Stämme auf der Arabischen Halbinsel gegen Assyrien und überfielen vor allem das Ostjordanland. Ein uralter Konflikt des Nahen Ostens, die Rivalität zwischen Beduinen und Städtern, kam hier zum Ausdruck, kein nationaler Konflikt.

Judäa blieb bestehen. Es war jedoch abhängig, das heißt ebenfalls den Assyrern tributpflichtig. Judäa wurde zum Vasallenstaat. Die jüdische Staatlichkeit besaß keine wirkliche Souveränität, das heißt keine Möglichkeit der Machtanwendung und Machtausübung nach außen.

Diese äußere Schwäche versuchte der judäische König Hiskia (er regierte 727 bis 698 v. Chr.) wenigstens durch innere Stärke auszugleichen, indem er religionspolitische Reformen einleitete. Einmal mehr wurde jüdische Besonderheit gepflegt und gehegt und der Tempel verschönt. Symbole sind stets äußere Zeichen für innere Absichten. König Josia folgte in seiner Regierungszeit (639–609 v. Chr.) diesem Beispiel: Götzenkulte wurden verbannt, Jüdisches wurde verklärt. Und siehe da, man fand eine bis dahin unbekannte Thora-Rolle, die das Fünfte Buch Mose (Deuteronomium) zum Inhalt hatte.

Es war ein sensationeller Fund – und vor allem ein politisches Ereignis. Die jüdische Moral sollte gestärkt werden, denn immerhin spricht in diesem Buch kein Geringerer als der große Prophet Moses. »Dies sind die Worte, die Moses zu ganz Israel redete.« So beginnt dieses Buch, das Vermächtnis des Moses, seine großartige Rückschau. Politisch motivierend, mobilisierend, die Nachkommen verpflichtend, endet es mit dem Tod von Moses: »Es stand aber in Israel kein Gottbegeisterter mehr auf wie Moses, den der Ewige erkannte von Angesicht zu Angesicht« (Deuteronomium 34,10). Langfristig half das alles jedoch nicht.

Den Philistern erging es unter den Assyrern nicht besser als den Juden. Immerhin griffen die Assyrer die Juden nicht aus »antisemitischen« Gründen an. Die Assyrer (ebenfalls Semiten) verfolgten rein machtpolitische Ziele.

Die Juden lebten (zum Teil noch) in ihrem Land, aber nicht als die Herren ihres Landes. Die jüdischen Eigentümer blieben (zum Teil), ihren Besitz allerdings verloren sie.

Der nächste Besitzwechsel des Heiligen Landes und im Heiligen Land hatte zwei Ursachen: Erstens war um das Jahr 620 v. Chr. Babylon die neue Großmacht. Zweitens eroberte und zerstörte dieses Babylon 586 v. Chr. unter Nebukadnezar das Königreich Judäa und den Tempel in Jerusalem. Tribute genügten ihm nun nicht mehr, denn immer wieder hatten die Juden (wie andere von den Babyloniern unterjochte Völker) den Aufstand geprobt.

Warnende innerjüdische Stimmen hatte es gegeben, zum Beispiel den Propheten Jeremia. Er hielt den militärischen Widerstand für sinnlos und verlangte moralische und religiöse Festigkeit der Juden. Dieser innere jüdische Kern sei wichtiger als die äußerliche Unabhängigkeit, meinte Jeremia. Wir erinnern uns, daß dieser Denkansatz, diese Überzeugung rund fünfhundert Jahre später auch die Talmudisten leitete. Deren Ziel war ebenso die innere Stabilität und gleichzeitige Mobilität aufgrund der nichtvorhandenen staatlichen Souveränität.

Anders als die Assyrer brachten die Babylonier keine neuen Bevölkerungsgruppen in das Land. Es wurde vernachlässigt, bis vom Südosten des Toten Meeres die arabischen Edomiter nachrückten, die wiederum anderen vorrückenden Arabern auswichen. Und auch sie kamen in das verödete Land, ebenso wie die Philister.

Besitzer kamen, Besitzer gingen und vergingen. Erst die Assyrer, dann die Babylonier, aber schon um das Jahr 550 v. Chr. lag das Babylonische Reich in Schutt und Asche. Die

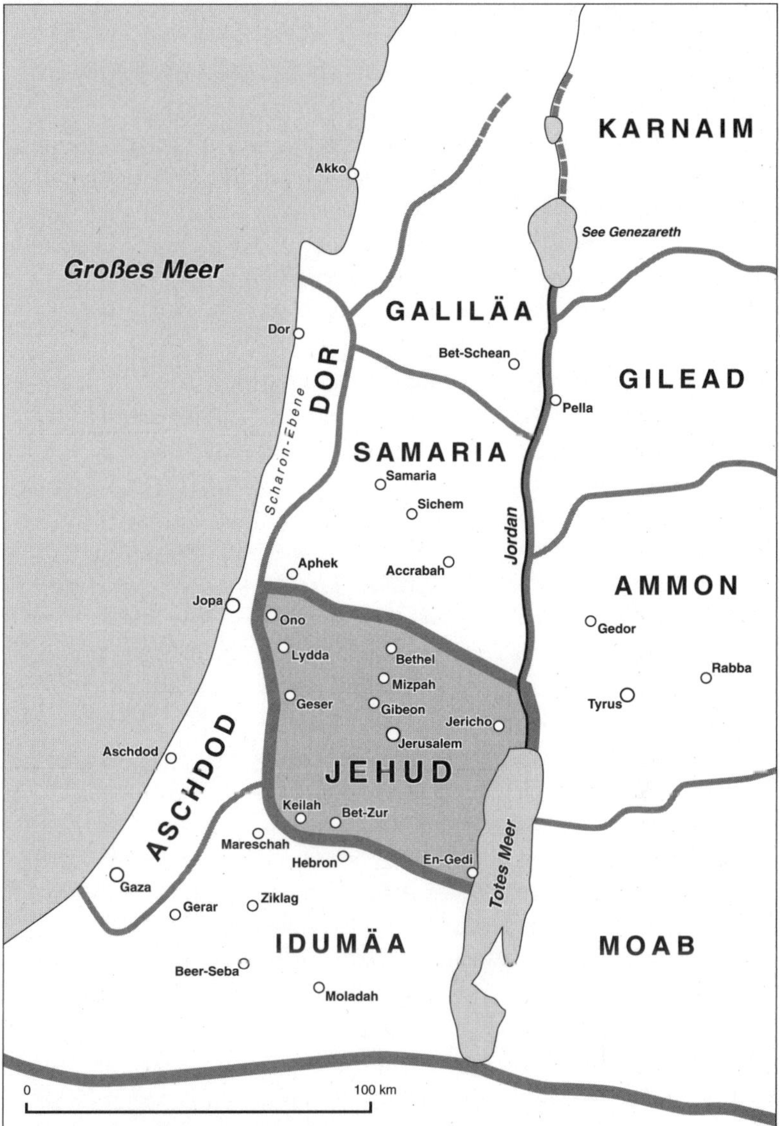

Die persische Provinz von Jehud
(Mitte des 5. Jh. v. Chr.)

Perser waren unter Kyros die neuen Herren der Region: des Heiligen Landes, Ägyptens, Libyens, Kleinasiens und des Gebietes bis zum Indus. Ein Riesenreich. Politische Notwendigkeit gebot, daß die Kontrolle der fremden Völker so wenig aufwendig wie möglich sein sollte. Deshalb gewährten die persischen Machthaber weitgehende innere Selbstverwaltung; nicht zuletzt gestanden sie großzügige Religionsfreiheit zu. Davon profitierten auch die Juden, die im Jahr 538 v. Chr. die Erlaubnis erhielten, in ihr Land zurückzukehren. Der Besitzer blieb, der verschleppte Eigentümer kehrte zurück. War es jedoch wirklich der Eigentümer und nicht doch eher der »Vor-Besitzer«? Mir will es so scheinen, je näher ich hinsehe.

Eine winzige Provinz bewohnten die jüdischen Rückkehrer. »Jehud« hieß sie. Sofort verbindet man diesen Namen mit »Jehudi« (Jude). So sollte es auch sein; dem alt-neuen jüdischen Besitzer war es wichtig – und erlaubt.

Auch dieses Jehud hatte seine geographische und politische Keimzelle im Westjordanland. Die Mittelmeerküste berührte es nicht einmal. Man muß kein Anhänger von Groß-Israel sein, um diesen Sachverhalt erneut zu betonen. Man muß daraus keineswegs Eigentumsverhältnisse ableiten. Man kann aber anhand dieser Tatsache die damaligen Besitzverhältnisse klären – zumal die Eigentümer (wie immer wieder betont) eigentlich ausgestorben oder durch Heirat in anderen Völkern aufgegangen waren.

Im jüdischen Gemeinwesen Jehud brachen rassistische Tendenzen durch. An die Vertreibung der nichtjüdischen Frauen und Kinder durch die vermeintlich so großen Männer Esra und Nehemia sei in diesem Zusammenhang erinnert. Sie betraf vor allem Samaritaner, Ammoniter und Moabiter; auch Ägypter – eine nachträgliche Ohrfeige gegen König Salomo, der ja eine ägyptische Frau geheiratet hatte.

Diese Politik sollte dazu dienen, den »heiligen Samen der Juden« rein zu halten.

Die Aktionen von Esra, Nehemia und ihren Helfern werden im Alten Testament gefeiert, aber die Verfasser sind ehrlich genug, auch Stimmen und Maßnahmen der Opposition nicht zu verschweigen. Opposition regte sich sowohl gegen diese Form der »Reinigung« als offenbar auch gegen die allgemeine politische Linie und nicht zuletzt gegen die Wirtschaftspolitik – Beginn und Preis des jüdischen Gottesstaates (um 440 v. Chr.). Esra kam um 458 v. Chr. in das Land. Nehemia war von 445 bis 433 v. Chr. jüdischer Gouverneur im Dienst des Persischen Reiches.

Jehud war kein Staat, sondern nur eine autonome Provinz (538–332 v. Chr.) innerhalb des Persischen Reiches, mit einem Gouverneur als politischer Spitze (und ausführendem Reichsorgan) sowie einem Hohenpriester als religiösem Oberhaupt. Bis zur kurzfristigen Wiedergründung eines jüdischen Staates (Mitte des 2. Jahrhunderts v. Chr.) blieb es auch unter den Nachfolgern der Perser bei diesem Zustand, das heißt: auch Alexander der Große und seine Nachfolger (Diadochen) hielten daran fest. Das Arrangement hatte sich als stabil und wirksam erwiesen.

Höchst intolerant, nach außen schwach, innerlich fest (und deshalb sehr borniert) war dieses Jehud. Im Jahr 515 v. Chr. hatte man den Zweiten Tempel mehr schlecht als recht wiedererrichtet. Kein Wunder, daß andere mit Besitzansprüchen auf das Land, unter ihnen auch Araber, (auch) aus diesen Gründen die jüdischen Rückkehrer nicht gerade mit offenen Armen, sondern mit kräftigen Faustschlägen empfingen. Das Buch Nehemia (4,1–2) schildert den Konflikt sehr präzise: »Es war nun, als Saneballat [der Horonite], Tobia [der ammonitische Knecht], die Araber, Ammoniter und Aschdoder [die Philister] hörten, daß die Mauer Jerusalems wieder errichtet war und daß die Breschen sich zu schließen begannen, da verdroß es sie sehr. Und sie verschworen sich alle insgesamt, zu kommen und gegen Jerusalem zu kämpfen...«

Die Juden bauten weiter – wie ihre Nachfahren im 20. Jahrhundert. Für beide gilt die Eroberung als Geburtsfehler. Beide »arbeiteten sie mit der einen Hand, und die andere hielt die Waffe« (Nehemia 4,11). Damals wie heute wirkte die Bedrohung von außen nach innen integrierend, motivierend und mobilisierend.

Was aber hätten die Juden anderes tun können? Auch diese Frage muß gestellt werden, für das 6. und 5. Jahrhundert v. Chr. wie für die Gegenwart. Jede Medaille hat mehr als nur eine Seite. Die jeweils Betroffenen und Getroffenen urteilen immer nur aus ihrer Perspektive. Das ist verständlich, aber eben einseitig.

Auch die Herrschaft der Perser währte nicht ewig. Dauerhaft blieb nur der Besitzwechsel. An den persisch-griechischen Konflikt erinnert uns die Schlacht von Marathon (490 v. Chr.) oder die Seeschlacht bei Salamis (480 v. Chr.). Im 5. Jahrhundert v. Chr. versuchten die Perser vergeblich die Invasion nach Griechenland. Der Gegenschlag der Griechen (genauer: der Mazedonier) traf das Persische Reich.

Die Europäisierung des Heiligen Landes: Griechen, Römer und das jüdische Zwischenspiel

332 vor Christus bis 70 n. Chr.

Der Sieg Alexanders über den Perserkönig 333 v. Chr. bei Issos erschütterte, wie auch die Schlachten von Marathon und Salamis, Zivilisationen und Kulturen. In den Kriegen zwischen Persern und Griechen seit dem 5. Jahrhundert v. Chr. prallten Orient und Okzident aufeinander. Wir erleben die Geschichte dabei nicht als ein sich ständig drehendes Rad, sondern als eine Abfolge von Wellen. Einmal brandete die Welle aus dem Orient an den Okzident, und das nächste Mal stieß sie, aus dem Okzident kommend, auf den Orient. Genaugenommen gilt dieses Muster schon für das Jahr um 1200 v. Chr., als nämlich die »Seevölker« (wie die Philister) aus Europa in den Orient drangen.

Einige Beispiele: Bis zur arabisch-islamischen Eroberung ging die Welle mehr oder weniger vom Abendland aus und wirkte auf das Morgenland ein. 711 n. Chr. setzten die Araber nach Spanien über. Von dort wurden sie 1492 vertrieben. Das Abendland begann seine Gegenoffensive im 11. Jahrhundert (Kreuzzüge und »Reconquista« in Spanien). Im 13. Jahrhundert wurden die Kreuzfahrer aus dem Orient vertrieben, im 15. Jahrhundert kam der Orient nach Europa: Die Osmanen begannen im Südosten ihren Eroberungszug. 1683 wendete sich das Blatt. Vor Wien wurden die Türken geschlagen, ihr Reich allmählich aufgelöst. Bis zu den Jahren 1918/19 dauerte dieser Vorgang. Europa (England und Frankreich) versuchte im Orient seine Interessen wahrzunehmen – bis zum Rausschmiß nach dem Zweiten Weltkrieg. Ohne militärische Eroberung setzte sich besonders seit den 1960er Jahren die bevölkerungspolitische Verflechtung zwischen Europa und Nahost fort. Die politische und wirtschaftliche Abhängigkeit zeigte negative Auswirkungen auf Europa im Jahr 1973 und auch 1979/80. Die Stich- und Reizworte hierzu heißen: Ölschock nach dem Jom-Kippur-Krieg des Jahres 1973 und Iranische Revolution 1979. Dieser Ölschock war (wie das Spiel Saddam Husseins) der orientalische Gegenschlag. Der abendländische folgte: Es war der Golfkrieg des Jahres 1991.

Weit, sehr weit haben wir dem Gang der Geschichte vorgegriffen, um das Muster der geschichtlichen Wellen zu skizzieren. Doch zurück zur vorchristlichen Zeit.

Während der Epoche des Ersten Tempels waren die Juden immer wieder der Versuchung erlegen, »wie alle anderen Völker« zu sein. Sie kopierten die gesellschaftlichen sowie die religiösen Bräuche der nichtjüdischen Nachbarn allen prophetischen Warnungen zum Trotz. Sie beteten nicht selten lieber zum sichtbaren Götzen Baal als zu ihrem unsichtbaren Gott.

In der Epoche des Zweiten Tempels bestand die nichtjüdische Versuchung der Juden in der mächtigen und großartigen hellenistischen Kultur. Sie war in erster Linie griechisch geprägt, aber eben nicht nur. Sie war eine sehr weltoffene Kultur, Vielgötterei eingeschlossen. Bewundert wurde sie seit dem späten 4. Jahrhundert v. Chr. vornehmlich von der jüdischen Oberschicht, die den verschlossenen, strengen, spröden, nur jüdisch zentrierten, auch im Selbstverständnis rassistischen Gottesstaat ganz offensichtlich satt hatte.

Nicht nur die jüdische Oberschicht erlag der hellenistischen Versuchung. Dem Hellenismus öffneten sich auch die Philister der Küstenstädte. Und die neuen griechischen Siedler mischten kräftig mit.

Die jüdischen Traditionalisten versperrten sich jedoch den neuen Einflüssen. Ein innerjüdischer Kampf bahnte sich an. Wieder begegnen wir dem Konflikt zwischen den weltoffenen jüdischen Universalisten und ihren partikularistischen Gegnern, die in der jüdischen Tradition verharren (und dabei manchmal versteinern). Damals wie heute. Doch: Wer kennt den richtigen Weg? Und welcher Weg ist »richtig«?

Übrigens: Wer will in dieser Mischbevölkerung noch die Vorfahren der Palästinenser erkennen und benennen? Ganz abgesehen von den anderen Schwierigkeiten der »Ahnenforschung«, die wir bereits erörtert haben.

Der Kulturkampf war eine Art »Klassenkampf«. Er war aber auch ein regionaler Konflikt. Beachtenswert ist nämlich in bezug auf diesen Kulturkampf auch die politische Geographie. Wir erkennen Offenheit gegenüber dem Hellenismus in den Städten der Küste, Verschlossenheit im Landesinneren. Daß die Hasmonäer, also die späteren militantjüdischen, antihellenistischen Rebellen des 2. Jahrhunderts, aus dem Landesinneren stammten, war gewiß kein Zufall.

Der erste griechische Besucher war also Alexander, genannt »der Große«. Die Stadt Gaza widersetzte sich übrigens im Jahr 332 v. Chr. der Eroberung durch Alexanders Heer besonders hartnäckig mit Hilfe arabischer Söldner. Den Samaritanern brachte der Vorstoß keine Vorteile. Jedenfalls wurde die Stadt Samaria von den Griechen zerstört.

Das Leben Alexanders war kurz, und sein Reich zerfiel in drei Teile. Das Heilige Land unterstand den in Ägypten (Alexandrien) herrschenden Ptolemäern, die sich fortwährend mit dem zweiten Nachfolgereich stritten, mit den Seleukiden. Diese regierten vom syrischen Antiochien aus, wurden im Lauf der Zeit mächtiger und eroberten unter Antiochos III. im Jahre 200 v. Chr. auch das Heilige Land.

Schlecht erging es den Juden weder unter den Ptolemäern

noch zunächst unter den Seleukiden. Ihre Autonomie blieb erhalten. An der Spitze der jüdischen Gemeinschaft stand der Hohepriester. Er galt nun sowohl als geistliches als auch als weltliches Oberhaupt. Das bedeutete Macht- und Prestigegewinn. Zur Zeit der Perser übte ein Gouverneur die weltliche Macht aus. Dem Hohenpriester stand ein Rat der Ältesten zur Seite, dessen Vorsitzender er gleichzeitig war.

Der Triumph der Seleukiden unter Antiochos III. währte nicht lange. Schon bald nach dem Sieg über die Großmacht der Ptolemäer Ägyptens wurde Antiochos übermütig. Er drang nach Griechenland ein, wo er auf die neue Weltmacht Rom stieß. Im Jahr 191 v. Chr. wurde er aus Griechenland vertrieben, ein Jahr später beim kleinasiatischen Magnesia vernichtend geschlagen.

Nicht nur die Außenmauer des Seleukidischen Reiches, auch die Fundamente wankten. Festigen wollte sie Antiochos IV., Epiphanes, ein Sohn des Magnesia-Verlierers (Antiochos III.). »Einheit macht stark«, dachte er. Diese Strategie schwächte seine Herrschaft jedoch nachhaltig, weil Einheit nicht erreicht werden konnte. Antiochos strebte vor allem die religiöse Einheit an. Den Nichtjuden bereitete dies keine Probleme (abgesehen von ihrem Willen, sich selbst zu regieren). Die jüdischen Traditionalisten aber rannten Sturm, und gegen sie stemmten sich die jüdischen Hellenisten, allen voran Menelaus, ein hellenisierter Hoherpriester. Die Juden befanden sich in einem bürgerkriegsähnlichen Aufruhr, weil Antiochos IV. das Judentum auflösen wollte. Das Buch der Makkabäer (und damit die Geschichte des jüdischen Chanukkafestes) schildert diesen Herrscher als einen ausgemachten Schurken. Das war er vielleicht sogar, aber er handelte nicht aus antijüdischen, sondern aus reichspolitischen Motiven. Ihm stand das Wasser bis zum Halse, und er ertrank, weil er das falsche politische Mittel wählte.

Die Hasmonäer sorgten für seinen Untergang. Sie rebellierten gegen die »griechische Götzenwelt« im Land, in Jerusalem und im Tempel. Den Tempel der Juden hatte Antiochos IV. den Götzen geweiht. Das war aus der Sicht frommer Juden natürlich eine Verunreinigung des Tempels; daß sie politisch bedingt war, konnte den Frevel nicht entschuldigen.

Unmoralisch war die Entscheidung von Antiochos IV. ohnehin, und schlimmer noch: sie war ein Fehler. Er hatte sich verschätzt und den Widerstand der Juden nicht erwartet. Er meinte, daß die Mehrheit der Juden zur Hellenisierung bereit wäre. Dabei verwechselte er wohl die Städter mit der gesamten jüdischen Bevölkerung und blickte besonders auf Jerusalem, die Hochburg der Hellenisten.

Die (damals nur den Juden) Heilige Stadt stand ganz unter dem Einfluß hellenistischer Lebensart und Philosophie. Bei sportlichen Wettkämpfen traten beispielsweise die Athleten nackt an. Damit setzten sie sich darüber hinweg, daß zur Schau gestellte Nacktheit und das Schauen auf Nacktes in der Bibel als schlimmer Frevel gelten.

Das Buch der Makkabäer ist ein Buch der Sieger; der rein jüdisch orientierten Sieger über die hellenistischen Juden (1. Makkabäer 1,11–15): »In jenen Tagen erwuchsen in Israel Abtrünnige, die redeten mit vielen solchen Worten: Auf! Laßt uns Brüderschaft mit den Völkern rings um uns schließen! Denn nur, weil wir uns von jenen abgesondert haben, ist uns so viel Unheil zugestoßen.« Eigentlich klingen diese Worte sehr sympathisch, doch mit Empörung berichtet das Makkabäerbuch: »Diese Rede gefiel.« Noch schlimmer für den biblischen Berichterstatter ist, daß diese Juden vom König die Genehmigung erhielten, in Jerusalem ein Gymnasion zu errichten »nach den Sitten der [nichtjüdischen] Stämmewelt. Sie machten sich künstliche Vorhäute [denn jüdische Männer sind ja beschnitten], wurden abtrünnig vom heiligen Bunde, verbrüderten sich mit den Fremden. Sie hatten sich kaufen lassen, Böses zu tun.«

Eine solch großstädtische, hellenisierte jüdische Schicht probte natürlich keinen Aufstand. Bezeichnenderweise regte sich der Widerstand zuerst auch nicht im jüdäischen Kernland. Die Rebellion begann in Modin, einem kleinen Ort in der Nähe des heutigen Tel Aviv.

Die hasmonäische beziehungsweise makkabäische Revolte brach im Jahr 167 v. Chr. aus. Die Makkabäer führten eine Art Guerillakrieg, und sie kämpften recht erfolgreich. Ihr geistiges Oberhaupt war Mattathias, dessen fünf Söhne nacheinander das Kommando übernahmen. Sie waren so wenig tolerant und sanftmütig wie ihr Vater. Als der nämlich gesehen hatte, wie ein Jude auf dem Altar der Götzen opferte, »entbrannte die Glut in ihm, sein Innerstes erbebte. Und er ließ seinem Zorn, der so gerecht war, freien Lauf, sprang hinzu, erschlug den Mann, der opfernd am Altar stand... und zerstörte den Altar« (1. Makkabäer 2,24). Es wirkte wie ein Fanal zur Rebellion.

Den Tempelberg (wohlgemerkt, noch nicht die ganze Stadt Jerusalem) eroberten die Makkabäer dann im Jahr 164 v. Chr. (wie gesagt: Das Chanukkafest erinnert alljährlich daran).

Die Makkabäer nutzten die Gunst der Stunde, um das autonome jüdische Gemeinwesen im Jahre 142 v. Chr. wieder in einen unabhängigen, souveränen jüdischen Staat umzuwandeln. Ja, sogar in ein Königreich. Die Gunst der Stunde bestand darin, daß die Seleukiden viel zu schwach waren, um die jüdischen Rebellen zu besiegen. Wieder einmal wurde das Machtvakuum genutzt. Die Römer und Parther standen vor der Tür, und die Seleukiden wurden von dieser Bedrohung abgelenkt. Kampf- und widerstandslos ergaben sich die Seleukiden ihrem Schicksal aber nicht, auch nicht im Heiligen Land, wo sie unter anderem auf arabische Hilfstruppen zurückgriffen. Doch es fanden sich andere arabische Stämme (wie zum Beispiel die Nabatäer), die auf der Seite der Juden standen.

Aristobul war der erste hasmonäische Regent (104–103 v. Chr.), der den Königstitel annahm. Ganz unproblematisch war diese Königswürde nicht, denn ebenso wie die französischen Legitimisten nach der Revolution die Familie der Bourbonen wollten, verlangten damalige jüdische Traditionalisten wieder nach dem Hause David.

Es wird niemanden wundern, daß auf die hellenistischen Juden in diesem jüdischen Staat eine Art Hexenjagd begann. In der Sprache der Sieger liest sich das folgendermaßen: Jonathan, der Makkabäer, »beseitigte die gottlosen Männer aus Israel« (1. Makkabäer, 9,73). An den jüdisch-hellenistischen Verteidigern Jerusalems scheinen sie ein Massaker angerichtet zu haben, denn das Buch der Makkabäer berichtet, daß »ein großer Feind in Israel ausgelöscht worden ist«. Es ist anzunehmen, daß sich diese unbarmherzigen Rächer als »Heilige Krieger« betrachteten.

Auch gegen die nichtjüdischen Widersacher gingen die Sieger mit Härte vor. Manche Fremdvölker, die überlebten, »durften« jüdisch werden. Etwa im Jahr 125 v. Chr. die (arabischen) Edomiter und im Jahr 104 v. Chr. die (arabischen) Ituräer in Galiläa – in dem bald darauf Jesus von Nazareth wirkte. Es überrascht nicht, daß er gerade dort, im neu judaisierten, das heißt zwangsjudaisierten Galiläa erfolgreich predigte. Auf friedlichem Weg bot sich den Einheimischen durch Jesus eine Möglichkeit zur Überwindung des Judentums. Was militärisch nicht gelingen konnte, vermochten sie mit der Hilfe von Jesus und seinen Anhängern über den Weg der Religion und des Glaubens zu vollbringen.

Die Edomiter rächten sich – indirekt – auf ihre Weise: Gajus Julius Cäsar setzte 47 v. Chr. den Edomiter Antipater als Prokurator in Judäa ein, und Antipaters Sohn war König Herodes. Allerdings ist die geschichtliche Wahrheit und Wirklichkeit wieder einmal viel komplizierter, denn im Krieg gegen die Römer (66–70 n. Chr.) kämpften Edomiter mit jüdischen Rebellen gegen die Römer.

Die Samaritaner widersetzten sich der Judaisierung. Zur Strafe zerstörten die Hasmonäer Nablus und den samaritanischen Tempel auf dem Berg Garizim. Samaria im Westjordanland wurde vernichtet, die einheimische Bevölkerung verschleppt und »umgesiedelt«. Zwangsweise »umgesiedelt« wurden auch die Bewohner der Hafenstadt Jaffa (wie später in den Jahren 1947/48 n. Chr.), ebenso die Einwohner der alten Philisterstadt Gezer (zwischen dem heutigen Tel Aviv und Jerusalem). Doch nur wenige Jahrzehnte später wurden wiederum die Juden von den Römern verschleppt und umgesiedelt.

Aber der Eifer der Hasmonäer nahm allmählich ab. Das Wohlleben, die heitere Lebensart des nur äußerlich (und nur zeitweilig) besiegten Hellenismus beeinflußte mehr und mehr auch die Hasmonäer. Ihre einstigen Verbündeten, die Pharisäer, riefen nun zur Rückbesinnung auf jüdische Tugenden auf. Erneut entbrannte ein innerjüdischer Kampf um das wahre jüdische Sein und um jüdische Staatlichkeit.

Unter Alexander Jannaeus zeigte das Reich der Hasmonäer seine größte Ausdehnung. Aber wie gewonnen, so zerronnen. Alexander Jannaeus regierte zwar lange (von 103 bis 76 v. Chr.), aber eben auch nicht ewig. Das Machtvakuum in der Region konnte ebenfalls nicht von Dauer sein. Ganz abgesehen von den diversen innerjüdischen Gegensätzen war es nur noch eine Frage der Zeit, wann die neuen Herrscher einmarschieren würden. Die römische Weltmacht stand schon seit den Zeiten von Antiochos III. vor den Toren des Heiligen Landes. Nur weil Rom mit der Eroberung zögerte, gelang die Wiederherstellung jüdischer Staatlichkeit.

Doch im Jahr 63 v. Chr. nahte ihr Ende. Pompejus eroberte das Heilige Land und die Heilige Stadt. Er betrat sogar das Allerheiligste im Tempel der Juden, war jedoch pietätvoll genug, es unberührt zu lassen. Wieder konnte sich der Sieger nur kurz freuen. Bald war auch Pompejus besiegt. Cäsar konnte ihn ausschalten und auch in Judäa nach Belieben walten. Antipater war hier nun seit dem Jahr 47 v. Chr. Cäsars verlängerter Arm.

Dauerhaft schienen auch die Römer nicht bleiben zu können. Im Jahr 40 v. Chr. kamen die Parther aus dem Norden. Herodes, Sohn und Nachfolger des Antipater, mußte fliehen. Er suchte vergeblich die Hilfe der arabischen Nabatäer (an denen er sich später blutig rächte) und fand schließlich die Unterstützung Roms.

Der römische Senat kürte Herodes zum König. Im Jahr 37 v. Chr. hatte er mit römischer Hilfe seinen Eroberungszug abgeschlossen. Dieses jüdische Königreich des Herodes umfaßte ein beachtliches Gebiet. Jüdisch war es nicht, viel eher multinational, multikonfessionell, multiethnisch – also ein Vielvölkerstaat. So muß man es sehen und sagen, auch wenn es manchem nicht gefällt.

Dieser Herrschaftsraum war jedenfalls groß. Aber kann man Herodes als »den Großen« bezeichnen? Auch hier sind wieder Zweifel erlaubt, denn selbst seine Herrschaft war eine Leihgabe, eine Leihgabe der Römer.

Die arabischen Edomiter regierten nun Judäa, was damals römischer *Besitz*, nicht jedoch römisches *Eigentum* war. Und die Juden entwickelten sich zu einer »Mischung« aus Einwohnern und früheren Besitzern, zu »Einsitzern« in einem Vielvölkerstaat. Waren sie es nicht eigentlich immer schon gewesen? Die Frage so zu stellen hieße, sie zu beant-

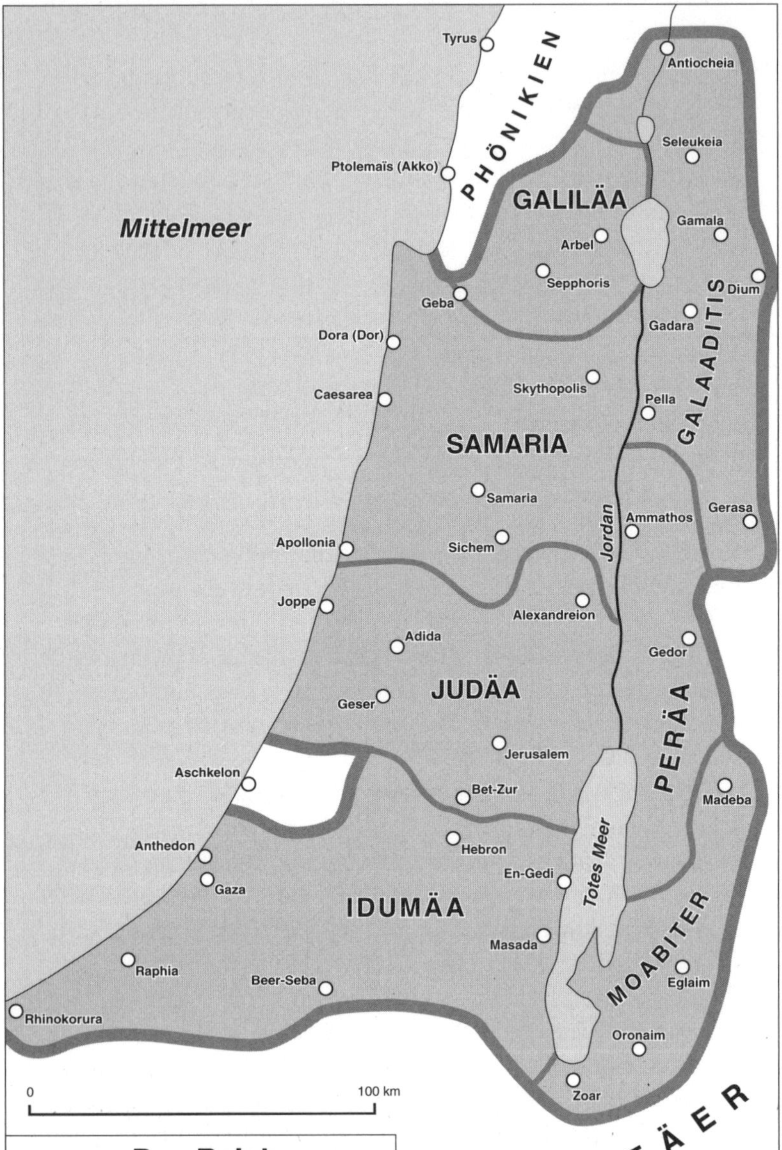

Das Reich des Alexander Iannaios (103 - 76 v. Chr.)

worten. Ja, das Heilige Land war ein Vielvölkerstaat mit wechselnden Besitzern. Gewiß, auch mit jüdischen Besitzern.

Vielvölkerstaaten, multinationale, multikonfessionelle und multikulturelle Gesellschaften gehören zu den Wunschvorstellungen vom Frieden auf Erden. Traurig, aber wahr: Im geschichtlichen Wachzustand erweist sich der Wunschtraum eher als Alptraum. Die heutigen Leser wird diese Feststellung nicht mehr überraschen, da sie den Zerfall der Sowjetunion oder Jugoslawiens miterlebt haben.

Auch das »auserwählte Volk« der Juden blieb von dieser Regel nicht ausgespart, weder vor noch während der römischen Oberherrschaft. Im Gegenteil, die Römer spielten die verschiedenen Völker gegeneinander aus, um ihre Macht zu sichern: »Divide et impera« (Teile und herrsche), das war ohnehin ihr Motto. Klug, aber zynisch. Meistens ging diese Politik im Heiligen Land auf Kosten der Juden, deren Liebe zu den Römern sich auch deshalb in sehr engen Grenzen hielt.

In Cäsarea gerieten die syrisch-griechische Mehrheit und die jüdische Minderheit in Streit. Auch in Jerusalem und selbst auf dem Land herrschte Unfrieden. Die jüdischen Eiferer (Zeloten) fühlten sich ohnehin vom Götzen- und Götterkult der Römer provoziert. Tatsächlich hatten die römischen Besatzer nur wenig Fingerspitzengefühl gezeigt. Abstoßend war für fromme Juden auch der Wahn von Kaiser Caligula (37–41 n. Chr.), der sich für göttlich hielt. In den Augen jüdischer Eiferer wie auch gemäßigterer Pharisäer war dies ein frevelhafter Anspruch.

Nicht nur gegen die Römer richtete sich der Zorn von Zeloten und Pharisäern. Sie empörten sich zugleich über ihre pro-römischen Glaubensgenossen. In ihren Augen waren sie »Kollaborateure« und »Landesverräter«. Die Entrüstung dürfte wohl überzogen und außerdem einseitig gewesen sein, denn wieder beobachten wir den altbekannten innerjüdischen Konflikt zwischen Partikularisten und Universalisten, zwischen jüdischen Nationalisten und weltoffenen Juden. Die Weltoffenheit mag vielen sympathischer sein. Aber kann eine Gemeinschaft als Gemeinschaft überleben, wenn sie die Bereitschaft zur Offenheit fördert – und sich damit selbst in die Gefahr begibt, innerlich zersetzt zu werden? Bibliotheken könnte man mit den möglichen Antworten füllen.

Voller Kampfgeist und Entschlossenheit waren die Zeloten allemal; militärisch ebenso wie ideologisch. Demonstrativ jüdisch präsentierten sie sich. Wieder sind Namen Programm. Sie hießen nicht Marius oder Gajus, auch nicht Antipas, Levias oder Alexander. Sie hießen Elasar oder Menachem, Simon, Giora oder Jochanan; auf jeden Fall trugen sie, ihre Familien und Anhänger hebräische Namen.

Knallhart war auch ihr Verhalten. Der zu den Römern übergelaufene jüdische Historiker Josephus Flavius bezeichnet sie in seinem Werk »Der Jüdische Krieg« (zum Beispiel im ersten Kapitel des fünften Buches, wo er die verschiedenen jüdischen Gruppen in Jerusalem beschreibt) als »Bestien«. Gewiß, Josephus war nicht nur Chronist; er betrieb auch Politik, Geschichtspolitik – und eigene Vergangenheitsbewältigung, denn immerhin war er ein Kollaborateur und Deserteur. Aber gewaltlos antworteten die Zeloten ihren Gegnern wahrlich nicht, und wenig sanftmütig verhielten sie sich gegenüber anderen Juden – von Römern ganz zu schweigen.

Bei Josephus Flavius liest sich das im ersten Kapitel des fünften Buches seiner Geschichte des Jüdischen Krieges so: »Du Unseligste aller Städte [Jerusalem] ... Du warst ja nicht mehr die Stadt Gottes und konntest es auch nicht länger mehr sein, da du zum Totenacker deiner eigenen Leute ge-

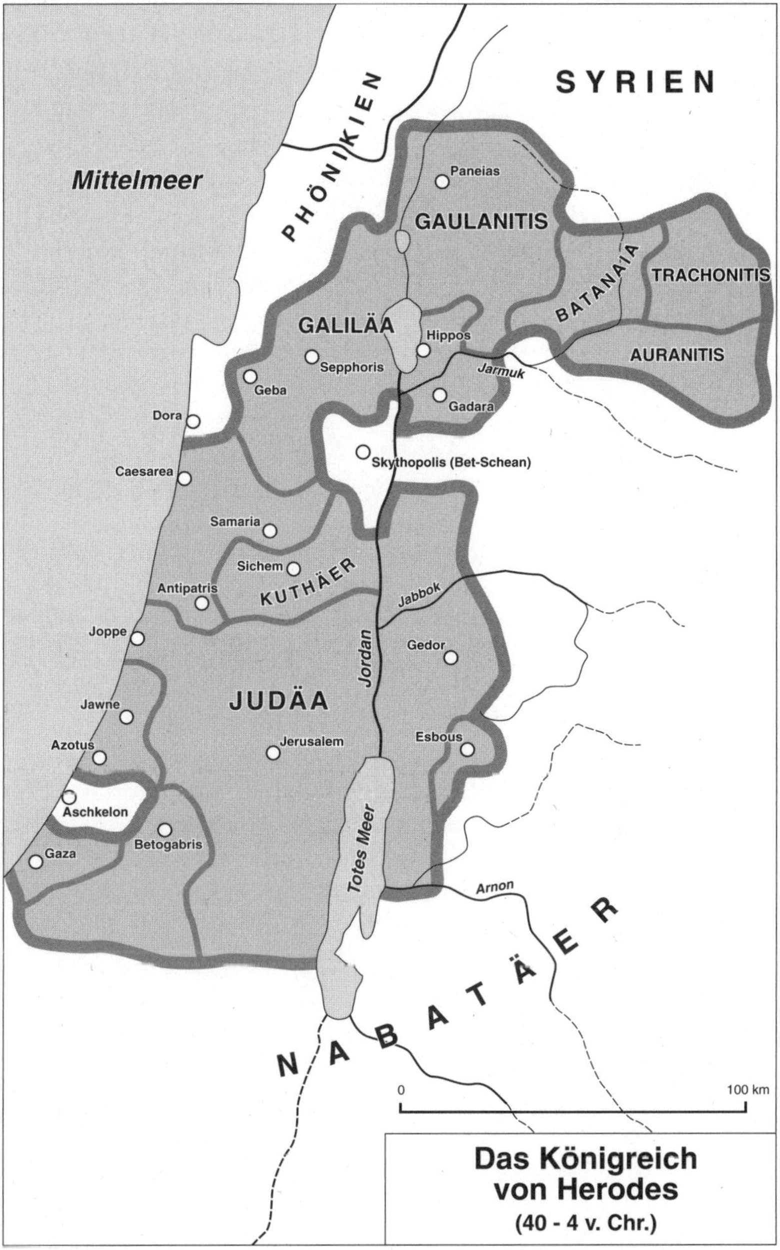

Das Königreich von Herodes
(40 - 4 v. Chr.)

worden warst und den Tempel zum Grab der vielen Toten des [jüdischen] Bürgerkriegs werden ließest!« Natürlich, der jüdische Überläufer Josephus mußte die Zeloten in blutigroten Farben malen, um sein gewünschtes Weiß hell erstrahlen zu lassen. Aber in der Einschätzung der politischen Wirkung der zelotischen Rebellion dürfte ihm zuzustimmen sein. Er nennt sie »eine wilde Bestie, [die sich] mangels anderer Nahrung sogar ins eigene Fleisch biß«.

Der ideologische Kampf war zugleich auch eine Art »Klassenkampf«. Wie schon zu Zeiten des Makkabäeraufstandes gegen die hellenistischen Seleukiden hatte sich die Oberschicht der nichtjüdischen Kultur geöffnet, die Unterschichten verharrten in einem in sich geschlossenen, verschlossenen Judentum.

Was war (oder ist immer noch und immer wieder) wirklich jüdisch? Weltoffenheit oder Verschlossenheit? Die Antwort bleibt eindeutig zweideutig: Beides ist jüdisch. Weil die jüdische Gemeinschaft (wie jede andere) aus der Summe ihrer Einzelteile besteht, hat keiner die Wahrheit und Richtigkeit des Weges für sich gepachtet oder geerbt.

Es war abzusehen, daß der »Jüdische Krieg« (66–70 n. Chr.), das heißt der Krieg der nationalistischen Zeloten gegen die römische Weltmacht, scheitern mußte. Sie kämpften tapfer, heldenmütig. War aber ihr Kampf sinnvoll? War ihr Tod der Preis für das Überleben des jüdischen Volkes? Nein, nein und nochmals nein. Das Überleben der Juden als Juden sicherten die Talmudisten; sicherte ein Mann wie Jochanan Ben-Sakkai, der ohne das Wissen und gegen den Willen der Zeloten den Römern die Erlaubnis abrang, in einem kleinen Ort namens Jawne (Jamnia) ein jüdisches Lehrhaus errichten zu dürfen. In diesem Häuschen, in diesem verlassenen Nest wurde der neue geistige Palast der Juden und des Judentums gebaut: der Talmud.

Wie so vieles ist auch die schöne Geschichte von Rabbi Jochanan Ben-Sakkai in den Details nicht ganz unumstritten. Im Kern aber wird sie nicht angezweifelt. Nicht ganz geheuer war einigen (auch Talmudisten) die enge Zusammenarbeit (Anbiederung – sagten die anderen) mit den Römern. Aber auch ohne formale Kriegserklärung waren die Juden Meister der inneren Kriegs- beziehungsweise Konfliktführung. Zehn Juden, zwanzig Meinungen, heißt es im nicht ganz judenfreundlichen Klischee, doch genau diese oft radikal ausgetragene und ausgefochtene Vielfalt sorgte letztlich für Lebendigkeit.

Die Zeloten waren rauhe Haudegen, die ihr Volk und sich selbst in den Untergang trieben. Zum Überleben trug ihre Politik nicht bei. Nach dem Untergang Jerusalems und der Zerstörung des Tempels (28. August 70) konnten sich rund tausend Zeloten auf der Festung Masada (am Toten Meer) bis zum 1. Mai 73 verschanzen. Im heutigen Israel wird dieser Widerstand verehrt und sogar verherrlicht. »Ein zweites Mal wird Masada nicht fallen!« lautet die Parole. Hoffentlich nicht. Aber Masada war eine Aktion des kollektiven Selbstmords – ohne jeden politischen Sinn.

Politisch wäre eine wie auch immer geartete Autonomie anzustreben gewesen. Sie hätte sowohl das körperliche als auch das geistige Überleben der Juden gesichert. Vorbilder für diese Strategie gab es schon während der Epoche des Zweiten Tempels.

Von jüdischen Schwächen profitierte nicht zuletzt auch das erstarkende Christentum. Die Apostel verkündeten die neue Lehre, und besonders erfolgreich war der ehemalige Pharisäerschüler Paulus.

Besucher der Stadt Rom kennen den Titusbogen. Und sie haben sicher dort die Darstellung der nach Rom geführten Juden gesehen, des Beginns der europäischen Diaspora.

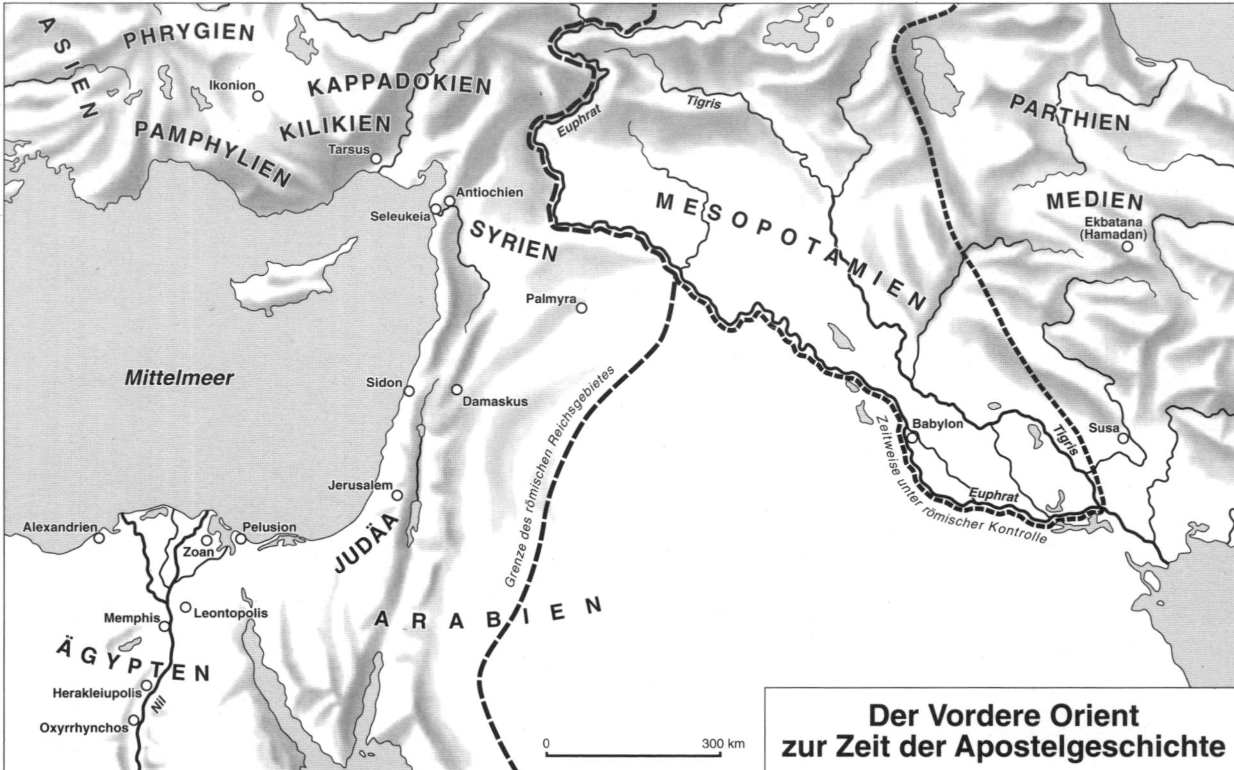

Der Vordere Orient zur Zeit der Apostelgeschichte

Aber vergessen wir bitte nicht, daß ein großer Teil der Juden immer noch im Heiligen Land bleiben durfte. Weggeführt wurde die Führungsschicht der Juden. Der jüdische Aufstand des Bar-Kochba beweist, daß Juden im Heiligen Land blieben. In den Jahren 131/132 bis 135 n. Chr. unternahmen die Juden des Heiligen Landes einen letzten, verzweifelten Versuch, das Joch der Römer abzuschütteln. Der römische Historiker Cassius Dio schreibt, daß die Legionäre mehr als eine Million Menschen in diesem Kampf getötet hätten. Die Zahl dürfte gewaltig übertrieben sein, aber sie zeigt trotz aller Kosmetik die Tendenz. Sie zeigt vor allem, daß nicht nur ein paar jüdische Hanseln den Römern gegenübertraten und daß auch nach dem Jüdischen Krieg jüdisches Leben im Heiligen Land weiterging.

Bis vor wenigen Jahren war in Israel dieser Aufstand, war dieser Simon Bar-Kochba, eine Art heilige Kuh. Das änderte sich zwar nicht grundsätzlich in der amtlichen Geschichtspolitik, aber in der Geschichtswissenschaft, in der Politikwissenschaft und in der Publizistik. Ein Autor hat hierzu entscheidend beigetragen: der ehemalige Chef des militärischen Nachrichtendienstes Yehoshafat Harkabi. Als Musterbeispiel irrationaler Politik bezeichnete er den Aufstand in seinem Buch »The Bar Kokhba Syndrome« (Chappaqua, New York 1983). Wie der von Delila verführte und geprellte Simson (Buch der Richter im Alten Testament) habe Bar-Kochba sich und seine Umwelt in den Tod gerissen.

Harkabis Buch hat mit alter Geschichte zum Teil, mit gegenwärtiger Politik sehr viel zu tun. Seine Botschaft lautet: Aus den Fehlern irrationaler Politik von gestern müssen wir heute lernen, um morgen nicht wieder zu scheitern. »Eine Nation, die ihr Bild von der eigenen Vergangenheit ändert, wird auch ihre Zukunft verändern.« Geschichte wird hier also zum politischen Argument und zum politischen Instrument. Geschichte ist in der Gegenwart wirksam. Ja, sie ist sogar Teil der Gegenwart.

Der Rebell Simon Bar-Kochba wurde als »Messias« verehrt. Er sollte in der Entscheidungsschlacht das messianische Zeitalter eröffnen – ein politisch und militärisch ebenso törichtes wie tödliches, selbstmörderisches Unterfangen. Es war zwar national und psychologisch verständlich, aber es war ebenso unsinnig wie der Krieg der Zeloten in den Jahren 66 bis 70 beziehungsweise 73.

Klug war die geistig-religiöse Absicherung durch den großen Talmudisten Rabbi Akiwa. (Auch er hielt Bar-Kochba für den Messias. Er warb für ihn. Er ging für ihn unter, und er ging mit ihm unter. Wie schon erwähnt, wurde er dabei auf furchtbarste Weise gefoltert, nämlich gehäutet.) Doch diese Klugheit war zugleich eine politisch-militärische Dummheit ersten Grades, denn dadurch wurde ein möglicher Verbündeter verprellt: die Juden-Christen im Heiligen Land. Sie waren ja davon überzeugt, daß der Messias, der »Christus«, ihr Erlöser, nämlich Jesus Christus, schon gekommen sei und nicht erst kommen würde. Auch unter den Talmudisten war Rabbi Akiwa keineswegs mehrheitsfähig – trotz der Bewunderung, die ihm seine Zeitgenossen und die Nachwelt (ansonsten völlig zu Recht) zollten und immer noch zollen.

»Wann kommt der Messias?« Über diese Frage dachten die talmudischen Weisen oft und lange nach. Daß sie sich bei ihrer Antwort von Rabbi Akiwa abgrenzten, beweist zum Beispiel der Abschnitt Sanhedrin 97b: »... und es verhält sich nicht, wie Rabbi Akiwa auslegte ...« In Sanhedrin 93b wird Bar-Kochba klipp und klar als »falscher Messias« bezeichnet: »Kosiwas Sohn [ein anderer, im Hebräischen eher diskriminierender, weil mit dem Wort ›Lüge‹ zusammenhängender Name für Bar-Kochba] regierte zweieinhalb Jahre. Er sagte zu den Gelehrten: Ich bin der Messias. Sie sagten zu ihm: Von dem Messias steht geschrieben, daß er riecht, wo das Recht ist. Wir wollen nun sehen, ob er riecht, wo das Recht ist. Als sie an ihm sahen, daß er nicht riechen konnte, wo das Recht ist, töteten sie ihn.« Das Ende ist verfälscht, denn Bar-Kochba fiel 135 im Kampf gegen die Römer. Aber die Tendenz der Aussage ist eindeutig: Mit diesem falschen Messias wollen wir nichts zu tun haben – selbst wenn wir uns von unserem lieben, großen Rabbi Akiwa (der für Bar-Kochba den Märtyrertod starb) distanzieren müssen.

Die Talmudisten waren eben keine Haudegen. Ihnen lag am Überleben. Sie waren zwar davon überzeugt, als Juden Eigentümer des Heiligen Landes zu sein, aber sie fügten sich den Besitzwechseln. Sie nahmen den Verlust der äußeren Macht hin, um die innere Festigkeit des Judentums und damit jüdisches Überleben zu sichern.

Die Zeloten und Bar-Kochba entschieden sich für die äußere Macht. Handelt so auch der heutige Staat Israel? Dieses Eindrucks kann man sich nicht ganz erwehren, wenn man bedenkt, daß rund siebzig Prozent der jüdischen Israelis ein im religiösen Sinn höchst unjüdisches Leben führen. Genau das werfen ihnen ihre orthodoxen Glaubensgenossen vor.

Wie die Zeloten gingen auch die Männer des Bar-Kochba mit ihren innerjüdischen Kritikern und Gegnern unsanft um. »Reinheit der Waffen«? Wie und wo kann es das geben? Blut ist immer ein unreiner Stoff, wenn er von Schwertern rinnt.

Das Land war verwüstet, es verödete, aber es wurde zum Teil von römischen Veteranen besiedelt. Nun mengten sich auch Bürger des Römischen Reiches in das Völkergemisch. Weder als Eigentümer noch gar als Besitzer traten die Juden in Erscheinung. Aber es *gab* Juden, wenngleich vereinzelt.

Und diese wenigen Juden brachten die Wirtschaft und Kultur des Landes (mit den Römern und eben nicht gegen sie) zu einer beachtlichen und bislang auch in der wissenschaftlichen Literatur kaum beachteten Blüte. Der israelische Historiker Seew Sifrai hat im Jahr 1995 gerade darauf hingewiesen. Eigentlich hätte man es schon immer wissen und sagen müssen, denn ohne diese Rahmenbedingungen hätten die Talmudisten gar nicht studieren, diskutieren und schreiben können.

Im Prinzip wollte der römische Kaiser Hadrian Rache üben und ein »judenreines« Heiliges Land besitzen. Aus dem Bergland westlich des Jordan wurden Juden ebenso vertrieben wie aus Galiläa. Meistens wurden sie als Sklaven verkauft, sofern sie die Vertreibung überlebt hatten.

Auch der Name der Juden sollte von der Landkarte des Heiligen Landes getilgt werden. Judäa wurde zu »Syrien-Palästina«. Im 4. und 5. Jahrhundert teilte man das Gebiet in drei Verwaltungseinheiten. Aber das ändert nichts am grundsätzlichen Sachverhalt.

Ganz »judenfrei« wurde das Land trotzdem nicht. Im Norden, in Galiläa, beschäftigten sich vor allem die Talmudisten mit der Bibel und den Gesetzen und schrieben Gebote vor. Nachdenker und Vordenker waren am Werk. Die römischen Kaiser brauchten jüdische Aufstände nicht mehr zu fürchten – mangels Masse. Die römischen Kaiser verhielten sich den Juden gegenüber wechselhaft – aber stets als Herren, als Besitzer des Heiligen Landes. Sie fühlten sich sowohl als Besitzer wie auch als Eroberer, was in dieser Region keine unbedingt neue Verhaltens- und Denkweise war. Gewiß gilt diese Feststellung nicht nur in bezug auf das Heilige Land.

Die Eigentumsfrage haben wir mehrfach erörtert. Von jüdischem *Besitz* konnte in jener Zeit ebenfalls keine Rede

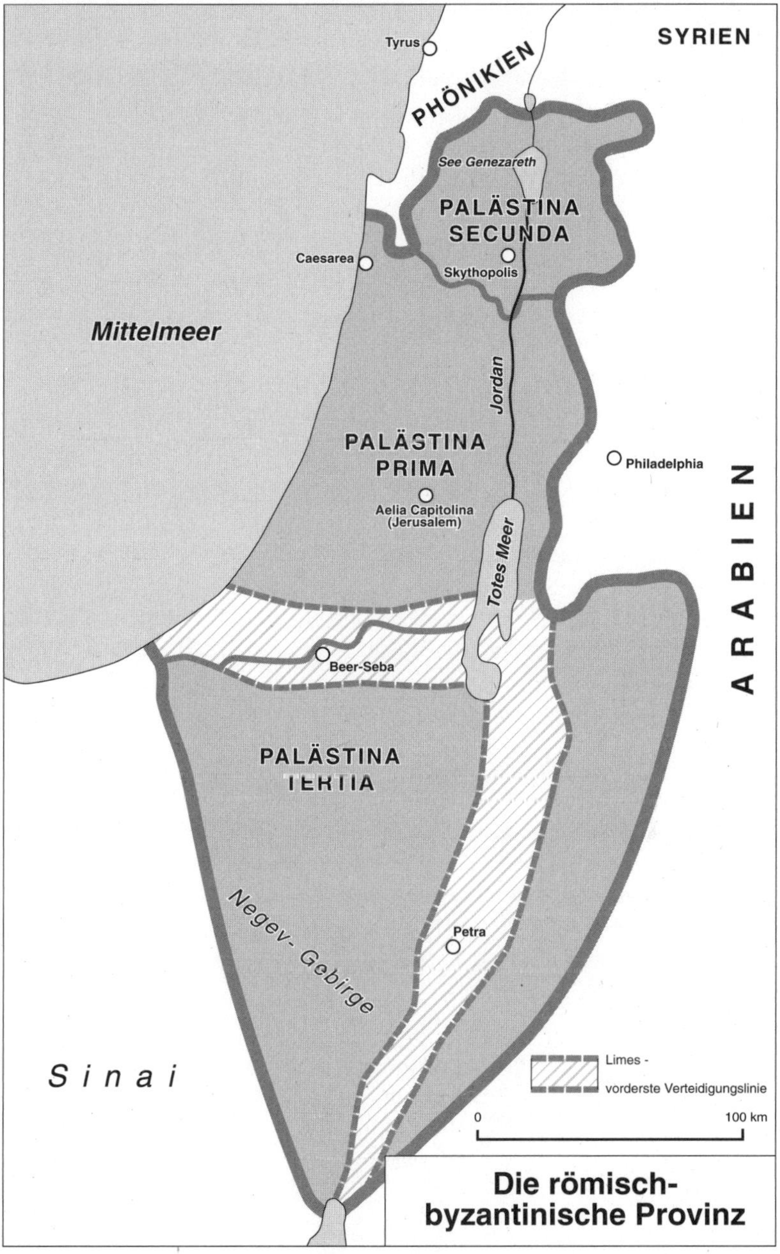

Die römisch-byzantinische Provinz

sein. Statt dessen waren die wenigen verbliebenen jüdischen Einwohner »Einsitzer« geworden; eine Mischform von Einwohnern und (Ex-)Besitzern.

Araber kamen nun noch häufiger in das Land, denn die Römer intensivierten den Arabien- und Indienhandel, und sie organisierten ihn über Akaba, die Stadt am Roten Meer. Aber die Araber waren weder Besitzer noch »Einsitzer«, sondern eher Durchziehende; abgesehen von den diversen arabischen Stämmen, die bereits vorher im Lande lebten und die ebenfalls schon mehrfach erwähnt wurden (zum Beispiel die Edomiter und die Ituräer). Tendenziell vergrößerte sich im Heiligen Land die Vielfalt des Völkergemischs – bei immer weniger Menschen und ganz wenigen Juden, die dort lebten.

Christen als Erben und Besitzer: Byzanz

4. bis 7. Jahrhundert

Seit dem 3. Jahrhundert n. Chr. versank das Römische Weltreich im Chaos. Auch zeitweilige Stabilisierungsaktionen änderten nichts am Gang der Dinge. Wie bei vielen Weltreichen zuvor und danach folgte dem Aufstieg der Fall. Mit der Schwächung des Staates erlebte jedoch das Christentum im 4. Jahrhundert seinen Aufstieg: Es wurde Staatsreligion. Der Leser erinnere sich an den Abschnitt über die heiligen Stätten, wo besonders die Bedeutung von Kaiser Konstantin dem Großen erwähnt wurde.

Die Christen hatten Glück: Sie *erbten* sozusagen ein großes Reich. Sie mußten es gar nicht erobern. Oder doch? Gewiß, aber es war keine Eroberung von außen, keine Landnahme. Es war mehr oder weniger eine Eroberung von innen.

Bemerkenswert ist dabei auch der geschichtliche Wellenschlag. Seit Alexander dem Großen schwappte die Welle aus dem Abendland in das Morgenland. Durch das Christentum gelangte sie vom Morgenland zurück in das Abendland und dann als abendländisch-christliche Welle zurück in das Morgenland. Allerdings hatte sich die aus dem Morgenland kommende christliche Welle über Europa zunehmend ausgebreitet.

Eine »Erbschaft« hatte das Christentum im Heiligen Land also angetreten. Das erschien sowohl legal (also rechtens) als auch legitim (also gerechtfertigt). Genaugenommen stimmte das natürlich nicht, denn geerbt hatte man vom früheren Besitzer – welcher nicht der Eigentümer war. Daß der (römische) Besitzer sich für den Eigentümer hielt, ändert nichts am Sachverhalt. Unrecht wird durch Erbschaft nicht zu Recht.

Im wahrsten Sinne des Wortes konnte seit dem 4. Jahrhundert das Christentum Positionen und Bastionen im Heiligen Land aus- und aufbauen: nämlich die heiligen Stätten sowie die vielen Kirchen und Klöster. Baupolitik ist stets und überall Konjunkturpolitik gewesen, und deshalb ging es den Menschen im Heiligen Land recht gut. Die christliche Religion kurbelte die Wirtschaft an, und die gute Wirtschaftslage wirkte ihrerseits wie ein Magnet – vor allem auf Christen.

Im Jahr 395 wurde das Römische Reich geteilt und das Christentum *einzige* Staatsreligion. Das Heilige Land gehörte fortan zu Ostrom, zu Byzanz. (Natürlich streiten sich die Fachleute auch über den eigentlichen Beginn von Byzanz und das Ende von Rom, aber das soll hier nicht dargestellt werden.) Größere Völkerwanderungen fanden während der byzantinischen Epoche weder aus noch in das Heilige Land statt. Zur Frage von Eigentümern, Besitzern, »Einsitzern« und Durchziehenden brauchen wir nichts hinzuzufügen, wenn wir uns nicht in den Einzelheiten verstricken wollen.

Die arabische Frage sollte hingegen nicht unerwähnt bleiben. Aber Neues gibt es für diese Epoche kaum zu berichten. Auch Byzanz diente als Bollwerk gegen die Einwanderung oder Eroberung durch Einwohner von der Arabischen Halbinsel. Als Bollwerk, weil durch die Militärmacht des Kaiserreiches damals lange Zeit für die Araber nicht die geringste Chance einer Eroberung bestand. Sie wollten es auch gar nicht erobern. Beutezüge unternahmen sie allerdings immer noch und immer wieder. Das jedoch ist Altbekanntes.

Das Bollwerk war so gesehen durchlässig, aber trotzdem wirksam. Den altrömischen Fernhandel mit Arabien setzte Byzanz fort.

Den Juden ging es unter der Herrschaft von Byzanz lange Zeit weder sonderlich gut noch sonderlich schlecht, wenngleich eine diskriminierende Grundhaltung des triumphierenden Christentums unübersehbar blieb. Zweifel daran, wer »Herr im Hause« war, kamen gar nicht erst auf. Und wie viele andere Herren oder Besitzer vorher und nachher hielten sich auch die christlichen Byzantiner für die wahren Eigentümer, auch wenn sie es nicht waren.

An ihrem unbestrittenen geistigen Eigentum arbeiteten die jüdischen Weisen im Heiligen Land weiter: am Talmud. Sie haben ihn in der byzantinischen Epoche fortentwickelt.

Im Vergleich zum »Babylonischen Talmud« gilt der »Jerusalemer Talmud« aus der byzantinischen Epoche als der weniger bedeutende. Doch das braucht uns hier nicht zu beschäftigen. Es spricht ja nicht unbedingt gegen die christlichen Machthaber, daß diese Schriften unter byzantinischer Herrschaft weitgehend unbehindert entstehen konnten. Gerade noch zur rechten Zeit hatten die talmudischen Weisen ihr grandioses Werk fast abgeschlossen, denn in der Spätphase der byzantinischen Macht im Heiligen Land mehrten sich seit der Regierungszeit von Kaiser Justinian (527 bis 565) antijüdische Maßnahmen.

Kein Wunder, daß die Juden des Heiligen Landes wenigstens auf einen Besitzerwechsel hofften. Er kam im Jahr 614 durch die Perser und dann vor allem ab 634 durch die islamischen Araber.

Neu-Orientalisierung, Arabisierung, Turkisierung

7. bis 11. Jahrhundert

Im 7. Jahrhundert meldete sich das christliche Abendland im Heiligen Land ab – zumindest in bezug auf die einströmenden, erobernden Völker und Religionen. Wieder einmal begann eine neue Wellenbewegung; weder die erste noch die letzte. Aber ein dramatischer, revolutionierender Besitzwechsel fand statt: die Arabisierung und damit die Islamisierung des Heiligen Landes.

Es wäre absurd, diesen Besitzwechsel auch als Eigentumswechsel anzusehen, vor allem wenn man der bisherigen Argumentation folgt.

Zuvor gaben die Perser ein – allerdings nur kurzes – Zwischenspiel. Auch dieses Zwischenspiel war rein orientalisch und nicht christlich. Im Jahr 614 entrissen die Perser dem Byzantinischen Kaiserreich das Heilige Land, um es bereits fünfzehn Jahre später (also 629) wieder zu verlieren. Der byzantinische Kaiser Herakleios kehrte als Triumphator nach Jerusalem zurück. Jäh war dann der Sturz, denn schon 634 standen die islamischen Araber vor den Toren des Heiligen Landes. Im Sturm rissen sie es auf.

Freudig, sogar jubelnd begrüßten die Juden des Heiligen Landes die persischen Eroberer. Kein Wunder. Sie wollten nicht mehr von den Christen drangsaliert werden. Viel besser gefiel schließlich auch ihnen die Rolle des Drangsalierenden, in die sie schnell schlüpften: Völlig unerwartet waren die Juden die Herren Jerusalems geworden. Persien hatte es ihnen zu treuen Händen gegeben, sozusagen als Verwalter im persischen Auftrag. Nun wurden Christen verbannt und ihre Kirchen zerstört. Soll man diese Verfolgung nun als ausgleichende Gerechtigkeit erklären? Keinesfalls, denn es handelt sich schlicht um Niedrigkeit und Boshaftigkeit. Unmenschlichkeit ist leider interkonfessionell, interkulturell, international. Sogar den Persern wurde es nun zu bunt. Sie übernahmen das Kommando wieder selbst. Im Jahr 629 mußten sie aber wie schon erwähnt den Christen weichen.

Nun umwarben die jüdischen Oberen den byzantinischen Kaiser, der ihnen (verführt durch diverse Verlockungen) sogar Schonung versprach. Doch auch der Kaiser war nicht allmächtig. Und außerdem hatte er ja bereits die Freundlichkeiten von den Juden erhalten. Wozu sollte er sich nun noch schützend vor sie stellen? Die antijüdische Lobby von Hof und Kirche machte mobil. Der Kaiser tat, was wiederum vor und nach ihm viele taten: Er fiel um. Er gab dem Druck nach, und das bedeutete Morde und Massaker an den Juden, auch ihren Rausschmiß aus Jerusalem. Einmal mehr sollte die Heilige Stadt »judenrein« werden.

Aber als Befreier begrüßten die Juden bald die neuen Besitzer des Heiligen Landes: die islamischen Araber. Aus heutiger Sicht ist diese Tatsache fast unglaublich. Aber auch in Spanien gab es zwischen dem 8. und 15. Jahrhundert ein »goldenes« arabisch-islamisch-jüdisches Zeitalter.

Es ist tröstlich, daß nicht einmal vermeintlich »ewige« Feindschaften ewig währen. Fast jede Beziehung verläuft zyklisch. Das bedeutet: es gibt Höhen und Tiefen. Nur weiß man meist erst hinterher, wie lange man durch das Tal schreiten mußte. Nichts ist so dauerhaft wie der Wechsel.

In den Jahren 634 bis 1099 herrschten die arabischen Muslime im Heiligen Land. Sie reihten sich in die lange Li-

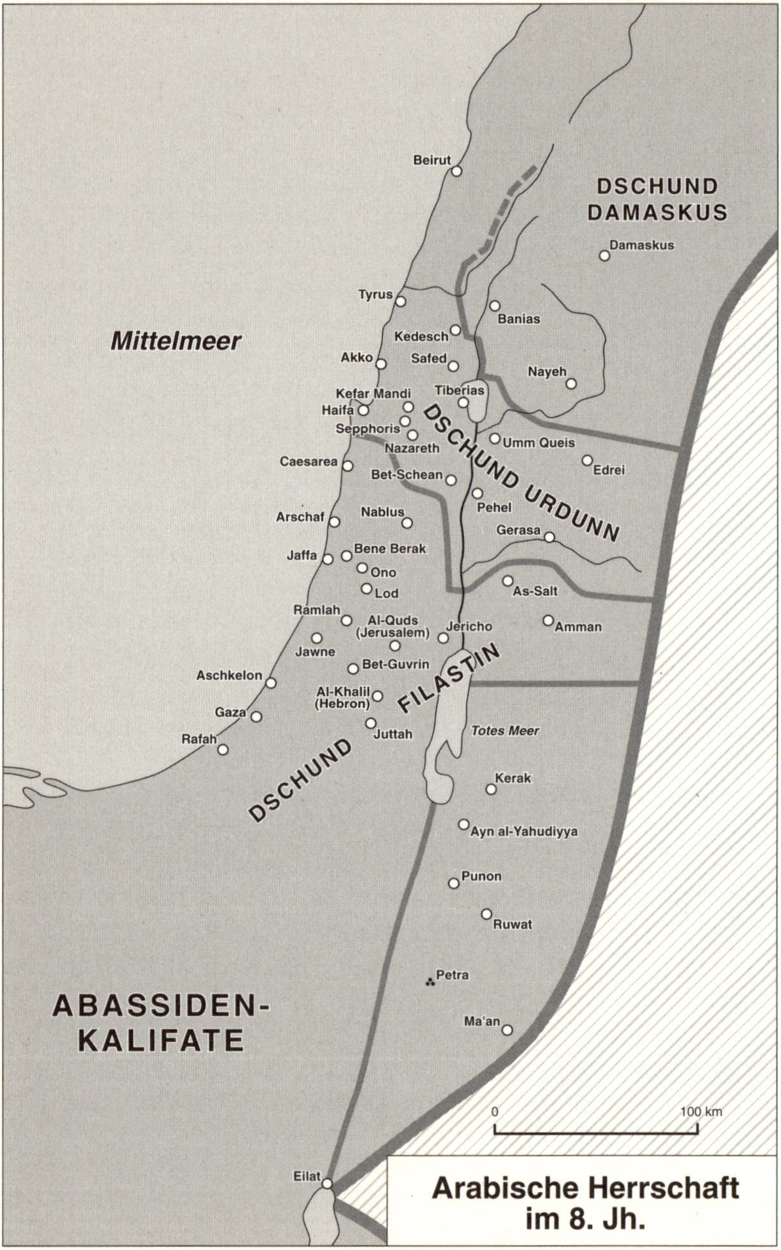

Arabische Herrschaft im 8. Jh.

ste der Besitzer ein. Bis zum Jahr 750 waren die Omajjaden die Herren. Dann übernahmen ihre Rivalen, die Abbassiden, das Kommando.

Die byzantinische Provinz »Palaestina prima« wurde nun zum »Dschund Filastin«, zunächst mit der Hauptstadt Lod, dann mit dem neugegründeten Ramlah; die Provinz »Palaestina secunda« wurde zum »Dschund Urdunn« mit der Hauptstadt Tiberias (eine Gründung der Römerzeit). Jerusalem blieb ohne Bedeutung. Hier und da wurde das Gebiet dieser Verwaltungseinheiten geringfügig verändert, aber bis zum Mongolensturm (Mitte des 13. Jahrhunderts) änderte sich diesbezüglich im Prinzip nichts.

Nur zwei Jahre nach dem Tod ihres Propheten hatten die arabischen Muslime das Heilige Land erobert. Im Jahr 638 war auch die Heilige Stadt in ihrer Hand. Beschützt und verschönert wurde sie von den Omajjaden, aber sogar sie wählten Jerusalem nicht einmal zur provisorischen Hauptstadt. Zuerst erfüllte Lod diese Funktion, dann das zwischen 715 und 717 errichtete Ramlah.

Das Zentrum der Omajjaden war Damaskus, das der Abbassiden Bagdad. Sowohl vom arabisch-islamischen Kern als auch vom Heiligen Land war damit die Entfernung gewachsen – trotz unbestreitbarer innerer Nähe. Nah war ihnen das Heilige Land schon, aber so nah nun auch wieder nicht.

Anders als in früheren Jahrhunderten strömte die arabische Bevölkerung nun in das Heilige Land. Nordarabische Stämme kamen ebenso wie zentral- oder südarabische. Der vorher byzantinische, römische und davor jüdische (und so weiter) Damm war gebrochen. Die Arabisierung der Bevölkerung begann. Araber bildeten bald ganz eindeutig die Mehrheit der einheimischen Bevölkerung. Über genaue Zahlen verfügt die Wissenschaft für diese Epoche nicht. Aber es bestehen keinerlei Zweifel; auch die patriotischste der patriotischen Darstellungen aus Israel würde diese Tatsache nicht bestreiten.

Die Arabisierung bekam Land und Leuten (besonders den Juden) gut. Es waren zum Beispiel die Araber, welche die Zitrusfrüchte in das Heilige Land brachten. Diesen Exportschlager ihres späteren Staates verdanken die Juden Israels also den Arabern.

Wie die Juden (und viele andere Völker) konnten auch die arabischen Besitzer des Landes den inneren Frieden nicht wahren. Auf die Rivalität zwischen Omajjaden und Abbassiden wurde bereits hingewiesen, ebenso auf den immerwährenden Gegensatz zwischen der städtischen Bevölkerung und den Beduinen; auch die sunnitisch-schiitische Rivalität machte sich im Heiligen Land bemerkbar. Im Jahr 969 eroberten die schiitischen Fatimiden aus Ägypten den Besitz des Heiligen Landes.

Zur selben Zeit näherten sich aber schon von Norden die Rivalen der Fatimiden dem Land. Es waren die *türkischen Seldschuken*. Fast gleichzeitig trommelten sie gegen das Tor des geschrumpften byzantinischen Kaiserreichs und bedrängten die Abbassiden.

Das ebenso klare wie scheinbar verwirrende Fazit des Dammbruches: Wie seit Urzeiten drängten von fast allen Seiten alle möglichen Völker in das Heilige Land. Sie kamen vom Süden, Südosten und Norden. Sogar das Alte Testament beschreibt dieses Grundmuster.

Diesmal kamen Araber, Türken und Ägypter. Die Bevölkerung Ägyptens war zwar seit dem 7. Jahrhundert weitgehend arabisiert und islamisiert worden; aber eben nur weitgehend, nicht ganz und gar.

Sogar Byzanz witterte Morgenluft: Die Abbassiden waren so schwach geworden, daß sich Byzanz stark genug fühlte, Annäherungsversuche an das Heilige Land zu wagen. Hinzu kam, daß die Muslime (anders als im 7. Jahrhundert) zersplittert waren. Die Christen aus Byzanz hegten militärisch durchaus berechtigte Hoffnungen – was nichts über die Besitzverhältnisse besagt. Immerhin, Byzanz drang bis in die Gegend südlich des Sees Genezareth vor.

Um das Jahr 1000 herrschten chaotische Verhältnisse. Fast jeder kämpfte gegen jeden; die Überfälle der Beduinen ruinierten die Wirtschaft und destabilisierten jegliche Herrschaft. Die eigentlichen Herren des Landes waren nun Beduinen. Nomaden als Besitzer? Ein Widerspruch in sich selbst. Die Frage nach dem Eigentum braucht man gar nicht erst zu stellen.

Die Besitzverhältnisse wechselten nun in rasendem Tempo. Im Jahr 1071 hatten es die Seldschuken geschafft. Sogar Jerusalem war nun türkisch – bis zum Jahr 1098, als die Fatimiden auf kriegerische Weise zurückkehrten. Der vorherige Besitzer (der Räuber des stets Geraubten) war wieder im Land. Das hatte mit Herrschaft und Krieg sehr viel zu tun, mit Recht und Eigentum gar nichts. Die Bevölkerungswellen kamen und gingen je nach Herrschaft und Besitz. Insgesamt wurde das Völkergemisch im Heiligen Land zusätzlich kräftig durchgeschüttelt.

Wo gab es Besitz- und Eigentums*rechte*? Man suche sie. Finden wird man sie nicht – es sei denn, man legitimiert Besitz durch die Dauer des Sitzens.

Zunächst brachten die arabischen Eroberer auch den Juden Befreiung. Es ging den Juden zweifellos besser als in der byzantinischen Spätphase. Auch die Christen hatten wenig Grund zum Klagen. Wie die Juden konnten sie vereinzelt sogar Spitzenposten in der Verwaltung erlangen.

Doch es gab – wie immer im Heiligen Land – auch höchst Unheiliges zu berichten. Höhen und Tiefen im Wechsel. Wie (zeitweilig) die Omajjaden in Spanien, so erließen auch die

Abbassiden im Heiligen Land Gesetze über gesonderte Kleidung oder Markierungen für Nichtmuslime: Juden hatten nicht immer, aber doch manchmal einen gelben Turban zu tragen, Christen einen blauen, Samaritaner einen roten. Abgrenzungen haben in der Menschheitsgeschichte eine lange, traurige Tradition. Das christliche Abendland übernahm im Mittelalter, besonders seit dem 13. Jahrhundert, die Idee der Ausgrenzung durch Kleidung, vor allem durch den gelben Judenhut oder Judenfleck. Wer kennt diese Zeichen der Intoleranz nicht? Ganz zu schweigen vom gelben Judenstern in der Zeit des Nationalsozialismus.

Neu-Europäisierung: die Kreuzzüge

11. bis 13. Jahrhundert

Nach den Seldschuken und den Fatimiden waren im Jahr 1099 schon die Kreuzritter in Jerusalem. Sehr ritterlich präsentierten sie sich nicht. Die Leser erinnern sich an den Abschnitt über Jerusalem und die heiligen Stätten. Erwähnenswert bleibt die islamisch-jüdische Zusammenarbeit gegen die christlichen Eroberer. Ernsthafte Eigentumsansprüche konnten die christlichen Eroberer nie erheben, bestenfalls Besitzforderungen. Heute käme wohl niemand mehr ernsthaft auf diese Idee. Oder?

Im Jahr 1187 bahnte sich dann die islamische Rückkehr in das Heilige Land an. Bei Hattin errang Saladin den entscheidenden Sieg. Der Schlachtort liegt übrigens nicht weit vom See Genezareth entfernt, der mit der christlichen Heilsgeschichte so eng verbunden ist. In Hattin begegnete den Christen mehr Unheil als Heil.

Saladin, der Befreier der islamischen Welt, war übrigens kurdischer Herkunft. Eine heutzutage bemerkenswerte Einzelheit, denn zwischen Kurden und Arabern herrscht nicht unbedingt brüderliche islamische Eintracht. Wenn sich heute die arabische Welt auf Saladins Erbe gegen das christliche Europa (und dessen vermeintliches Anhängsel, das jüdische Israel) beruft, so ist das so wenig überzeugend wie die Ahnenkette von den Philistern zu den Palästinensern. Der Kurde Saladin als Befreier der arabischen Welt?

In der heutigen arabischen Welt wird oft der Vergleich

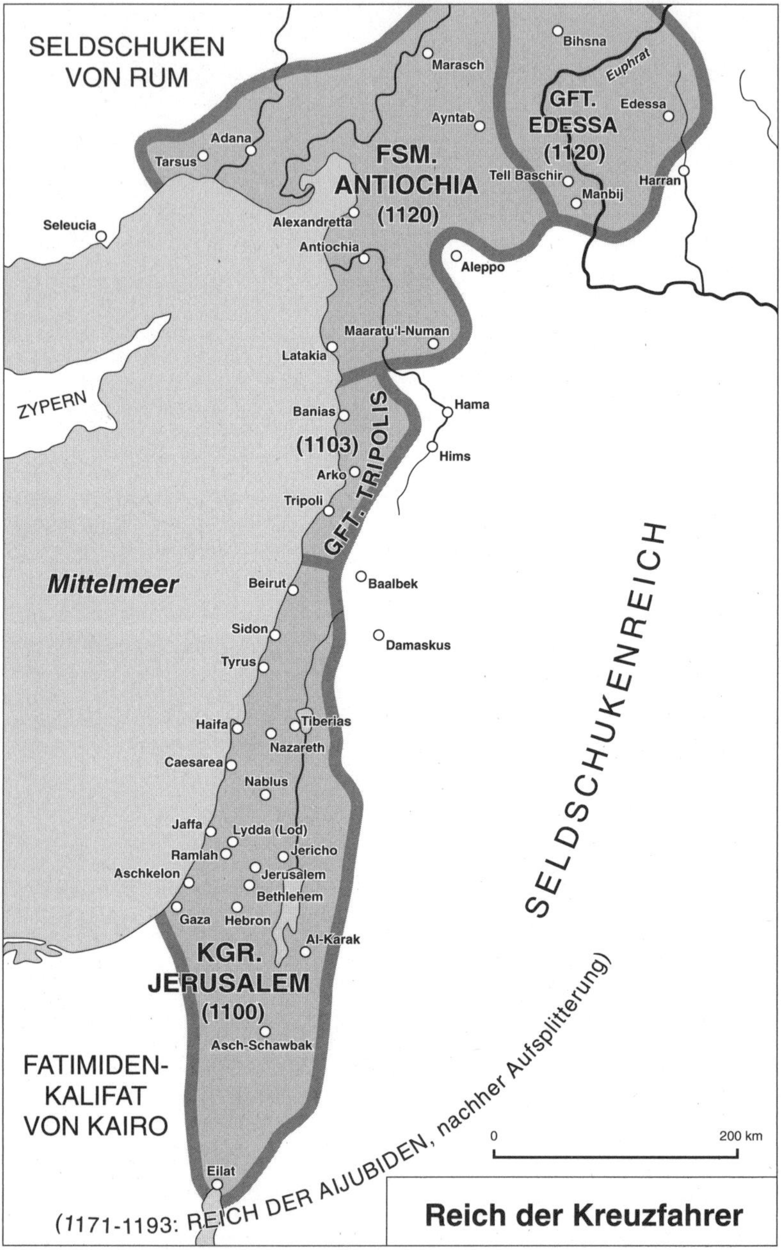

Reich der Kreuzfahrer

zwischen dem Jüdischen Staat Israel und dem einstigen Christlichen Staat der Kreuzfahrer gezogen. Wie damals, so werde zwar nicht heute, aber doch morgen oder übermorgen das künstliche, fremde Gebilde verschwinden. Wie damals werde die islamische Welt nicht aufgeben, ist zu hören. Auf den ersten Blick klingt dieser Vergleich durchaus überzeugend. Doch genau betrachtet ist er es nicht, weil damals die Kreuzritter *neue* Besitz- und Eigentumsrechte auf das Heilige Land anmeldeten. Juden und Araber pochen jedoch auf tatsächliche oder vermeintliche *alte* Rechte.

Hattin (1187) war der Anfang vom Ende des christlichen Intermezzos, das Ende markiert erst das Jahr 1291.

Die Rückkehr des Islam: die Mamelucken und das Osmanische Reich

13. bis 19. Jahrhundert

Nächster zeitweiliger Besitzer (nicht Eigentümer) war die Dynastie Saladins, waren die Aijubiden. Immer noch aber gab es Reste christlich-kreuzritterlicher Herrschaft im Heiligen Land.

Auch die Aijubiden regierten das Heilige Land nur vom fernen Ägypten aus. Ein uraltes Muster, das wir zum Beispiel aus der frühgeschichtlichen Zeit der Pharaonenherrschaft über das Heilige Land oder später aus der Zeit der Fatimidenherrschaft kennen.

Dieses altbekannte Muster birgt hochbrisanten Zündstoff auch in der Gegenwart. Aus der Sicht der arabischen Welt von Nordafrika bis zum Irak ist der Jüdische Staat tatsächlich ein Keil, der sich zwischen sie geschoben hat. Das ist keineswegs nur eine religiöse oder nationalstaatliche Frage. Israel wirkt objektiv (ohne es subjektiv zu wollen) wie eine Mauer zwischen dem arabischen Osten (Maschrik) und dem arabischen Westen (Maghreb). Das Heilige Land war und ist die Landbrücke zwischen beiden Teilen. Es gibt uralte Strukturen, die zeitlos sind. Sie gelten für den Alten Orient ebenso wie für die Neuzeit, für Muslime ebenso wie für Juden oder Christen.

Zurück in das Mittelalter: Die islamische Welt hatte nach den Kreuzzügen durchaus den hohen Stellenwert des Heiligen Landes erkannt. Dessen politischer Aktienkurs war merklich gestiegen. So blieb es auch. Aber ein für die Muslime zentrales Gebiet wurde das Heilige Land auch unter den Aijubiden nicht. Das kann man für jene Epoche allerdings ebensowenig in bezug auf das Kernland des Islam behaupten, also auf die Arabische Halbinsel. Die islamische Welt war durch ihre Vielfalt sozusagen »entarabisiert« worden. Vorsichtiger gesagt: Das arabische Element war nicht mehr so vorherrschend. Auch im Heiligen Land nicht, denn im Jahr 1244 überrannten es die turkvölkischen Charismier im Auftrag der ägyptischen Aijubiden.

Im Jahr 1250 tobte der Mongolensturm aus Ostasien mit zerstörerischer Gewalt auf dem Fruchtbaren Halbmond. Die Mongolen wurden 1260 von den Mamelucken verjagt, die 1250 in Ägypten die Macht übernommen hatten. Schritt für Schritt eroberten die Mamelucken nun auch die restlichen Bastionen der Kreuzritter im Heiligen Land zurück. Mit Akko fiel im Jahr 1291 schließlich der letzte Vorposten der Kreuzritter. Das christliche Zwischenspiel war beendet.

Nur die Kriegerzunft, nicht das Volk der Aijubiden in Ägypten wurde als Mamelucken bezeichnet, vergleichbar der frühgeschichtlichen Bezeichnung »Kanaaniter« oder »Hebräer«. Die Mamelucken veränderten wenig, wenngleich sie baupolitisch durchaus aktiv wurden, besonders in Jerusalem. Die Stadt wurde damit aufgewertet und das Verwaltungsgebiet seines Gouverneurs um Hebron erweitert. Eine außenpolitische und auch religionspolitische Signalwirkung sollte auf diese Weise erzielt werden.

Doch die Städte Ramlah und vor allem Gaza übertrafen die wirtschaftliche und gesellschaftliche Bedeutung Jerusalems bei weitem. Jerusalem war zwar die Heilige Stadt, aber sie lag eben doch abseits der großen Handelswege. Von der Heiligkeit konnte sich niemand etwas kaufen. Wenige Pilger kamen zudem in die Stadt, weil die häufigen Überfälle der Beduinen die Reisewege unsicher machten.

Entscheidend für die Zeit der Mamelucken ist zweifellos die erneute Islamisierung des Heiligen Landes. Äußerlich war das an den vielen neuen Moscheen und Koranschulen erkennbar, ebenso an der Bevölkerung. Zwar lebten auch Juden dort, aber ihre Zahl war seit den Kreuzzügen noch kleiner geworden. Selbst die »Encyclopaedia Judaica«, die für jede Epoche vor dem Beginn der zionistischen Einwanderung (1882) fast jeden einzelnen im Heiligen Land lebenden Juden geradezu jubilierend vorzeigt, spricht nur von einigen Familien, die in diesem oder jenem Ort wohnten. Da wird zum Beispiel gemeldet, daß in Safed im Jahr 1481 dreihundert jüdische Familien gelebt hätten – »viermal mehr als in Jerusalem«. In Gaza werden siebzig jüdische Familien lokalisiert, in Kfar Kanna bei Nazareth nur achtunddreißig Familien. Und das nach dem »großen Zustrom« der 1492 aus Spanien und 1497 aus Portugal vertriebenen Juden.

Gerade diejenigen unter den christlich-europäischen Lesern, die sich heute (zu Recht) über die gegenwärtige Intoleranz der islamischen Fundamentalisten empören, sollten anerkennen, daß es Muslime, nämlich Mamelucken, waren, die den (von spanischen und portugiesischen Christen) vertriebenen Juden Asyl und sogar eine neue Heimat gewährten. Toleranz ist wie Intoleranz wahrlich kein Vorrecht der einen oder anderen Religion, Volksgruppe oder Nation.

Eigentumsrechte oder Besitztitel auf das Heilige Land erwarben die Mamelucken nicht. Und wer könnte sie heute auch einklagen? Welches Volk zählt zu den Nachkommen einer Art Berufsgruppe? Natürlich niemand.

Nicht verhehlt werden sollte die Tatsache, daß es den (wenigen) Juden unter den Mamelucken politisch nicht schlechtging. Doch wer wollte Toleranz daran messen, wie man einer winzig kleinen und daher politisch, wirtschaftlich

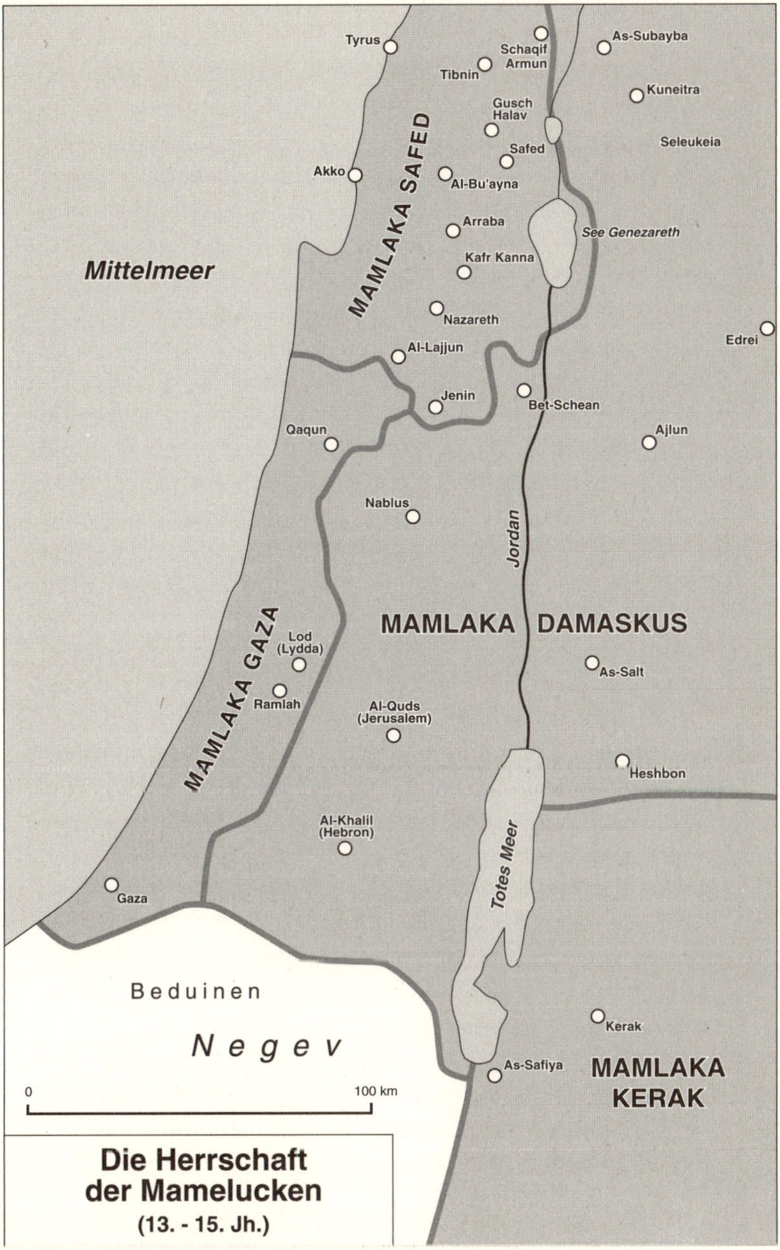

Die Herrschaft der Mamelucken
(13. - 15. Jh.)

und gesellschaftlich völlig ungefährlichen Minderheit begegnet?

In ihrem Siegeszug waren die Türken nicht mehr aufzuhalten. Das 15. und auch das 16. Jahrhundert waren das Zeitalter der Osmanen. Konstantinopel, die Hauptstadt des christlichen Kaiserreiches Byzanz, fiel 1453. Von dort marschierten die Osmanen dann zielstrebig nach Europa, wo noch heute die Nachwehen spürbar sind. Albanien, Bosnien, Montenegro, die Herzegowina, auch Teile des heutigen Bulgarien wurden islamisiert. Der Konflikt zwischen Griechen und Türken datiert aus dieser Zeit der Eroberung und der in den Jahren 1821 bis 1829 erfolgten Rückeroberung; er ist auch eine Folge des Ersten Weltkrieges.

Bis unmittelbar vor die Tore Wiens drangen die Türken vor; zweimal sogar. Die Welle rollte nun wieder aus dem Morgenland in das Abendland. Erst ab 1683, als die Türken vor Wien geschlagen wurden, rollte sie (allerdings viel langsamer) aus dem Abendland zurück in das Morgenland.

Zurück zum Anfang der osmanischen Eroberung. Fast gleichzeitig ergoß sich nämlich der türkische Strom über Südosteuropa und auch über das Heilige Land sowie über Nordafrika. Das Osmanische Reich war riesig und wirklich eine Weltmacht – eine islamische, aber keine arabische Weltmacht.

Genau vierhundert Jahre, von 1517 bis 1917/18, herrschten die Osmanen im Heiligen Land. Eine sehr lange Zeit, fast so lange wie die addierten Epochen jüdischer Staatlichkeit. Nur lagen diese erheblich weiter zurück – was nichts an Eigentums- oder Besitzrechten ändert. Von Besitz ist einmal mehr die Rede. Wie stets seit dem 13. Jahrhundert n. Chr.

Verwaltungsfragen lösen oft gelangweiltes Gähnen aus. Das ist bedauerlich, denn sie können hochbrisante politische Aussagen enthalten. Was also sagt uns der Aufbau der os-

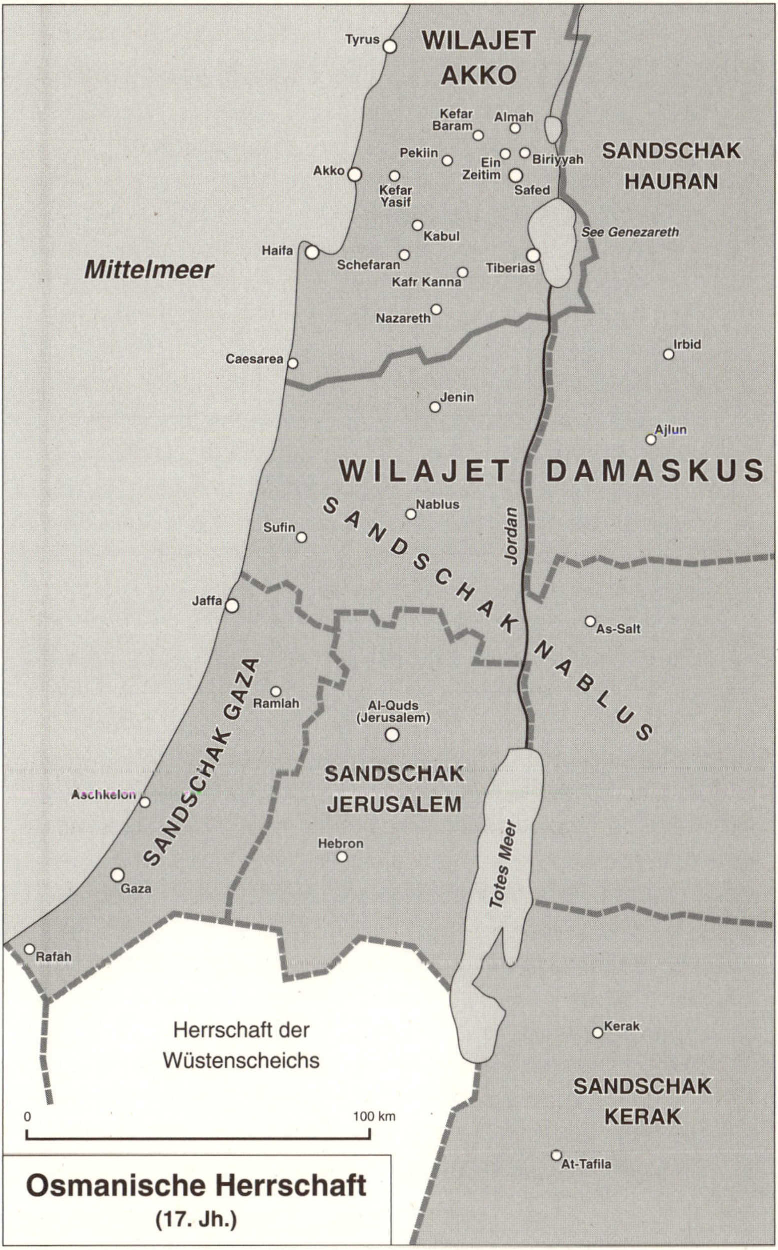

Osmanische Herrschaft
(17. Jh.)

manischen Verwaltung über das Heilige Land? Eine Antwort lautet, daß es nicht als eine politische und damit auch ideologische Einheit betrachtet wurde. Es war zunächst im 16. Jahrhundert administrativ viergeteilt. Besondere Aufmerksamkeit wurde dabei Jerusalem geschenkt. Die islamische Welt hatte ja ihre Erfahrungen mit dem christlichen Abendland gemacht, das gerade in jener Zeit noch immer nicht ganz vom Traum der Rückeroberung des Heiligen Landes abgelassen hatte.

Der politische Überbau wechselte, die einheimische Bevölkerung blieb. Eine Turkisierung des Heiligen Landes wurde von den neuen politischen Besitzern nicht eingeleitet. Aber in den ersten fünf Jahrzehnten der osmanischen Herrschaft begann ein rasanter wirtschaftlicher Aufschwung. Besonders in Jerusalem ist er noch heute sichtbar. Im Kapitel über Jerusalem wurde darüber berichtet.

Vor der türkischen Eroberung herrschten politische Wirren, weil die Mamelucken ihre Macht verloren. Die türkischen Eroberer hingegen waren mächtig, und souveräne (Regierungs-)Macht bedeutete auch Sicherheit, zumindest für diejenigen, die nicht verfolgt wurden. Jedenfalls war durch die Klärung der Machtfrage (und damit auch der Besitzverhältnisse, nicht der Eigentumsfrage) die Entwicklung kalkulierbarer. Das kam auch der wirtschaftlichen Situation zugute. Die intensive Baupolitik half zudem beträchtlich.

Wie so oft in der Geschichte wirkte dieses wirtschaftlich aufblühende Gebiet als Bevölkerungsmagnet. Auch Juden kamen; nicht zuletzt deshalb, weil sie kurz zuvor von der Iberischen Halbinsel vertrieben worden waren. In erster Linie fühlten sich jedoch Menschen aus den Randgebieten des Heiligen Lands angezogen. Sie wanderten aus wirtschaftlichen Gründen ein, nicht aufgrund der Heiligkeit des Landes.

Die Menschen aus den Randgebieten waren vornehmlich Araber. Die meisten lebten von der Landwirtschaft.

Sogar eine Volkszählung organisierten die neuen türkischen Besitzer. Nach den ersten fünfzig »goldenen Jahren« osmanischer Herrschaft lebten im Heiligen Land rund dreihunderttausend Menschen. Mehr als vorher, aber insgesamt gesehen blieb die Bevölkerungszahl gering. Die dünne politische Führungsschicht war von der türkischen Zentralmacht importiert worden. Die lokalpolitisch bedeutsamen Großfamilien stammten ursprünglich aus Nord- oder Südarabien. Seit der Mameluckenherrschaft waren sie außerordentlich einflußreich. Die politische Zentrale der Mamelucken lag in Kairo, die der Osmanen in Istanbul. In diesem politischen Freiraum entfalteten sich die untereinander zerstrittenen arabisch-palästinensischen Familien des Heiligen Landes.

Einem wohlvertrauten Muster aus der jüdischen Geschichte des Heiligen Landes begegnen wir hier aus palästinensisch-arabischer Sicht: Wenn sich die Zentralmacht schwach zeigte oder ein politisches Vakuum entstanden war, eröffnete sich die Möglichkeit eigenständiger Politik. Selbstbestimmung gab es also nur, wenn die Fremdmacht ohnmächtig war. Geschichtliche Grundgegebenheiten gelten eben auch für Juden und Palästinenser gleichermaßen.

Die Bevölkerungsmehrheit bestand aus arabischen Bauern. Also aus Arabern; das ist die wichtigste Aussage. An ihr gibt es nichts zu deuteln. Ebensowenig an der These, daß Mehrheiten zwar Fakten, doch kein Recht oder gar Gerechtigkeit und Eigentumsrechte schaffen.

Am Anfang der osmanischen Herrschaft über das Heilige Land gab es kaum Juden. Insgesamt dürften es ungefähr fünftausend gewesen sein, liest man in der »Encyclopaedia Judaica«. Dieses Werk ist zwar höchst wissenschaftlich und auch zuverlässig, nennt aber (bei den ohnehin nicht eindeutig zu ermittelnden Zahlen) eher den höheren als den niedrigeren Schätzwert – offensichtlich aus politischen Gründen. Am Ende der auch für die Juden »goldenen« ersten Epoche türkisch-osmanischer Herrschaft lebten allein in Safed rund zehntausend Juden. Hier, im galiläischen Safed, entstand ein neues Zentrum jüdisch-mystischer (kabbalistischer) Gelehrsamkeit und Frömmigkeit. Und hier lebten damals die meisten (der trotz allem wenigen) im Heiligen Land ansässigen Juden. Mitte des 16. Jahrhunderts waren es kaum mehr als fünfzehntausend.

Wenig also, aber deutlich mehr als am Ende der Mameluckenherrschaft, zumal eben viele Juden spanisch-portugiesischer Herkunft Zuflucht fanden. Und wieder zeigte sich vorbildliche islamische Toleranz, diesmal türkisch-osmanisch, vormals mameluckisch. Auch in Spanien war sie bis 1492 islamisch. Und die Juden flohen aus Spanien erst, nachdem die Muslime die Macht an intolerante Christen verloren hatten.

Die türkische Herrschaft im Heiligen Land währte lange. Ihr Verfall begann zwar schon bald, der Untergang vollzog sich jedoch langsam. Ungefähr seit dem Jahr 1600 wurde das osmanische Herrschaftsgefüge immer löchriger. Erst hier, dann dort bildeten sich Freiräume, die lokalpolitische Machthaber errangen. Besonders Beduinen taten sich dabei hervor. Es waren also Araber, aber Nomaden und keine Städter, die Herrschaftsräume dauerhaft auf- und ausbauen wollten. Die Eroberung der Freiräume im und um das Heilige Land war für die Beduinen mehr eine Frage der Gelegenheit, und diese Gelegenheit wurde zum Beispiel auch von Drusen im Raum von Beirut bis zum Karmelgebirge (in der Region Haifa) genutzt.

Zusätzlich geschwächt wurde die osmanische Zentralmacht besonders seit dem Jahr 1683 durch die militärischen

Niederlagen in Europa. Nichts verdammt so sehr zur Erfolglosigkeit wie Erfolglosigkeit. Und deshalb meuterten immer wieder die unzufriedenen (weil verlierenden) Krieger des Osmanischen Reiches, die Janitscharen. Die Steuerlast drückte die eroberten Völker, die sich ihrerseits dem türkischen Zugriff entziehen wollten, wo es nur möglich war. Die Osmanen konnten ihrerseits auf die Steuereinnahmen nicht verzichten. Um nicht noch mehr Macht zu verlieren, mußten sie rüsten. Und Rüstung kostet Geld. Die Schraube von Druck und Gegendruck drehte sich unaufhaltsam – zwar langsam, aber sie drehte sich.

Natürlich versuchten auch die Menschen im Heiligen Land das Joch der Fremdbestimmung und Steuerlast abzuschütteln. Besonders die Bevölkerungsmehrheit, also die Araber, bemühte sich darum. Wer meutert oder rebelliert, braucht Führung.

Einheimische arabisch-palästinensische Großfamilien von Einfluß gab es, und sie gewannen auf diese Weise an Gewicht. Offene Rebellion wäre Selbstmord gewesen, aber durch die Vermittlung zwischen der einheimischen arabisch-palästinensischen Bevölkerung und der türkischen Zentralmacht wuchs das Ansehen der Chefs der Großfamilien. Zugleich war dies langfristig ein wichtiger Grundstein ihrer Macht, zumindest ihrer eigenen Bevölkerung gegenüber.

Die ständigen An- und Übergriffe von Beduinen und Drusen wirkten auf ansässige und im Prinzip einwanderungswillige Juden entmutigend. Am Ende des 17. Jahrhunderts lebte in Tiberias kein einziger Jude mehr, und auch die jüdische Hochburg Safed leerte sich immer mehr. Nach Jerusalem und Hebron sowie nach Gaza zogen nun die im Lande lebenden Juden. Jerusalem wurde jetzt wieder der für die Juden in jeder Hinsicht wichtigste Ort im Land.

Auch Gaza wirkte auf Juden als Anziehungspunkt, denn Gaza war damals aufgrund der Handelswege am östlichen Mittelmeer eine bedeutende, wohlhabende Stadt. So ändern sich die Zeiten, vor allem seit dem Jahr 1948: Die Gründung Israels wirkte wie der schon erwähnte Keil, der sich zwischen den arabischen Osten (Maschrik) und den arabischen Westen (Maghreb) schob. Israel hat diese wichtigen Handelswege unterbrochen. Das hätte freilich nicht so sein müssen. Wo steht geschrieben, daß man mit seinen Nachbarn keinen friedlichen Handel treiben kann? Weil nun aber die Politik sich anders entwickelte, ist Gaza heute eine Stadt des Unfriedens.

Damals war das anders, und damals waren Juden dort auch wohlgelitten, von einheimischen Arabern, also von palästinensischen Arabern. Die Behauptung von *der* islamischen Intoleranz entpuppt sich immer wieder als Märchen. Nicht die eine oder andere Religion ist unnachgiebig, uneinsichtig oder intolerant. Es sind die einzelnen Menschen.

Man kann sich die Einschnitte leicht merken: Um das Jahr 1600 beginnt der Verfall der osmanischen Macht, um 1700 stürzt das Osmanische Reich. Kurz vor 1800 (genau 1798) dringt Napoleon über Ägypten im Heiligen Land bis nach Akko vor. Um 1900 sind schon die Zionisten da. Seit 1882 wanderten sie ein. Doch vorher sei der Film noch einmal zurückgespult...

1683 müssen die Türken die Belagerung Wiens aufgeben. Der europäisch-christliche Gegenschlag beginnt. Einen Fuß nach dem anderen setzten die Europäer nun auch in das Heilige Land. Im Frieden von Karlowitz verlor das Osmanische Reich 1699 nicht nur große Gebiete an den Zaren, auch die Kontrolle (»Schutz« genannt) über die heiligen Stätten in Jerusalem sowie über alle orthodoxen Christen im Osmanischen Reich mußte dem Zaren übertragen werden. Diese Karlowitzer Bestimmungen bedeuteten, daß Rußland nun auch »Schutzmacht« der Griechen, Serben und Bulgaren im Osmanischen Reich wurde. Ein großartiger Hebel, um das Osmanische Reich aus den Angeln zu heben.

Eifrig schmiedeten die äußeren und inneren Gegner der Türken Ende des 18. Jahrhunderts an Koalitionen. Ein einheimischer Rebell verbündete sich mit Rußland. Trotzdem scheiterte er im Jahr 1775. Meistens klaubten sich die einheimischen Rebellen Privatarmeen zusammen, die aus Angehörigen der von den Osmanen unterdrückten (zumindest eroberten) Völker bestanden: zum Beispiel aus Nordafrikanern, Arabern, Albanern, Griechen, Bosniaken oder Bulgaren.

Innenpolitisch blieb die türkische Herrschaft brüchig. Gebrochen wurde sie aber von außen. Zunächst von Rußland, das sich im 18. und 19. Jahrhundert immer tiefer in das Osmanische Reich fraß und dort festbiß (zum Beispiel auf der Krim), dann im 19. und 20. Jahrhundert von Großbritannien und von Frankreich.

Überleben konnte das Osmanische Reich seit dem 19. Jahrhundert nur so lange, wie die europäischen Großmächte überlegen mußten, wer welchen Teil der türkischen Gebiete bekommen würde. Zunächst stritten sie.

Napoleon Bonaparte drang 1798 mit seinen Truppen über Ägypten ins Heilige Land vor. Er fiel nicht vom Himmel, und religiöse Absichten verfolgte er im Heiligen Land ohnehin nicht. So zog es ihn überhaupt nicht in die Heilige Stadt. Die Araber im Heiligen Land empfingen Napoleon durchaus freundlich. Nicht etwa, weil sie sich nach europäisch-christlichen Herrschern wie zu Zeiten der Kreuzzüge sehnten. Ganz im Gegenteil. »Der Feind meines Feindes ist mein Freund« – das war die Denk- und Handlungsweise der Araber gegen ihre türkischen Herren, denn das Recht auf Selbstbestimmung schien ihnen nun zu winken.

Was wollte Napoleon also im Heiligen Land? England schaden. Indem er das Heilige Land eroberte, hoffte er einen wichtigen Schlüssel für den Weg der Engländer nach Indien in der Hand zu halten. Napoleon verstand etwas von Geographie und Strategie. Aber die britische Flotte unter Nelson spielte Napoleon einen unerwarteten (und für den Korsen durchaus erfreulichen) Streich. Auch zu Lande klappte es nicht nach Plan. Weiter als bis nach Akko am nördlichen Ende der Haifa-Bucht kam Napoleon nicht. Noch wichtiger als ein Sieg gegen England war ihm der Kampf um die Macht in Frankreich. Er kehrte nach Paris zurück, um sie dort zu erobern. Den Türken verschaffte das scheinbar eine Verschnaufpause.

Tatsächlich hatten aber die von den Osmanen beherrschten Völker nun eindeutig vorgeführt bekommen, daß ihre Herrscher lediglich Papiertiger waren. Das gab ihnen Mut, ihren Kampf um Unabhängigkeit und Selbstbestimmung zu intensivieren. Gleichzeitig mußten sie jedoch erkennen, daß ihre Zivilisation der europäischen unterlegen war, zumindest militärisch-technisch.

Diese Erkenntnis löste bei den Muslimen zusätzliche Fragen aus: War diese Unterlegenheit durch ihre Religion bedingt? Einige antworten mit Ja, andere mit Nein. Aber an diesem Punkt finden wir die Wurzeln des islamischen Fundamentalismus. Diejenigen, die nein sagten, gaben folgende Begründung für die Niederlage der islamischen Welt: Sie sei die Strafe dafür, daß die Muslime vom Weg des rechten Glaubens abgewichen seien. Nicht die Abwendung, sondern die verstärkte Hinwendung zum Islam würde den Muslimen gegenüber dem christlichen Europa wieder Kraft verleihen. Technisch könne man durchaus industrielle Errungenschaften der europäischen Zivilisation übernehmen, inhaltlich und substantiell müsse die eigene Kultur hervorgehoben werden. Auf eine Formel gebracht heißt dies: technisch-industrielle Modernisierung ja, Verwestlichung nein.

»Ja zur Modernisierung *und* Verwestlichung«, konterten ihre innerislamischen Gegner. Folgerichtig setzten sie auch politisch auf die westliche Karte. Einer von ihnen war Mohammed Ali; ein Albaner, der Ägypten zunächst als Gouverneur in türkischem Auftrag, dann jedoch selbständig regierte. Er nutzte die Gunst der Stunde. Die Türken hatten nämlich 1829 den Krieg gegen die Griechen und ihre europäischen Helfer verloren. Sie waren militärisch und politisch geschwächt. Schlimmer noch für sie: Sie wurden moralisch geächtet, hatten sie doch den Griechen das Recht auf Selbstbestimmung verweigern wollen. Das taten zwar die meisten europäischen Herrscher nach innen oder nach außen auch; sie glaubten aber, ein Recht darauf zu haben.

Von 1832 bis 1840 beherrschten Mohammed Ali und sein Stiefsohn Ibrahim Pascha das Heilige Land sowie Syrien. Das war wieder einer der vielen zeitweiligen Macht- und Besitzwechsel ohne Eigentumsänderungen.

In der Ali-Pascha-Ära ging es den palästinensischen Großfamilien nicht sonderlich gut, den Juden besser. Besonders aus Frankreich und sogar aus den USA waren Christen im Vormarsch. Als Modernisierer, Missionare und Erzieher im Schul- und Hochschulbereich taten sie sich vor allem in der libanesisch-syrischen Region hervor. Langfristig schaufelten diese Christen damit dem Westen das eigene Grab im Nahen Osten. Denn diese Ausbildungsstätten entwickelten sich zu Zentren des arabischen Nationalismus, der sich im 20. Jahrhundert gegen den Westen richtete; zunächst gegen die europäischen Kolonialherren (die erst im 19. und 20. Jahrhundert kamen), dann in unseren Tagen gegen den Westen ganz allgemein und die USA im besonderen.

Wieso wurden gerade die Christen im Nahen Osten Bannerträger des arabischen Nationalismus? Die Antwort ist vergleichsweise einfach. Die Christen waren in der islamisch-nahöstlichen Welt Außenseiter. Indem sie sich nun an die Spitze der arabischen Bewegung stellten, hofften sie, in die arabische Gemeinschaft integriert zu werden und ihre Isolation zu überwinden. Es ist deshalb keineswegs erstaunlich, daß noch in unseren Tagen radikale Palästinenser wie Georges Habasch oder Naif Hawatmah oder auch der Gründer der gesamtarabischen (panarabischen) Baath-Partei Christen sind beziehungsweise waren.

Nach der kurzen Ali-Pascha-Ära kehrten die Türken dank nachdrücklicher Hilfe der Europäer ins Heilige Land zurück. Nun waren sie noch schwächer, weil sie gezwungen waren, sich auf die Macht der Europäer zu stützen. Das bedeutete, daß sie die Europäer in das Land lassen mußten. Noch unter Ibrahim Pascha, im Jahr 1838, hatte Großbritannien in der Heiligen Stadt ein Konsulat eröffnet. Nun war der Damm gebrochen. Ein europäischer Staat nach dem anderen folgte. Daß die geschwächten Osmanen den Damm nicht schließen konnten, verstand sich nach 1840 von selbst.

Es blieb nicht nur bei Konsulaten, christlichen Missionsstationen oder Schulen. Frankreich wurde nun Schutzmacht der römisch-katholischen Christen und heiligen Stätten im Osmanischen Reich wie bereits vorher Rußland für die orthodoxen Gläubigen und ihre Kinder. 1847 war es dann soweit: dank Frankreichs Einfluß gab es wieder einen katholischen Patriarchen in Jerusalem. Andere Christen wollten den Vorreitern nacheifern. Und erneut begannen innerchristliche Rivalitäten. Wer wollte an dieser Stelle von jüdischer oder islamischer Unvernunft im Heiligen Land und wegen des Heiligen Landes reden?

Den Engländern blieben noch die Protestanten als Schützlinge. Aber von ihnen gab es nur wenige im Osmanischen Reich. Zum Trost und aus politischem Proporz nahm sich London der Drusen sowie der in Palästina lebenden Juden an. Man brauchte doch ein Instrument, um Istanbul gegebenenfalls auch innenpolitisch zu destabilisieren oder ihm wenigstens drohen zu können. Die Juden waren übriggeblieben, die Drusen bildeten das Gegenstück zu den ebenfalls im Libanon lebenden und von den Franzosen beschützten Maroniten.

Die Preußen warfen ihrerseits nur fromme Blicke zum Himmel Jerusalems, weil sich für sie keine Schutzbefohlenen mehr im Heiligen Land fanden. Statt dessen kamen seit dem Jahr 1868 die deutschen Templer in das Heilige Land. In Jerusalem, Jaffa, Haifa und Sarona errichteten die Templer kleine deutsche Bezirke. Alex Carmel hat sehr Lesens- und Empfehlenswertes über die Templer im Heiligen Land geschrieben.

Istanbul blieb nicht tatenlos. Die osmanische Zentralmacht gab sich keineswegs dem vermeintlichen islamischen Fatalismus hin. Ganz im Gegenteil. Nach der Niederlage gegen die Griechen wurde ein großes, umfassendes Modernisierungsprogramm eingeleitet, sozusagen als letzte Rettung. Militärisch griff man dabei übrigens auf preußisch-deutsche Hilfe und Berater zurück. Schon der alte Moltke war dabei aktiv und auch erfolgreich. Man vergesse nicht, daß sich die Türken im Ersten Weltkrieg wider Erwarten tapfer und auch lange recht erfolgreich geschlagen haben. Der Grundstein dafür war also Mitte des 19. Jahrhunderts gelegt worden, obwohl (eigentlich gerade weil) die osmanische Herrschaft immer mehr einem Schweizer Käse glich. Hier und dort konnten die Türken Löcher stopfen, aber löchrig blieb das Gebilde trotzdem.

Noch löchriger wurde die scheinbare Macht der Besitzer des Heiligen Landes im 19. Jahrhundert zudem durch die sogenannten Kapitulationen. Sie führten dazu, daß die Staatsangehörigen und Schützlinge der europäischen Mächte, die im osmanischen Hoheitsgebiet lebten, nicht mehr dem türkischen Recht unterstanden. Für diese Menschen war vielmehr ihr Herkunftsland beziehungsweise ihre Schutzmacht verantwortlich. Die türkischen Besitzer saßen im Heiligen Land nur noch auf Abruf.

In Deutschland ist nicht selten zu hören, daß in dieser Zeit die »traditionelle deutsch-arabische Freundschaft« begann. Wer das behauptet, verwechselt einerseits Türken mit Arabern und übersieht andererseits die Tatsache, daß sich die Stärkung der türkischen Zentralmacht letztlich *gegen* die Araber richtete. Folgerichtig suchten während des Ersten Weltkrieges die Araber nicht bei Deutschland Hilfe gegen die Osmanen, sondern bei Deutschlands Gegnern, vor allem bei Großbritannien.

Auch die Baupolitik in Jerusalem gehörte zum Modernisierungsprogramm Istanbuls. Die nun wieder intensivere Bautätigkeit und pfleglichere Behandlung der Heiligen Stadt sollten als politisches Signal der Türken verstanden werden. Ihr Inhalt lautete: Wir sind zwar schwächer denn je und müssen sogar eure Konsulate in Jerusalem zulassen, aber ihr solltet verstehen, daß dies nicht zuletzt eine den Muslimen heilige und ihnen deshalb wichtige Stadt ist.

Eine weitere politische, inner-islamische Absicht verfolgten die Verantwortlichen in Istanbul: Sie versuchten, eine islamische Einheitsfront gegen das christliche Europa vorzubereiten und setzten dabei auf die gesamt-islamische (panislamische) Karte. Islamisch einbinden und zähmen wollten sie dabei auch die Araber. Diese Rechnung ging jedoch nicht auf.

Als inner-islamisches Signal und als Zeichen gegenüber der christlich-europäischen Welt sollte die neue Verwaltungsgliederung des Heiligen Landes dienen.

Entscheidend für unser Interesse ist dabei die Hervorhebung Jerusalems. Das »Vilajet-Gesetz« von 1864 löste die Heilige Stadt aus der Provinz (Vilajet) Damaskus und erklärte Jerusalem zum eigenständigen Bezirk – zu einem Bezirk, der direkt der osmanischen Zentralregierung in Istanbul unterstand. Der Aufbau von Verwaltungen ist wirklich kein uninteressantes Thema, wenn man etwas über politische Gewichte und Gewichtungen lernen möchte.

Den europäischen Mächten folgten die Menschen: Christen und Juden. Um 1800 betrug die Bevölkerungszahl im Heiligen Land knapp dreihunderttausend Menschen. Manche nennen sogar noch niedrigere Zahlen. Das bedeutet, daß sich seit Mitte des 16. Jahrhunderts die Bevölkerung nicht vermehrt hatte. Die Lebensbedingungen im Heiligen Land waren offenbar so schlecht, daß die einheimische Bevölkerung nicht wachsen konnte und Auswärtige nicht kommen wollten. Schärfer formuliert: Die Besitzer hatten sich kaum um ihren Besitz gekümmert, das Land war verödet.

Wie bereits erwähnt gab es unter diesen knapp 300000 Einwohnern um 1800 etwa 5000 Juden (»Encyclopaedia Judaica«). Der israelische Bibelatlas stockt auf: Hier werden 6700 genannt, bei einer Gesamtbevölkerung von 275000 Menschen. Damit kann auch ein höherer Anteil (immer noch niedrig genug) vorgezeigt werden: 2,4 Prozent. Aber ohnehin rechtfertigen oder entkräften weder hohe noch niedrige Bevölkerungszahlen Eigentumsrechte.

Die Zahl der Christen für die Zeit um 1800 wird übrigens mit rund 25 000 angegeben.

Am Ende der Ali-Pascha-Ära, um 1840, ist die Gesamtzahl der Bevölkerung weitgehend unverändert geblieben, aber verdoppelt habe sich die Zahl der Juden, betont die »Encyclopaedia Judaica«. Das hört sich außerordentlich eindrucksvoll an, und das soll wohl auch so wirken. Aber was sind schon rund zehn- beziehungsweise rund zwölftausend Menschen selbst bei einer so niedrigen Gesamtzahl der Bevölkerung? Bestenfalls sind sie ein Zeichen für die Unsicherheit der eigenen Rechtsposition. Zu Recht besteht diese Unsicherheit, doch dadurch wird der arabisch-palästinensische Besitz noch lange kein Recht.

Aber dann kamen die ersten zionistisch motivierten Einwanderer in das Heilige Land.

Die Zionisten kommen

19. und 20. Jahrhundert

Warum strömten besonders seit dem ersten Drittel des 19. Jahrhunderts soviel mehr Juden in das Heilige Land als in den vorigen Jahrhunderten? Es gibt darauf vor allem zwei Antworten.

Erstens fanden die Juden freundliche Gastgeber im Heiligen Land vor (sofern sie sich als Gäste und nicht als eigentliche Besitzer oder gar Eigentümer vorstellten): die westlich orientierten, aufgeklärten Modernisierer Mohammed Ali und seinen Stiefsohn Ibrahim Pascha sowie dann die seit den 1830er Jahren radikal modernisierenden, sich öffnenden, jedoch geschwächten Türken.

Zweitens konnten sich die europäischen Juden geschützter denn je fühlen. Die Osmanen konnten es sich gar nicht leisten, ungastlich zu sein. Als Bürger der verschiedenen europäischen Staaten genossen auch die Juden den Schutz der »Kapitulationen«. Sie lebten im Osmanischen Reich, doch unter dem Recht ihres jeweiligen Herkunftsstaates. Außerdem konnte notfalls der britische Löwe brüllen, denn London war ja Patron der Juden geworden.

Groteske Situationen entstanden dabei: Beispielsweise war die Regierung Seiner Majestät des Russischen Zaren alles andere als judenfreundlich. Innenpolitisch jagte ein Pogrom das andere, vor allem im späten 19. Jahrhundert. Außenpolitisch hatte sich der russische Bär in der osmanischen Beute festgebissen. In dieser Lage schien es durchaus opportun zu sein, wenn Moskau russische Juden im Heiligen Land gegen die Zentralmacht in Istanbul »schützte«. Natürlich hatten der Zar und seine Berater dabei nicht ihre Liebe zu den Juden entdeckt. Vielmehr versuchten sie, ihre Einflußsphäre auszubauen und die Osmanen zu entmachten.

Es gab noch andere Gründe für die zunehmende jüdische Einwanderung: Europa fieberte im Zeitalter des Nationalismus, und erhitzte Gemüter erklärten die Juden zum Stein des Anstoßes. Juden waren besonders im russischen Herrschaftsbereich (der Polen einschloß) schon lange Opfer von Verfolgung gewesen. 1881 wurde Zar Alexander II. von Anarchisten ermordet. Wer trug »angeblich« die Schuld daran? Natürlich die Juden. Eine Welle von Judenverfolgungen (Pogromen) überschwemmte daraufhin Rußland.

Nun kamen russische Juden auf die Idee, daß man einen neuen Heilsweg suchen müsse, um dem Unheil zu entkommen. Sie griffen dabei aktuelle Strömungen auf. Damals meinte fast jedes Volk, daß die Lösung seiner jeweiligen Probleme in der Gründung eines eigenen Staates, eines Nationalstaates, zu finden sei. Auch im europäischen Judentum mehrten sich Stimmen, die ähnliche Gedanken äußerten.

Von einem Staat war allerdings bei diesen russischen Juden noch keine Rede. »Auf nach Zion, zurück nach Zion«, so lautete die Parole der »Zionsfreunde« (Chowewei Zion). »Laßt uns [nach Zion] aufbrechen, Söhne [und Töchter] Jakobs«, zitierten sie die Hebräische Bibel und faßten die ersten Buchstaben dieses Bibelzitats zum Gruppennamen zusammen: »Bilu«. Die in Bilu organisierten Juden waren diejenigen, die wirklich nach Zion – als Zionisten! – aufbrachen und 1882 in Palästina eintrafen (erste »Alija«, das heißt Einwanderungswelle).

Sie brachen nach Zion auf, um dort überleben und eine neue Gemeinschaft gründen zu können, nicht um dort zu beten, zu sterben und in heiligem Boden bestattet zu werden. Eine jüdische *Lebens*gemeinschaft, keine jüdische Glaubensgemeinschaft wollten sie in Zion errichten. Wie gesagt (und wiederholt, weil so wichtig und oft übersehen): Von einem Staat war noch lange keine Rede.

An die Einheimischen im Heiligen Land dachten sie nicht oder kaum. Sie wollten sich nicht einmischen in die Angelegenheiten der dort Ansässigen. Sie waren vor allem mit sich selbst beschäftigt. Tragisch ist ihre Geschichte, weil sie (wie in der griechischen Tragödie) schuldlos schuldig wurden. Denn ebenso wie die meisten späteren zionistischen Einwanderer wollten sie nur überleben und sich selbst retten. Den Konflikt, den sie dabei auslösten, hätten sie nur allzu gerne vermieden.

Die Tatsache, daß sie ihn vermeiden wollten, dokumentiert unter anderem ihre Vorgehensweise beim Kauf arabischer Böden. Stets suchten sie Plätze, wo wenig Araber lebten. Ihr Gebiet sollte von den Arabern getrennt liegen – nicht weil sie gegen Araber eingestellt gewesen wären; aber sie wollten endlich unter sich sein, nur unter Juden. Ein frommer Wunsch mit ganz unfrommen, doch unfreiwilligen Folgen. Ende der 1920er Jahre gab es kaum noch solche Böden. Nun waren die zionistischen Käufer auf Böden in arabischer Nachbarschaft angewiesen, und der Konflikt rückte näher, weil man sich auch geographisch nicht mehr aus dem Weg gehen konnte, aber sein eigenes Gebiet (am besten politisch unabhängig) wollte.

Dieser Bodenkauf war eine groteske Idee, und sie erregt noch heute Anhänger und Gegner von Zionisten oder Palästinensern. Kenneth Stein hat in den USA zu diesem Thema das wohl aufschlußreichste Buch veröffentlicht: »The land question in Palestine 1917–1939« (Chapel Hill u. a. 1984), der deutsch-israelische Politikwissenschaftler Dan Diner ein anregendes, wenn auch nicht selten die Tatsachen verzerrendes, schwer lesbares Buch: »Keine Zukunft auf den Gräbern der Palästinenser« (Hamburg 1982).

Das Unternehmen Bodenkauf war deshalb von Anfang an seltsam, weil die zionistischen Käufer damit nicht nur Besitzer, sondern zugleich auch Eigentümer der Böden werden wollten. Alles sollte legal und moralisch sein. Wenn jedoch die Juden (wie sie selbst stets beteuerten) die wahren Eigentümer des Landes waren, brauchten sie Grundbesitz doch gar nicht erst zu erwerben. Wem das Land gehört, dem gehören auch dessen Böden. Oder doch nicht? Zumindest signalisiert die Tatsache des Kaufs Zweifel.

Um einen Akt der vorwegnehmenden Wiedergutmachung handelte es sich natürlich ebenfalls nicht. Die Käufer gingen auf den Immobilienmarkt, auf dem nur Einzelpersonen, keine Nationen Geschäfte abschließen. Kein Volk kauft einem anderen dessen Land ab. Dieses wurde in der Geschichte meistens erobert, nicht erkauft. Auch nicht im Heiligen Land.

Die Bodenkäufe waren demnach entweder ein Beruhigungsmittel für das eigene zionistische Gewissen oder ein Betäubungsmittel für die palästinensischen Großgrundbesitzer und Großfamilien (die zwar politisch gegen die Zionisten protestieren, aber trotzdem gerne mit ihnen Verkäufe abschlossen). Vielleicht waren sie auch ein Ablenkungsmanöver gegenüber Dritten. Möglicherweise treffen alle Erklärungen zu. Jedenfalls war der Anstrich der Legalität gewährleistet – wenngleich die Makellosigkeit der eigenen Position unfreiwillig (und weitgehend unbemerkt) in Zweifel gezogen wurde. Eigentlich war nämlich die hinter den Bodenkäufen stehende Aussage eindeutig: Man war sich nicht sicher, wem das Heilige Land gehörte.

Auch die palästinensischen Araber waren keineswegs auf einen Konflikt mit den Zionisten erpicht. Aber diese Neuankömmlinge beunruhigten sie. Bei den ersten zionistisch motivierten Einwanderern spürten sie es schon. Erst recht bei denen, die in den Jahren 1904/1905 bis 1914 kamen (zweite Alija), denn diese zionistischen Juden waren ganz andere als ihre vorher in das Land gekommenen Glaubensgenossen. Die Juden der ersten Einwanderungswelle wollten lediglich als mehr oder weniger bürgerliche Juden im Land der Väter leben. Für die weltlich orientierten Zionisten der zweiten Einwanderungswelle lag das Heil im Aufbau ihrer neuen, hochmodernen, westlich-europäisch finanzierten Gemeinschaft. Schlimmer noch: Die Männer und Frauen der zweiten zionistischen Einwanderungswelle, besonders die Frauen, kleideten sich modern und freizügig. Auch die sexuelle Freizügigkeit wirkte wie eine Provokation für gläubige Muslime. Das empfanden übrigens auch die gläubigen Juden, die nach Zion nur des Betens und Sterbens wegen gekommen waren. Die Koalition von Arabern und streng orthodoxen Juden hat hier ebenfalls einige ihrer Wurzeln.

Die Männer und Frauen dieser zweiten Alija provozierten zudem durch ihre Hinwendung zum Marxismus, den sie mit dem (für fromme Juden ebenfalls gotteslästerlichen) Zionismus zum »Sozialistischen Zionismus« vermischten.

Die politische Bewegung des Zionismus im 19. Jahrhundert hatte zwar ideologische Vorläufer (zum Beispiel die »Zionsfreunde« aus Rußland); als Organisation wurde der Zionismus allerdings erst im Jahr 1897 von Theodor Herzl gegründet.

Kurzum: Das alles beunruhigte die vor-modernen, eher traditionalistischen und in der Regel tief religiös-islamischen arabischen Palästinenser. Sie spürten geradezu instinktiv, daß Gefahr im Verzug war. Und bald wehrten sie sich auch mit Waffengewalt: Es gehört zu den vielen Legenden im israelisch-arabischen Konflikt, daß bis 1917/18 (bis zum Eintreffen der Briten) nur eitel Sonnenschein zwischen Juden und Arabern geherrscht habe.

Ein Zusammenprall der Zivilisationen und Kulturen bahnte sich an. Gewollt hat ihn keiner der beiden, weder zionistische Juden noch Araber. Objektiv war er jedoch unvermeidbar. Das Schicksal nahm seinen Lauf.

Unmittelbar vor dem Beginn der zionistisch motivierten Einwanderung im Jahr 1882 war die Gesamtbevölkerung des Heiligen Landes, auch die jüdische, aus den genannten Gründen dramatisch gestiegen. Die Schätzwerte der (natürlich miteinander streitenden) Wissenschaftler pendelten sich bezogen auf das Jahr 1882 bei folgenden Werten für die Einwohnerzahl ein:

– Gesamtbevölkerung: 450 000
– Palästinensische Araber: 426 000
– Juden: 24 000

In den Jahren von 1882 bis zum Ausbruch des Ersten Weltkrieges fand dann im Heiligen Land ein gewaltiger Entwicklungsschub statt. An der (wiederum von Experten nur geschätzten) Einwohnerzahl von 1914 läßt er sich ablesen:

– Gesamtbevölkerung: 685 000
– Palästinensische Araber: 600 000
– Juden: 85 000

Im Vergleich zur palästinensisch-arabischen Bevölkerung stieg die jüdische Zahl also rasant, bedingt durch die Einwanderung, nicht durch natürliche Vermehrung.

Anders dagegen die Palästinenser. Ihr Zuwachs resultierte in erster Linie aus der natürlichen Bevölkerungsvermehrung. Das ist eine geschichtspolitisch wichtige Aussage, denn oft hört man, daß die seit dem Jahr 1882 feststellbare wirtschaftliche Aufwärtsbewegung im Heiligen Land viele Araber aus anderen Gebieten magnetisch angezogen hätte. Diese Behauptung ist nicht wahr, das gilt auch für spätere Zeiten bis 1948 (bis zur Gründung des Jüdischen Staates). Das Muster der Bevölkerungsvermehrung blieb bis 1948 gleich. Das heißt: Rund fünfundsiebzig Prozent des jüdischen Wachstums war auf die Einwanderung zurückzuführen; das der Palästinenser war Ergebnis der natürlichen, nicht der wanderungsbedingten Zunahme. Bis 1948 betrug das jährliche Wachstum der jüdischen Einwohnerzahl rund neun, das der Palästinenser knapp drei Prozent.

Gastfreundschaft ja, aber Überfremdung nein. Das meinten die ohnmächtigen Machthaber in Istanbul. Das meinten natürlich auch die palästinensischen Araber. Sie waren zwar auch nicht die Eigentümer oder Besitzer des Heiligen Landes, aber dessen Einwohner beziehungsweise »Einsitzer«. Ihre Volksgruppe lebte auf einem weitgehend nur von ihr besiedelten Gebiet. Das schuf Ruhe und Sicherheit. Unsicherheit erzeugen fast immer und überall bevölkerungspolitische Mischgebiete. Und ein solches entstand nun wieder im Heiligen Land. Unheil war somit programmiert. Auch die britischen Besitzer, die von 1917/18 bis 1948 das Heilige Land beherrschten, versuchten seit 1922, die Mischung der Bevölkerungsgruppen zu verhindern. Aber sie war nicht mehr zu verhindern. Nicht einmal die britische Weltmacht vermochte es.

Die Briten im Heiligen Land

20. Jahrhundert

Schritt für Schritt hatte sich die britische Weltmacht dem Heiligen Land genähert: 1704 war im Spanischen Erbfolgekrieg Gibraltar erobert worden. Ab 1757 herrschte Großbritannien über Indien. Eine dauerhafte und zuverlässige Verbindung zwischen dem Mutterland und Indien mußte nun hergestellt werden. So jedenfalls wollten es die politischen Entscheidungsträger in London. Und so geschah es im Lauf der nächsten zwei Jahrhunderte. In der Mitte zwischen London und Neu-Delhi lag das Heilige Land. Das war seine strategische Bedeutung für die Briten.

Von verschiedenen Himmelsrichtungen pirschte sich der britische Löwe an das Heilige Land heran, um den Kreis immer enger zu schließen: 1800 wurde Malta erobert, 1839 Aden besetzt, 1875 wurden die Aktien des 1869 eröffneten Suez-Kanals erworben. Die Briten beherrschten Ägypten seit ihrer Besetzung des Landes im Jahr 1882. Bis zum Ende des 19. Jahrhunderts waren mit fast allen Kleinfürstentümern am Persischen Golf »Verteidigungsabkommen« geschlossen worden (1899 zum Beispiel mit Kuwait). 1907 teilten sich die Briten mit den Russen Macht und Einfluß im Iran.

Anderen Staaten, zum Beispiel Deutschland, versuchte England den Einstieg und das Eindringen in die Region zu verwehren. So stieß der Bau der Bahnlinie von Berlin nach Bagdad auf erbitterten britischen Widerstand.

Endlich, so hofften die Briten, schien die Stunde des Osmanischen Reiches auch im Heiligen Land und in Arabien zu schlagen. Der Erste Weltkrieg brach aus. Großbritannien wollte im Nahen Osten noch mehr »Sicherheit« für den Weg nach Indien erreichen. Doch der Vorstoß in das Heilige Land gelang keineswegs schnell. Ganz im Gegenteil. Das angeblich so schwache Osmanische Reich präsentierte sich zunächst dank deutscher Hilfe militärisch recht erfolgreich. Damit hatte London nicht gerechnet. Nun suchte es Verbündete in der nahöstlichen Welt – und fand sie: in den Arabern.

Die Araber waren zwar, wie die Türken, Muslime, aber die osmanische Herrschaft empfanden sie zu Recht als Fremdherrschaft. Selbstbestimmung verlangten auch sie. Die Anfänge des arabischen Nationalismus reichen in das 19. Jahrhundert zurück. Ihr Anliegen schien Unterstützung zu finden, denn Großbritannien suchte ihre Gunst.

Vor allem dem Wächter der heiligen islamischen Stätten in den Städten Mekka und Medina, dem Scherifen Hussein von der Familie der Haschemiten, versprachen sie ein unabhängiges arabisches Königreich. »Eine feste und dauerhafte Allianz« wollte London mit den Arabern angesichts des Weltkrieges begründen. Ihr angestrebtes Ergebnis formulierte der britische Hochkommissar in Ägypten, Sir Henry McMahon am 24. Oktober 1915, im Auftrag seiner Regierung: »Die Vertreibung der Türken aus arabischen Ländern und die Befreiung der arabischen Völker vom türkischen Joch, das so lange auf ihnen lastete.«

Auch das versprochene Gebiet wurde in diesem berühmt-berüchtigten McMahon-Brief festgelegt. Bis heute streiten sich Araber, Briten und Juden sowie Historiker und Politiker darüber, ob auch Palästina den Arabern dargeboten werden sollte. Dieser Streit ist in doppelter Hinsicht müßig. Erstens sind für den, der den Brief liest und auf eine Karte schaut, die

Grenzen eindeutig. Er erkennt, daß auch das Heilige Land zum versprochenen arabischen Gebiet gehörte. Müßig ist der Streit aber noch aus einem viel wichtigeren Grund: Die britische Regierung dachte nicht im Traum daran, das gegebene Versprechen auch zu halten. (In dem Film »Lawrence von Arabien« wird diese Problematik übrigens zutreffend dargestellt.)

Der militärische Beitrag des »Arabischen Aufstands« gegen die Türken, der am 5. Juni 1916 auf der Arabischen Halbinsel (nicht im Heiligen Land) begann, war für die Briten eigentlich bedeutungslos. Das rechtfertigt jedoch nicht ihre Irreführung.

Wie betrügerisch und schamlos das den Arabern gegebene Versprechen der britischen Regierung war, kann leicht bewiesen werden: Fast gleichzeitig (1915/16) planten die Briten gemeinsam mit Rußland, Frankreich, Italien und Griechenland eine ganz andere Aufteilung der erhofften osmanischen Beute. Wozu jedoch mit so vielen Rivalen teilen? fragten sich englische Politiker. Sie hatten auch eine Antwort bereit: das britisch-französische Sykes-Picot-Abkommen vom 16. Mai 1916. Darin wurden das Heilige Land sowie Mesopotamien Großbritannien als Einflußgebiet weitgehend zugesprochen. Frankreich sollte den Libanon und Syrien erhalten. Alles gehörte damals freilich noch zum Osmanischen Reich.

Damit nicht genug. Mehrfach hält besser, das war wohl die Devise der britischen Regierung. Denn am 2. November 1917 versprach sie auch den Zionisten das bereits vorher schon den Arabern angebotene und eigentlich stets sich selbst zugedachte Heilige Land. Dieses Versprechen ging als Balfour-Erklärung in die Weltgeschichte ein. Der damalige britische Außenminister Balfour fixierte es in einem Brief an Lord Rothschild: »Lieber Lord Rothschild, ich freue mich, Ihnen im Namen der Regierung Seiner Majestät die folgende Sympathieerklärung für die jüdisch-zionistischen Bestrebungen mitteilen zu können, die dem Kabinett vorgelegt und von diesem gebilligt wurde. ›Die Errichtung einer nationalen Heimstätte in Palästina für das jüdische Volk wird von der Regierung Seiner Majestät mit Wohlwollen betrachtet. Sie wird ihr Bestes tun, um das Erreichen dieses Zieles zu erleichtern, wobei unmißverständlich zu betonen ist, daß nichts getan werden darf, was die Bürgerrechte und religiösen Rechte der in Palästina lebenden nichtjüdischen Bevölkerung oder die Rechte und den politischen Status der Juden irgendeines anderen Landes nachteilig betrifft.‹ Ich bitte Sie, diese Erklärung der Zionistischen Föderation zur Kenntnis zu bringen.«

Der Text ist im Zusammenhang mit der Geschichte des Zionismus oder des israelisch-palästinensischen Konfliktes hochinteressant (nachzulesen zum Beispiel in dem Buch »Nahost«, das ich zusammen mit Friedrich Schreiber verfaßt habe). Aber hier geht es allein um die Frage, wem das Heilige Land gehört, und zwar nur unter dem Aspekt der Besitzwechsel.

Bevor London das Osmanische Reich oder einige Reichsteile auch nur in Besitz nahm, handelte es wie der Eigentümer. Auf dreiste Weise versprach es allen alles und behielt es schließlich selbst. Widerrechtlich Angeeignetes wurde willkürlich, das heißt machtpolitisch verteilt. Getan wurde aber so, als verfüge man über sein Eigentum. Im Jiddischen nennt man das »Chuzpe«, eine Unverschämtheit. Oder sollte man von Betrug reden?

Das verbündete Frankreich wurde mit einem kleinen Teil abgespeist, den es sich zudem ab dem Jahr 1920 den Arabern gegenüber militärisch, den Briten gegenüber mit harten politisch-diplomatischen Bandagen erkämpfen mußte.

Nach dem politischen Schurkenstück seiner Regierung und nach der siegreichen Schlacht um Jerusalem spielte der britische Eroberer Theater: Am 9. Dezember 1917 zog der englische General Allenby mit seinen Truppen in Jerusalem ein. Als er das Jaffa-Tor erreichte, stieg er von seinem Pferd ab, denn er wollte die Heilige Stadt als Pilger, nicht als Eroberer betreten. Ausgerechnet! Vor ihm lag die Heilige Stadt, hinter ihm seine bewaffnete Streitmacht. Den Anspruch, Pilger gewesen zu sein, machten dem General Juden und Palästinenser allerdings kaum streitig. Die jüdischen Einwohner begrüßten General Allenby begeistert, die Palästinenser freundlich. Aber erst im Herbst 1918 hatte der neue Besitzer das gesamte Heilige Land sowie Syrien und den Libanon militärisch im Griff. Der Todeskampf des »kranken Mannes vom Bosporus« war zäh und lang.

Unter Zionisten und palästinensischen Nationalisten herrschte erwartungsvolle Spannung. Jeder hoffte, daß Großbritannien sie »befreien«, ihnen Unabhängigkeit gewähren, ihnen das Land, ihr Land, das Heilige Land, ihr vermeintliches Eigentum überreichen würde. Die gesamtarabische Perspektive braucht hier nicht zu erörtert werden. Sie ist eher von innerarabischem Interesse. Ihr Ziel war ein arabischer Gesamtstaat, keine Aufspaltung in einzelne arabische Staaten. Auch in der palästinensischen Nationalbewegung fanden und finden wir diese Richtung. Sie konnte sich weder bei den Palästinensern noch bei den anderen Arabern wirklich durchsetzen.

Wieder hatten sich die Besitzverhältnisse im Heiligen Land geändert. Jetzt verfügte Großbritannien tatsächlich über das Land, als dessen Eigentümer es sich aufspielte. Ihren Coup ließen sich die Briten in bezug auf das mesopotamische Zweistromland sowie das Heilige Land (seit den Römern »Palästina« genannt) und die Franzosen in bezug auf Syrien und den Libanon vom Völkerbund am 24. Juli 1922 auf internationaler Ebene legitimieren.

Diese Augenwischerei galt dann also sogar als Völkerrecht. Es war ein Skandal, sowohl den Arabern als auch den Zionisten gegenüber. Siegerrecht war es. Als Völkerrecht wurde es verkauft. Der »völkerrechtliche« Begriff hieß »Mandat«. Das Wort hängt mit dem lateinischen »manus« (auf deutsch: Hand) zusammen. Das Mandat war demzufolge eine Treuhandschaft. Treuhandschaften übernimmt man zum Beispiel über unmündige Menschen. Und genau als solche betrachtete die Völkergemeinschaft die Einwohner des Nahen Ostens, auch die Bewohner des Heiligen Landes. Erst wenn diese für die Unabhängigkeit »reif« wären, könnte man sie ihnen gewähren. Damit wurde ausgesagt, daß weder Großbritannien noch Frankreich gewillt waren, die Treuhandschaft eines Tages *freiwillig* aufzugeben. Vielmehr wollten sie ihre Mandatsgebiete in Kolonien umwandeln, mit Hilfe des Völkerrechts.

Im Grunde genommen gaben sich hierüber weder die Zionisten noch die Palästinenser Illusionen hin. Über die Methoden, die Mandatsmacht wieder loszuwerden, stritten sie; sogar heftig. Man begehe nicht den Fehler, entweder alle zionistischen oder alle palästinensischen Gruppen und Parteien über einen Kamm zu scheren und ihre durchaus grundlegenden Meinungsverschiedenheiten zu übersehen. Aber abgesehen von Kollaborateuren wartete jeder auf seine Chance – gegen die Briten. Die Zionisten wollten im Prinzip ihren Staat auf Kosten der Palästinenser, die Palästinenser ihren Staat auf Kosten der Zionisten verwirklichen. Natürlich wurden auch diese Ziele nicht so ausgesprochen, und natürlich gab es in jedem der beiden Lager zwei Gruppen: die militanten »Falken« und die sanften »Tauben«. Über ihr Ziel waren sich die jeweiligen »Falken« und »Tauben« einig. Über die Mittel gerieten sie in durchaus heftige Auseinandersetzungen.

Politischer als die Palästinenser dachten und handelten ganz gewiß die Zionisten. Das bedeutet, sie verloren ihr strategisches Ziel nicht aus den Augen, aber sie schlossen dabei taktische Kompromisse. Sie waren bereit und fähig, einen Schritt zurückzugehen, um dann zwei nach vorne preschen zu können. Die verantwortlichen zionistischen Politiker hatten erkannt, daß gegen die Großmächte oder gegen den jeweiligen Besitzer des Heiligen Landes (zunächst) nichts erreicht werden konnte.

Schon der Begründer der Zionistischen Weltorganisation, Theodor Herzl, hatte sich von dieser Erkenntnis leiten – und fast bis zur Prinzipienlosigkeit verleiten – lassen. Er verhandelte mit den Osmanen, um sie (übrigens auch mit Hilfe von Kaiser Wilhelm II.) dazu zu überreden, den Juden die begehrte »Heimstätte in Palästina« zu gewähren. Es versteht sich von selbst, daß die Türken kein Interesse daran hatten, ihre bereits schwache Position durch noch mehr jüdische Einwanderer oder gar durch eine Heimstätte untergraben zu lassen.

Wohlgemerkt, von einem jüdischen *Staat* war damals amtlich noch nicht die Rede, wenngleich dieser Staat auch Herzls eigentliches Ziel war. Sein programmatisches Buch (1896 erschienen, ein Jahr vor Gründung der Zionistischen Weltorganisation) hieß bezeichnenderweise »Der Judenstaat«. Das strategische Ziel war der Staat, das taktische die völkerrechtlich gesicherte »Heimstätte«.

Die Mehrheit der zionistischen Politiker meinte nach dem Ersten Weltkrieg, daß sie *mit* England zunächst mehr erreichen könnten als *gegen* England. Erst allmählich wurde diese Politik auch innerzionistisch immer umstrittener.

Viele Historiker sind sich uneinig, ob die Briten eine »prozionistische« oder »proarabische« Politik betrieben hätten. Auch dieser »Historikerstreit« ist (wie viele andere)

Britisches Mandat 1922

müßig, denn die Antwort ist einfach: Die Briten betrieben britische Politik. Sie spielten dabei Zionisten gegen Palästinenser aus und umgekehrt. Sie wollten Palästina weder den Palästinensern noch den Juden geben. Sie wollten es behalten. Divide et impera, »Teile und herrsche« heißt das grausame Spiel seit den Zeiten der Römer.

Das vom Völkerbund im Juli 1922 verabschiedete britische Mandat über Palästina bestand, grob gesprochen, aus folgenden Gebieten:

- dem heutigen israelischen Kernstaat in seinen Grenzen vor den Eroberungen des Sechstagekrieges,
- dem Ostjordanland,
- dem Westjordanland,
- dem Gaza-Streifen.

Aber bereits 1921 hatte die britische Regierung vier Fünftel des Mandatsgebietes abgezweigt: nicht für die Zionisten, nicht für die Palästinenser, sondern für die Familie der Haschemiten. Es war ein Akt der Wiedergutmachung – auf Kosten der Juden und Palästinenser.

Oberhaupt der Haschemiten war im Jahr 1915 der Scherif Hussein. Ihm hatten die Briten einst Unabhängigkeit und auch die Herrschaft über jenes Heilige Land versprochen, das sie sich dann in den Jahren 1917/18 selbst genommen und behalten hatten. Abfinden wollten sie die Familie des Haschemiten mit Syrien und dem Libanon. Das paßte wiederum Frankreich nicht, und es vertrieb mit militärischer Macht im Juli 1920 den Emir Faisal, einen Sohn des Scherifen Hussein, aus Damaskus. Nun war London gefordert. Allzu offensichtlich hatte es die Haschemiten hintergangen. Emir Abdallah, ein anderer Sohn des Scherifen, stürmte mit seinen Truppen nach Norden, um Syrien für seine Familie von den Franzosen zu »befreien«, was London verhindern mußte, um nicht auch noch mit Paris Ärger zu bekommen oder gar in einen militärischen Konflikt hineingezogen zu werden. Was tun? Mesopotamien behalten, es zum Königreich umwandeln und Faisal 1921 zum König des Irak küren – das war die eine britische Antwort, die vor allem Kolonialminister Winston Churchill im März 1921 durchboxte.

Als zweite Antwort bekam Emir Abdallah das Gebiet östlich des Jordans (Transjordanien) als Trostpflaster. Damit konnten die verständlicherweise aufbegehrenden Haschemiten zwar nicht befriedigt, wohl aber befriedet werden, zumal sie in ihrer Heimat (dem »Hedschas«, also dem Westen der Arabischen Halbinsel) in einen Konflikt mit dem Hause Ibn Saud stolperten. Sie verloren den Streit und damit 1925 ihre Herrschaft über den Hedschas. Neuer Herrscher war dort nun Ibn Saud, der dann sein Königreich »Saudi-Arabien« nannte.

Doch zurück zu den Haschemiten in Transjordanien, das sich 1921 in ein »Emirat« verwandelte, obwohl es immer noch zum britischen Mandatsgebiet Palästina gehörte. Von den Briten importiert wurde also die Herrscherfamilie dieses Emirats, das im Jahr 1946 Königreich wurde (Königreich Jordanien).

Die Zionisten bezeichneten diese Maßnahme als »erste Teilung Palästinas«. Und auch die Palästinenser waren zu Recht empört. Ihnen hatte Winston Churchill einfach eine fremde Herrscherfamilie aufgepfropft. Sie war zwar islamisch, sie war auch arabisch, aber fremd blieb sie trotzdem – bis auf den heutigen Tag.

Der jordanische König Hussein (ein braver, sympathischer, tapferer und taktisch höchst geschickter Mann) war der Enkel des ersten Emirs (später Königs) von Transjordanien. Wie klug er auch regierte, die Palästinenser blieben ablehnend, weil sie keine Fremdherrschaft mehr wollten, auch keine arabische. Die Palästinenser stellten damals, und sind erst recht heute, die überwältigende Mehrheit der Bevölkerung (Trans-)Jordaniens. Heute sind sechzig bis fünfundsiebzig Prozent der jordanischen Bürger Palästinenser. Es ist daher nur eine Frage der Zeit, wann sie sich dieser Fremdherrschaft entledigen. Es wird zwar bestritten, daß sie es planen, aber es wurde mehrfach versucht (zum Beispiel in den Jahren 1958 oder 1968 bis 1970). Kommt es zum Vulkanausbruch? Erloschen ist er jedenfalls nicht.

Die Haschemiten (und König Hussein) repräsentierten also seit 1921 eigentlich nur sich selbst und einige ihrer Günstlinge, nicht jedoch »ihr Volk«. Sie haben keines, abgesehen von der traditionellen Unterstützung der ostjordanischen Beduinen und ihrer Nachfahren. Diese waren und sind nämlich sehr froh über jeden Partner gegen ihren palästinensisch-städtischen Rivalen.

Die Entscheidung der Briten war schon im Jahr 1921 »reaktionär«, denn sie sollte das Rad der Geschichte zurückdrehen. Und wer etwas zurückdrehen oder »zurückmachen« (lateinisch: reagere) will, ist »reaktionär«. Churchill wollte im 20. Jahrhundert die alte Kabinettspolitik früherer Zeiten am grünen Tisch fortsetzen, ohne Rücksicht auf den Willen der Bevölkerungsmehrheit.

Die Politik der Briten war nicht nur unmoralisch. Sie war bei näherer Betrachtung eine Verletzung des ohnehin brüchigen Völkerrechts, das in bezug auf das Heilige Land die politische Wirklichkeit zwar nicht immer verdreht, aber doch erheblich geschönt hatte. Der Text des Mandats aus dem Jahr 1922, der sich mit dem Gebiet Transjordanien befaßt (Artikel 25), besagt: »In den Gebieten zwischen dem Jordan und der östlichen Grenze Palästinas ist die Mandatsmacht berechtigt, mit Zustimmung des Völkerbundrates, die Anwendung solcher Bestimmungen aufzuschieben oder aufzuheben, die sie in diesem Gebiet für nicht anwendbar hält.«

Die Briten konnten also in dem Gebiet tun und lassen, was sie wollten. Und sie wollten den Haschemiten gegenüber etwas Wiedergutmachung leisten: auf Kosten der Palästinenser und Zionisten. Dabei hatten sie sich doch im Vorspann (Präambel) der Mandatsurkunde verpflichtet, das den Juden gegebene Versprechen zu halten: »Die Mandatsmacht ist für die Verwirklichung der ursprünglich am 2. November 1917 gegebenen Erklärung verantwortlich.« Damit ist die Balfour-Erklärung gemeint, also die »Errichtung einer nationalen Heimstätte für das jüdische Volk in Palästina«.

Sollte dieses Versprechen nun gewichtiger sein als die übrigen, auch wichtiger als der politische Selbstbedienungsladen der Briten und Franzosen? Weit gefehlt, denn Artikel 25 entriß den Juden vier Fünftel des Geschenks, über das der Schenkende eigentlich nur kraft seiner Macht verfügte, nicht kraft seines Eigentumsrechtes.

Wie wenig ernst es die Briten mit der »Errichtung der nationalen Heimstätte für das jüdische Volk in Palästina« meinten, bewiesen sie dann schon drei Monate nach der Verabschiedung des Palästina-Mandates. Im Juni 1922 veröffentlichte Winston Churchill ein Weißbuch. Darin heißt es: »Nicht Palästina als Ganzes sollte eine jüdische National-Heimstätte werden.« Außerdem: »Die jüdische Einwanderung kann nicht über der wirtschaftlichen Aufnahmefähigkeit des Landes liegen.« Und schließlich: »Ein Gesetzgebungsrat soll gegründet und durch möglichst allgemeine Wahlen bestimmt werden.« Das bedeutete, daß statt einer jüdischen Heimstätte (nicht Staat!) nun pro forma eine jüdisch-arabische entstehen sollte; keine nationale, sondern eine binationale, also eine Heimstätte für beide Völker. Herr im Haus wollte selbstverständlich Großbritannien bleiben. London verfügte und bestimmte im Namen des Völkerrechts, denn noch waren die Einheimischen für die

Unabhängigkeit angeblich nicht »reif« genug – eine zynische Farce.

Die eingewanderten Zionisten waren erregt und verärgert, blieben aber in der Defensive, weil sie damals noch viel zu schwach für den Angriff (auf wen auch immer) waren. Sie mußten Zeit gewinnen, damit mehr Menschen kamen, die halfen, ihre Position zu stärken.

Erregt waren auch die Gemüter der arabischen Welt, besonders der Palästinenser. Sie wollten nun endlich über sich selbst bestimmen, fühlten (und fühlen) sich als die Eigentümer des Heiligen Landes und erkannten deutlich, daß ihnen Gefahr drohte, entweder in Form britischer oder jüdischer Fremdherrschaft oder gar von beiden Seiten.

Die Palästinenser gingen deshalb in die Offensive, und dabei waren sie schon damals brutal. Bereits am ersten Jahrestag der Balfour-Erklärung, am 2. November 1918, kam es in Jerusalem zu gewaltsamen antibritischen (und natürlich auch antizionistischen) Demonstrationen. Im April 1920 stürmte ein fanatisierter arabischer Mob während des Nebi-Mussa-Festes das jüdische Viertel in Jerusalem. Im Mai 1921 kam es besonders in der Hafenstadt Jaffa zu blutigen Unruhen. Nach Meinung der arabisch-palästinensischen Bevölkerung handelten die Zionisten nämlich nicht nur im britisch-kapitalistischen Auftrag, sondern auch aufgrund kommunistisch-gotteslästerlicher Ideen. Ein seltsames politisches Gebräu wurde hier unterstellt, aber Ängste sind nicht unbedingt dem klaren Denken förderlich. Und daß sich die Palästinenser von allen Seiten bedroht und geprellt fühlten, muß man verstehen. Verstehen muß man aber auch den Ärger der Zionisten, vor allem der sozialistischen Zionisten, die doch alles so gut meinten und so schlecht machten – zumindest im Zusammenleben mit den Palästinensern. Diese verspürten jedoch weder das Bedürfnis, von den Engländern beherrscht noch von den sozialistischen Zionisten »befreit« zu werden.

Das jüdische Volk (und damit auch sich selbst) wollten die Zionisten ebenfalls befreien, nämlich vom Leid der jahrhundertelangen Diaspora. Ort der Befreiung konnte ihrer Meinung nach nur das »Land der Väter« sein. Sie wollten ja nur Rückkehr, keine Eroberung, keine Landnahme wie vor rund dreitausenddreihundert Jahren, also wie in biblischen Zeiten. Die Gegner der sozialistischen Zionisten, die eher bürgerlich-rechtsnationalistischen »Revisionisten« unter Wladimir Jabotinsky (einer der geistigen Väter von Menachem Begin, Jitzchak Schamir und Ariel Scharon), gaben sich weniger Illusionen hin. Sie glaubten nicht an die Bereitschaft der Araber, sich von den Juden befreien zu lassen. Anzunehmen sei vielmehr, daß die Araber das Land, das auch sie als »ihr Land« betrachteten, energisch verteidigen würden. Verständlicherweise. Deshalb müßten die Zionisten, so Jabotinskys Rat, um ihr Gemeinwesen eine »eiserne Wand« errichten. Gegen sie würden die Araber zwar immer wieder anrennen, aber am Ende einsehen, daß dieser Sturmlauf der Wand besser bekomme als ihrem Kopf.

Wie so oft ist auch in bezug auf die sozialistischen Zionisten festzustellen: Gut gemeint ist noch lange nicht gut gemacht, denn

- die Briten wollten Besitzer bleiben, und
- die Palästinenser hielten (und halten) sich, wie die Juden, für die wahren Eigentümer des Heiligen Landes.

Der Konflikt war vorprogrammiert, unabwendbar, aber zunächst aufschiebbar. Der Aufschub kam nach dem Jahr 1922 aus zwei Gründen. Erstens hatten die Briten ihre Machtstellung stabilisiert, und zweitens nahm die Zahl der jüdischen Einwanderer wieder ab. Nur in den ersten Wirren nach dem Ersten Weltkrieg und der Russischen Revolution der Kommunisten suchten Juden den Weg nach Palästina. Die meisten strebten ohnehin eher in die USA als in das Heilige Land. Deutlich wird hier ein typisches Muster der zionistisch-israelischen Geschichte: Nur eine Minderheit will nach Zion, die Mehrheit (sofern sie einen Ortswechsel vollzieht oder vollziehen muß) sucht die »Fleischtöpfe Ägyptens«.

Die Palästinenser konnten hoffen, die Briten sich freuen, und die Zionisten mußten bangen. Das währte nicht lange. Die Krise der Zionisten war in den Jahren 1928/29 überwunden. Es kamen wieder neue jüdische Einwanderer. Im Herbst 1929 begann die Weltwirtschaftskrise. Auch außerhalb des Heiligen Landes wurden die Fleischrationen kleiner.

In Deutschland hatte der Judenhasser Adolf Hitler seine ab 1933 antijüdische, ab 1938 judenmordende und ab 1941 judenvernichtende Politik eingeleitet. Auch in Polen nahm der Antisemitismus Anfang der dreißiger Jahre (schon vor dem deutschen Einmarsch) dramatisch zu. Die meisten jüdischen Einwanderer, die ab 1932/33 in das Heilige Land kamen, stammten aus Polen, nur achtzehn Prozent aus Deutschland. Das war trotzdem ein neuer deutsch-jüdischer Rekord. Vorher hatten sich gerade die deutschen Juden für den Zionismus so gut wie gar nicht interessiert. Sie lehnten ihn sogar mehrheitlich ab. Es gehe ihnen doch prächtig in Deutschland, hatten sie immer wieder verkündet.

»Weshalb sollen wir den polnischen und deutschen Antisemitismus ausbaden?« fragten die Palästinenser und gaben damit eigentlich schon die Antwort. Sie gingen von der Verteidigung zum Angriff über und veranstalteten im August 1929 vor allem in Jerusalem und Hebron Massaker an der dortigen jüdischen Bevölkerung – meistens ausgerechnet an orthodoxen Juden, die (wie wir aus dem ersten Teil dieses Buches wissen) bis in unsere Gegenwart ebenfalls den Zionismus bekämpfen.

Selbst dieses grausame Gemetzel half den Palästinensern nicht, obwohl ein Bericht der britischen Regierung sich auf die Seite der palästinensischen Täter gegen die jüdischen Opfer stellte. Es kamen trotzdem noch mehr Juden nach Palästina. Von 1936 bis 1939 probten daraufhin die Palästinenser den Aufstand; zunächst nur gegen die Juden, dann gegen die Briten und Juden. Am Ende hatten sie militärisch verloren (trotz deutscher, das heißt nationalsozialistischer Waffenhilfe) und politisch gewonnen.

Politisch gewonnen hatten sie, weil der Zweite Weltkrieg nahte und Großbritannien Ruhe in Nahost brauchte. Unruhig aber waren die Araber, weil Großbritannien bis Anfang 1939 die Palästinenser blutig niedergerungen hatte. Auch in anderen arabischen Regionen, besonders in Ägypten und im Irak, meldeten sich die Befürworter eines nach Selbständigkeit strebenden Kurses immer energischer zu Wort. Selbständigkeit dieser Araber, das bedeutete: »Briten raus«. Genau das wäre für London eine Katastrophe gewesen, denn der Nahe Osten war von größter strategischer Bedeutung. Im Krieg bestätigte sich diese Einschätzung.

Die Briten mußten nun mit allen Mitteln die Araber auf ihre Seite ziehen, um sie als Partner im Kampf gegen Hitler zu gewinnen. Zumindest stillhalten sollten sie. Ein symbolträchtiger und wirksamer Schritt war für die britische Mandatsmacht die Einstellung der jüdischen Einwanderung nach Palästina. Am 17. Mai 1939 wurde diese Option amtliche Regierungspolitik, veröffentlicht in einem entsprechenden Weißbuch. Auch der Verkauf palästinensischer Böden an die Zionisten wurde verboten. Das Ende des Zionismus schien nah.

Der Zweite Weltkrieg begann, und damit auch der Holocaust. Britische Politik schien, angesichts der offenkundigen Not der Juden Europas, in Palästina versagt zu haben. Aber war das Ziel, Hitler zu schlagen, nicht so moralisch, daß diese Unmoral zu ertragen sogar notwendig war? So zumindest argumentierte man in London (und Washington!) – auch während des Zweiten Weltkrieges, auch in Zeiten der millionenfachen Judenvernichtung.

Hitler habe unbeabsichtigt die Errichtung des Jüdischen Staates ermöglicht – immer wieder ist diese These zu hören. Durch die Wiederholung wird eine falsche Behauptung allerdings nicht wahr. In meinem Buch »Ewige Schuld? Vierzig Jahre deutsch-jüdisch-israelische Beziehung« habe ich das Thema ausführlich erörtert. Hier seien deshalb nur einige Punkte genannt, die für unseren Zusammenhang von Bedeutung sind.

- Der Holocaust hat die Gründung Israels vielleicht beschleunigt, aber nicht ermöglicht.
- Der Holocaust war für den Zionismus ein großer innerjüdischer Rechtfertigungsschub. Er bewies nämlich der bis dahin nichtzionistischen Mehrheit der Juden, daß der Zionismus recht behielt, weil er stets vor der Gefahr des mörderischen Antisemitismus gewarnt hatte.

Böse Zungen (auch von Historikern, besonders israelischen) behaupten, daß die zionistische Führung, an ihrer Spitze David Ben Gurion, absichtlich nichts gegen die Judenvernichtung unternahm, weil sie sich eben diesen Legitimationsschub erhoffte. Doch was hätten sie denn ihrerseits wirklich bewirken können? Andererseits wäre eine vollkommene Passivität ziemlich dumm, ja selbstmörderisch gewesen. Wenn überhaupt Juden freiwillig nach Palästina kamen, dann waren es die osteuropäischen. Und gerade sie waren Hauptopfer des Mordes an den Juden.

Die Befürworter der Gründung Israels beriefen sich nach 1945 als Rechtfertigung immer wieder auf den Holocaust, heißt es. Aber wir müssen den Rückzug der Briten und die

Errichtung Israels im welthistorischen Zusammenhang sehen – im Zusammenhang mit der Entkolonialisierung. Was Afrikas wenig moderne Völker durch die Entkolonialisierung geschafft haben, hätten die wohlorganisierten Zionisten, die ihr Gemeinwesen seit 1882 zielstrebig entwickelten, doch auch erreicht – oder?

»Wir haben die Zeche für den Holocaust zu zahlen«, sagen viele Palästinenser. Ihr Groll über die Gründung Israels mag nachvollziehbar sein. Aber diese Begründung ist falsch. Schon 1937 gab es einen britischen Teilungsplan für Palästina, der durch das Weißbuch vom Mai 1939 zurückgenommen wurde. Trotzdem war der zionistische Zug längst abgefahren und brauste durch die politische Landschaft.

In einer Hinsicht hatten die Palästinenser tatsächlich die Zeche für ein historisches Menü zu zahlen, das sie allerdings selbst zusammengestellt hatten. Wie manche arabische Nationalisten (zum Beispiel in Ägypten oder im Irak) hatten die Palästinenser im Zweiten Weltkrieg für Deutschland Partei ergriffen. Hilfe und Führung im Kampf gegen die britische Mandatsmacht hatte Palästinenserführer Amin el-Husseini (der Großmufti von Jerusalem) beim deutschen »Führer« gesucht, bei Adolf Hitler. Der fromme Mann aus dem Morgenland bot sogar aktive Unterstützung bei der Judenvernichtung an. Man vergesse nicht, daß deutsche Truppen vom Februar 1941 bis zum November 1942 in Nordafrika kämpften. Dort lebten viele Juden, und mit dem Transport nordafrikanischer Juden in die osteuropäischen Vernichtungslager war begonnen worden.

Diese Form der aktiven Zusammenarbeit war nach dem Krieg den westlichen Politikern weitgehend unbekannt. Entscheidend war für sie, daß sich die Palästinenser für die gegnerische Seite entschieden und sich damit als unzuverlässig erwiesen hatten. Trotzdem waren westliche Politiker (besonders in London) in der Zeit des beginnenden Kalten Krieges gerne vergeßlich. Um den Vormarsch der Kommunisten »einzudämmen«, konnte und wollte sich Großbritannien nicht den Luxus leisten, Moral vor Realpolitik zu setzen.

Moralisch verbunden fühlten sich die britischen Politiker den Zionisten gegenüber ohnehin nicht. Schon vor dem Zweiten Weltkrieg gab es im rechtszionistischen Lager laute Stimmen, die forderten, nicht nur offensiv gegen die Palästinenser, sondern auch gegen die Briten vorzugehen. Durchsetzen konnten sie sich mit dieser Forderung nicht, aber 1944 ließen sie sich nicht mehr bremsen. Im Jahr 1944 verkündete Menachem Begin mit dem von ihm geführten militärischen Arm der Revisionisten (dem »Etzel«) die »Rebellion« gegen die Mandatsmacht. Die kleine militante Gruppe brachte Großbritannien seitdem im Heiligen Land in große Verlegenheit. Unheilig waren die Mittel, die Begin und seine Kampfgenossen anwendeten. Ihr Vorgehen und Denken erinnerte an die Zeloten. Sie selbst fanden (und finden noch heute) diesen Vergleich eher schmeichelhaft. Über Geschmack läßt sich schwer streiten. Man sollte es jedoch, um zu zeigen, wo man selbst steht. Die Interpretation der Vergangenheit ist nämlich stets ein politisches Signal in der Gegenwart.

Auch nach dem millionenfachen Mord an den europäischen Juden weigerte sich die britische Regierung, einwanderungswillige Überlebende nach Palästina einreisen zu lassen. Die britische Sturheit erregte nicht nur die Zionisten, sondern auch die Öffentlichkeit in der westlichen Welt. Damit rechnete, darauf baute die zionistische Führung. Ein Flüchtlingsschiff nach dem anderen mietete sie, wohlwissend, daß die englische Marine sie vor der Küste des Heiligen Landes abfangen und in menschenunwürdige Internierungslager verfrachten würde – ein Leckerbissen für antibritische und zugleich prozionistische Propaganda. Die Geschichte des Flüchtlingsschiffes »Exodus« kennt heute fast jeder; entweder aus dem Bestseller von Leon Uris oder aus dem nach diesem Buch entstandenen Film.

Die militanten Rechtszionisten unter Begin hatten die Briten regelrecht herausgebombt, die Linkszionisten hatten mehr die ebenso wirksame Propagandawaffe eingesetzt (siehe »Exodus«). Auch die Palästinenser wollten die Briten lieber sofort aus dem Land abziehen sehen. In den USA empörte sich die Öffentlichkeit (und seit Oktober 1946 auch Präsident Truman) über Dummheit, Sturheit und Unmoral der Briten. Im Februar 1947 gab die britische Regierung auf. Sie überließ das Palästinaproblem der UNO. Die beiden alleingelassenen Konfliktparteien, die Zionisten und die Palästinenser, bauten nun, militärisch und diplomatisch, ihre Fronten weiter aus.

Die Gründung Israels: Palästina wird Jordanien

Nach zähem diplomatischem Ringen glaubte die Vollversammlung der Vereinten Nationen (UNO) am 29. November 1947 die Lösung für den zionistisch-palästinensischen Konflikt gefunden zu haben: die Teilung des Heiligen Landes.

Die Logik war einfach: Da ein Miteinander beider dort lebender Völker unmöglich erscheine, müßten sie voneinander getrennt werden. Jerusalem sollte international verwaltet werden.

Eine Teilung war aber keine Lösung des Problems, das hätte die für diesen Vorschlag notwendige und auch erreichte Zweidrittelmehrheit der UNO schon damals wissen können. Im August 1947 war nämlich Britisch-Indien geteilt und in die Unabhängigkeit entlassen worden. Die Folge der Teilung und des mit ihr verbundenen »Bevölkerungsaustausches« waren millionenfacher Mord und Totschlag.

Der Plan der UNO-Minderheit war, genau betrachtet, eine Provokation der jüdischen Seite. Er sah folgendes vor: Es sollte ein Bundesstaat entstehen, der sich aus je einem jüdischen und arabischen Teilstaat zusammensetzte. Jerusalem sollte die Hauptstadt des Bundesstaates sein, dessen Regierung nicht zuletzt über Verteidigung und Außenpolitik entscheiden würde. Ein »Libanon« wäre dieses Gebilde geworden, die Zerrüttung oder die Lähmung programmiert gewesen.

Der Plan besagte außerdem, daß die Einwanderung von Juden in den Jüdischen Staat für drei Jahre erlaubt wurde – entsprechend der »Aufnahmefähigkeit des Landes«. Das war ein deutlicher Pferdefuß. Die »Aufnahmefähigkeit« sollte darüber hinaus von je drei jüdischen, arabischen und UN-Vertretern bestimmt werden. Es ist zu verstehen, daß die Zionisten, erst recht nach dem Holocaust, auf Gnadenakte dieser Art in und für ihren eigenen Staat verzichteten.

Wegen der Teilung und damit der Möglichkeit zur Staatsgründung, auf einem allerdings winzigen Staatsgebiet, hatten die zionistischen Politiker den Teilungsplan zähneknirschend angenommen.

Die Palästinenser lehnten den Plan rundweg ab. Sie griffen sofort (schon am 30. November 1947) zu den Waffen – und verloren am Ende alles. Selbst den ihnen von der UNO zugedachten Teilstaat hatten sie verspielt.

Schon vor der Gründung Israels am 14. Mai 1948 waren die Palästinenser von den Zionisten praktisch militärisch geschlagen und zum Teil auch schon entweder vertrieben worden oder geflohen. Beides geschah, und jede Seite verbreitete ihre Sichtweise. Die objektivste und selbstkritischste findet man (das ist gar nicht so erstaunlich) in Israel, wo neuerdings viel zu diesem Thema der Vertreibung enthüllt wird. Die wohl besten Darstellungen hat Benny Morris vorgelegt. Deutsche Leser können bislang leider nur auf die englische Ausgabe zurückgreifen: »The birth of the Palestinean refugee problem 1948–1949« (Cambridge 1987). Auch der israelische Militärhistoriker (und Major a. D.) Meir Pail hat die Kontroverse über »Flucht oder Vertreibung« sehr zutreffend und selbstkritisch geschildert: »Ungefähr ein Drittel der palästinensischen Flüchtlinge beschloß, aus freien Stücken zu fliehen, besonders am Anfang des Krieges [also schon seit November 1947]. Ein weiteres Drittel floh aufgrund psycho-

Israel seit 1948

logischer Maßnahmen der Juden. Man sagte ihnen, es sei besser für sie, freiwillig zu gehen, als erobert zu werden. Das letzte Drittel wurde regelrecht mit Gewalt vertrieben.«

Wie sahen diese »psychologischen Maßnahmen« aus? Hier eine Kostprobe vom 15. Mai 1948: Den palästinensischen Bewohnern eines Jerusalemer Stadtteils empfahlen israelische Militärs über Lautsprecher folgendes: »Haut ab aus diesem Blutbad. Ergebt euch mit euren Waffen. Nichts wird euch passieren... Wenn ihr bleibt, erzeugt ihr ein Desaster.«

Zwei Drittel der Palästinenser wurden vertrieben, ein Drittel floh in der Hoffnung, bald als Sieger in das »eigene Land« zurückkehren zu können. »Hunderttausende entschlossen sich, ihre Heimat zu verlassen. Sie wurden in diesem Entschluß noch bestärkt durch einige ›Nationalkomitees‹, die vor allem in Jaffa von militanten Nationalisten gegründet worden waren und ihnen versicherten, daß ihr Exil bloß von kurzer Dauer sein werde; nur einige Wochen oder Monate. Diese Zeit würden die verbündeten arabischen Armeen benötigen, um die zionistischen Streitkräfte zu besiegen.« Dies berichtet kein israelischer »Hofhistoriker«, sondern Salah Chalaf alias Abu Ijad, der inzwischen ermordete Sicherheitschef der größten PLO-Gruppe namens Al Fatah.

Wie viele Menschen lebten 1948 im Heiligen Land? Wie viele Juden, wie viele Palästinenser? Hierzu erneut ein kurzer Blick auf die Bevölkerungsstatistik: Am Vorabend der Staatsgründung Israels lebten hier
- rund 600 000 Juden
- und knapp 1,3 Millionen Palästinenser.

Grob gesprochen kamen auf einen Juden zwei Palästinenser. Das bedeutet, daß 1948 im Heiligen Land ungefähr so viele Juden lebten wie im Jahr 1918 Palästinenser. Am Ende des Ersten Weltkrieges gab es nur noch wenige Juden im Heiligen Land, nämlich ungefähr 54000. Das waren fast 30000 weniger als vor dem Ersten Weltkrieg. Die meisten waren ausgewandert.

Es folgen die Zahlen für den Stichtag der israelischen Unabhängigkeit, wobei die Folgen von Flucht und Vertreibung berücksichtigt sind.

Im Staate Israel wohnten am 15. Mai 1948 (einen Tag nach der Unabhängigkeit)
– rund 650000 Juden
– und nur noch 156000 Palästinenser.

Ein dramatischer Wandel war aufgrund dramatischer Entwicklungen eingetreten, brutal formuliert heißt das: Der Jüdische Staat war fast »araberrein« geworden.

Doch nicht nur die Israelis hatten den Palästinensern »ihr Land« im Krieg entrissen; übrigens mehr, als die UNO dem Jüdischen Staat zugedacht hatte. Der Staat Israel wurde von David Ben Gurion, dem ersten Ministerpräsidenten, am 14. Mai 1948 ausgerufen. Die im Bürgerkrieg bereits geschlagenen Palästinenser riefen ihre arabischen Brüder zu Hilfe, und sie kamen: zum Beispiel Ägypter, Iraker, Libanesen und Syrer. Einer von ihnen raubte den Palästinensern den Rest des Gebietes, das ihnen die UNO zugewiesen hatte. Es handelte sich um den Emir Abdallah von Transjordanien (seit 1946 König). Er eroberte die Altstadt von Jerusalem sowie das gesamte Westjordanland. Im Dezember 1948 ließ er sich von seinen Anhängern als »Befreier« feiern und verleibte das Westjordanland und Ost-Jerusalem seinem Königreich ein. Er nannte es fortan Jordanien, denn nun »gehörten« ihm ja beide Ufer des Jordans, nicht nur das Ostufer, jenseits (= trans) des Flusses. Der nächste Schritt, so verkündete Abdallah, sollte die »Befreiung« des gesamten Gebietes von Palästina sein.

Das war die Botschaft nach außen. Hinter den Kulissen hatte er längst seinen alten und guten israelischen Bekannten signalisiert, daß er daran nicht das geringste Interesse habe. Er wollte die Palästinenser zähmen (die ihm ja schon seit seiner Herrschaft im Ostjordanland grollten). Kontrolle durch Annexion war seine Devise. Sie war undurchdacht, denn nun war die Bevölkerung Jordaniens noch palästinensischer als bisher.

Der jordanische Schluck aus der palästinensischen Flasche war zu groß, denn in den Jahren 1948 bis 1967 fanden Abdallah und seine Nachfolger keine Ruhe. Die palästinensische Bevölkerung des Westjordanlandes und Ost-Jerusalems war zu Recht rebellisch und unzufrieden, denn beinahe alle Gelder zur Entwicklung Jordaniens flossen an das Ostufer; auch das Geld, das der Jerusalem-Tourismus dem Land einbrachte.

Jerusalem war auch für die jordanischen Könige von untergeordneter Bedeutung, denn Amman blieb Hauptstadt. Dieses Muster kennen wir schon seit den Zeiten der islamischen Eroberung. Wer politisch analysiert, sollte weniger auf große Worte als auf Taten achten. Gerade am Beispiel der arabischen Jerusalem-Politik und -Propaganda erkennt man das einmal mehr. Gleichgültig war den Arabern Jerusalem zwar nicht (nicht mehr seit den Zeiten der Kreuzfahrer), aber es gewann nie zentralen Einfluß, allen gegenteiligen Beteuerungen zum Trotz.

Auch den Gaza-Streifen verloren die Palästinenser. Ägypten annektierte ihn zwar nicht, es »verwaltete« ihn aber. Die Palästinenser hatten auch hier, diesmal der ägyptischen Führung, zu gehorchen.

Jordanien brach durch die Annexion das Völkerrecht, denn die UNO hatte das Westjordanland dem palästinensischen Staat zugesprochen. Ost-Jerusalem sollte international verwaltet, weder israelisch noch jordanisch werden. Folgerichtig erkannten nur zwei Staaten diese Einverleibung an: Großbritannien als traditionelle Schutzmacht Jordaniens sowie Pakistan.

Eine »Rückgabe« dieser Gebiete an Jordanien wäre heute demnach keine Wiederherstellung des Völkerrechts. Dieses Land hat Jordanien nie gehört. Es gehörte zum britischen Mandat, und dieses Gebiet wurde geteilt. Doch die moralische Grundlage des völkerrechtlich einwandfrei abgesicherten Mandats ist sehr wacklig. Ich habe dies mehrfach betont, um zu zeigen, daß dieses Völkerrecht den Völkern Unrecht antut.

Ägypten beherrschte den Gaza-Streifen genauso wie Jordanien das Westjordanland und Ost-Jerusalem. Aber Ägypten hielt sich an das Völkerrecht, indem es den Gaza-Streifen nur »verwaltete«, aber Verwaltung und Beherrschung schließen einander keineswegs automatisch aus.

Die UNO als Instanz des Völkerrechts (wie seinerzeit der Völkerbund in bezug auf das britische Mandat) empörte sich ab 1949 über die israelische Jerusalem-Politik. Das israelische West-Jerusalem wurde nämlich völkerrechtswidrig zur Hauptstadt des Jüdischen Staates erklärt. Aber die Einverleibung Ost-Jerusalems durch Jordanien beschäftigte die gleiche UNO weit weniger. Beispiele sind Legion für die Zweifelhaftigkeit der moralischen Instanz dieser Institution. Diese Zweifel gelten übrigens auch für die Zustimmung zur Teilung Palästinas, die zur Gründung Israels entscheidend beitrug. (Die Gründung wäre wahrscheinlich auch ohne die UNO erfolgt, nur später und schwieriger.)

Unbeteiligte dritte Staaten (mit höchst zweifelhafter Rechtfertigung und mit nicht immer weißer Weste) bestimmten für zwei andere und über zwei andere. Das war schon recht anmaßend. Aber kann und soll man den Konflikt zweier Streithähne einfach hinnehmen, ohne ihn eindämmen oder gar regeln zu wollen? Auch das wäre unmoralisch. Eine Zwickmühle also. Im Schlußteil werden diese Frage und mögliche Lösungen kurz erörtert. Doch vorher soll die Geschichte der bisherigen Besitzwechsel zu Ende geführt werden.

Folgende Tatsache müssen wir bedenken: Rund drei Viertel der Bürger des heutigen Jordanien sind Palästinenser. Wie jordanisch ist Jordanien?

Groß-Israel: jüdisch oder demokratisch?

Der im Jahr 1948 gegründete Staat Israel lag, historisch gesehen, außerhalb des alten jüdischen Kernlandes. Zu ihm gehörten das West- und Ostjordanland, weniger die einst von den Philistern bewohnte Küstenebene oder das kurz vor Jesu Geburt judaisierte Galiläa mit seiner mehrheitlich arabischen Bevölkerung oder die Wüste Negev. Zwar war diese Wüste ein wichtiges Stück im Handelsverkehr zwischen dem Roten Meer und dem Mittelmeer, aber vergessen wir nicht, daß sie von vielen arabischen Stämmen durchzogen oder auch bewohnt wurde. Noch heute können Touristen zum Beispiel die Wüstenstadt Arad bewundern.

Nach staatlichen und politisch-geographischen, also auf die Grenzen bezogenen Maßstäben waren die Juden nicht wirklich »zurückgekehrt«. Nur zähneknirschend akzeptierte Israel dieses »Mini-Luxemburg«, wie manche israelische »Falken« es nennen. Der Sechstagekrieg vom Juni 1967 hat die Karten neu gemischt. Ursachen und Geschichte dieses Krieges sind nicht unser Thema, wir bleiben bei den Besitzwechseln. Im Sechstagekrieg eroberte Israel

– Ost-Jerusalem,
– das Westjordanland,
– die (syrischen) Golan-Höhen und schließlich
– die (ägyptische) Sinai-Halbinsel.

Nun war die »Rückkehr« vollständig, das »Land der Väter« im jüdischen Besitz. Zwar fehlte das Ostjordanland, aber selbst die gierigsten israelischen »Falken« waren mit dieser (Teil-)Rückkehr zufriedengestellt.

Diese »Rückkehr« der Juden in »ihr Land« bedeutete für viele Palästinenser aus dem Westjordanland neuerliche Flucht aus »ihrem Land«. Machen wir uns also nichts vor: Diese »Rückkehr« bedeutete für viele darüber hinaus auch die Vertreibung.

Über diese Behauptung werden sich gewiß viele aufregen, aber ich habe einen völlig unverdächtigen Kronzeugen: den ehemaligen israelischen Staatspräsidenten Chaim Herzog. Er war im Jahr 1967 als militärischer Befehlshaber für diese Aktion zuständig. Ungefähr zweihunderttausend Palästinenser (eine enorme, aber leider glaubhafte Zahl) wurden davon »überzeugt«, das Land verlassen zu müssen. »Freundlicherweise« wurden ihnen israelische Fahrzeuge bereitgestellt. Über diese »menschliche Vertreibung« berichtete Herzog im November 1991.

Was die Juden im Falle einer Niederlage im Sechstagekrieg zu erwarten gehabt hätten, kann man sich unschwer denken. Man erinnere sich an die diversen innerarabischen Massaker im Libanon (seit 1975 im Bürgerkrieg), in Syrien (1982), im Irak (1991), in Kuwait (1990/91) oder in Jordanien (1970). Auch die Hetzpropaganda war eindeutig. Nein, die arabische Seite insgesamt und speziell die palästinensische hat keinen Anlaß, Steine zu werfen. Sie sitzen ebenfalls im Glashaus. Auch die Terroraktionen der PLO haben das besonders seit 1968 immer wieder bewiesen. Mord bleibt Mord, selbst wenn die Motive angeblich noch so rein sind.

Israel hat sich die Gebiete nur zum Teil *einverleibt*. Und zwar *Ost-Jerusalem* schon unmittelbar nach der Eroberung, also noch im Juni 1967. Das ist eine wichtige Tatsache. Sie erklärt, weshalb die Israelis vor und seit Beginn der Nahost-Friedenskonferenz so sehr darauf beharrten, daß kein Palästinenser aus Ost-Jerusalem seine Landsleute vertrat. Für die Israelis waren diese Palästinenser Einwohner ihres Staates. Das zwischen der Regierung Rabin-Peres und PLO-Chef Arafat im September 1995 unterzeichnete Abkommen über die Autonomie der Palästinenser (»Oslo II«) brachte eine grundlegende Änderung: Die Palästinenser Ost-Jerusalems erhielten das aktive und passive Wahlrecht zur Volksvertretung. Sie beteiligten sich am 20. Januar 1996 an den Wahlen zum Parlament der palästinensischen Autonomie.

Die Golan-Höhen waren im Dezember 1981 annektiert worden, genau einen Tag nach der Verhängung des Kriegsrechts in Polen. Die Welt schaute nach Osteuropa, in Nahost nutzte die israelische »Falken«-Regierung unter Ministerpräsident Menachem Begin die (aus ihrer Sicht) Gunst der Stunde. Auch hier signalisierten die Regierungen von Rabin und Peres einen fundamentalen Wandel. Mit nur wenigen Zweideutigkeiten erklärten sie der israelischen Öffentlichkeit, man werde für einen möglichen Frieden mit Syrien auf die Golanhöhen verzichten müssen.

Zurückgegeben wurde zwischen den Jahren 1974 und 1982 ein riesiges Stück Land: ägyptisches Gebiet westlich des Suez-Kanals. Es war im Jom-Kippur-Krieg (Oktober 1973) erobert worden. Bis 1982 erhielt Ägypten die gesamte Sinai-Halbinsel zurück. Aufgrund des zwischen Israel und Ägypten (mit erheblicher US-Hilfe) geschlossenen Friedensvertrages räumte Israel diese strategisch (Pufferzone und Ausgang zum Roten Meer) und wirtschaftlich (Öl und Tourismus) so wichtige Landmasse.

Intensive Siedlungspolitik betrieb Israel in den Jahren 1977 bis 1992; in jener Zeit bestimmte der nationalistische »Likud«-Block die Politik des Jüdischen Staates. Menachem Begin und Ariel Scharon waren die Strategen dieser Siedlungspolitik.

Die Palästinenser hätten diese Entwicklung durchaus vermeiden können, wenn sie sich 1978/79 der israelisch-ägyptischen Friedenspolitik angeschlossen hätten. Vorgesehen war ihre Beteiligung sowohl im Rahmenabkommen von Camp David (September 1978) als auch im Friedensvertrag vom März 1979.

Autonomie, also innere Selbstverwaltung, war darin für die Palästinenser geplant. Gewiß, das war keine staatliche Souveränität, aber gegen diese demokratisch gewählte, international abgesegnete Vertretung der Palästinenser wäre die israelische Siedlungspolitik viel schwieriger durchzusetzen gewesen.

Heute kann eigentlich keine israelische Regierung (sofern sie es überhaupt wollte) den Rückzug der jüdischen Siedler innenpolitisch erzwingen, ohne das jüdische Gemeinwesen an den Rand eines Bürgerkrieges zu treiben. Wer sich daran erinnert, wie schwer es für die israelische Regierung im April 1982 war, eine einzige Siedlung (Jamit) im Rahmen des ägyptisch-israelischen Friedensvertrages räumen zu lassen, der vermag sich leicht vorzustellen, daß die Räumung von rund 140 Siedlungen kaum möglich wäre. Von der Zahl der Siedler ganz zu schweigen. Genau dieses gigantische Problem mußten Rabin und Peres lösen, als und seitdem sie den Friedensprozeß mit den Palästinensern (offiziell) seit September 1993 einleiteten. Begonnen hatte dieser Prozeß (für alle Welt sichtbar, tatsächlich knapp ein Jahr vorher) mit der Unterzeichnung der Prinzipienerklärung (»Oslo I«) in Washington, DC, am 13. September 1993. »Falken«, also Gegner eines Kompromißfriedens auf beiden Seiten, machten gegen den Frieden mobil. Sie töten seit dem Herbst 1993 »Feinde« des jeweils anderen Volkes, und sie töten »Feinde« im eigenen Volk. Prominentestes Opfer der israelischen Falken, die ihre Tat sogar religiös verbrämten, war Ministerpräsident Jitzchak Rabin. Er wurde am 4. November 1995 in Tel-Aviv von einem nationalreligiösen Fanatiker ermordet. Subjektiv sind die Falken auf beiden Seiten Todfeinde, objektiv arbeiteten sie Hand in Hand: Gemeinsam und mit fundamental entgegengesetzten Zielen sabotierten und torpedierten sie den Frieden.

In der ersten und zweiten Auflage dieses Buches schrieb ich Anfang des Jahres 1992:

»Läuft also die Zeit zugunsten Israels? Die israelischen ›Falken‹ meinen es, und sie bauen eine Siedlung nach der anderen auf. Aber sie irren, denn Israel sollte ein jüdischer und demokratischer Staat sein. Wenn aber neben (oder gegen) rund 4,5 Millionen Juden rund 2,5 Millionen Palästinenser im selben Staat leben, ist dieser Staat nicht mehr jüdisch, sondern jüdisch-arabisch.

Die Palästinenser in den besetzten Gebieten wählen nicht in Israel, weil die Gebiete dem israelischen Staat (noch?) nicht einverleibt wurden. Für diese Palästinenser gelten die Regeln der Demokratie nicht. Einen eigenen Staat gibt ihnen Israel nicht, will Jordanien wohl ebensowenig wie fast alle anderen arabischen Staaten – die stets das Gegenteil behaupten.

Erhielten die Palästinenser im Gaza-Streifen und Westjordanland aber das israelische Wahlrecht als israelische Bürger, wäre Israel wiederum nicht mehr der Jüdische Staat. Mit diesen Gebieten kann Israel demnach weder jüdisch noch demokratisch sein. Die israelischen ›Falken‹ haben sich selbst ein Trojanisches Pferd geschenkt.

Aber auch die (höchst unwahrscheinliche) Rückgabe löst das grundlegende Dilemma nicht. Selbst nach einer Räumung der Gebiete würden im israelischen Kernland (nach heutigen Daten) ungefähr 800 000 Palästinenser leben, eine große Minderheit, die noch größer werden dürfte. Aufgrund der natürlichen Bevölkerungsvermehrung dürften die Palästinenser im israelischen Kernland (also ohne die besetzten Gebiete) bereits im Jahr 2040 die Mehrheit der Bevölkerung stellen; selbst wenn rund zwei Millionen Juden aus der ehemaligen Sowjetunion nach Israel einwanderten – eine in dieser Höhe eher unwahrscheinliche Zahl.

Ein Groß-Israel löst das große Problem also nicht, weder für die Juden noch für die Araber.«

Was tun?

Kompromisse eingehen und Frieden schließen. Genau das haben Rabin, Peres und Arafat hinter den Kulissen seit 1992 und vor den Kulissen seit dem Spätsommer des Jahres 1993 versucht.

Das »Risiko des Friedens« nahmen zwischen 1993 und 2000 Rabin, Peres, Barak und zunächst auch Arafat auf sich. Sie scheiterten. Willentlich oder nicht? Das ist nicht die Frage. Die Tatsache an sich zählt. Die Politik der Härte ist historisch gescheitert, und sie muß politisch weiter in die Sackgasse führen. Militärisch ist der Konflikt für Israel nicht lösbar. Und für die Palästinenser und Araber? Leider ist die Antwort (für mich zumindest) nicht ermutigend. Araber und Palästinenser haben von Israel nur durch Gewalt politische und territoriale Zugeständnisse errungen: Ägypten und Syrien 1973/74 nach dem Jom-Kippur-Krieg, die Palästinenser bekamen den Oslo-Vertrag nach der Intifada der Jahre 1987 bis 1993, die Hisbollah erkämpfte bis zum Mai 2000 den Abzug der Israelis aus dem Süd-Libanon. Die Zweite (el-Aksa-) Intifada seit dem Herbst 2000 soll wohl aus dem damals greifbaren Mini-Palästina ein Klein-Palästina oder gar »Palästina« (in welchen Grenzen?) schaffen. Und dann? Das glückliche Ende? Eher eine neue Ausgangsbasis für weitere Konflikte? Dreht sich das Rad der Geschichte unaufhörlich?

Schlußbemerkung: Unrecht gegen Unrecht

Recht gegen Recht. Das ist die herkömmliche Antwort auf die Frage »Wem gehört das Heilige Land?«. Als Wahrheit wird sie unter den Gemäßigten und daher Vernünftigen gehandelt. Und auf beiden Seiten gibt es diese Gemäßigten und Vernünftigen. Auch meine Sympathie gilt ihnen, aber leider irren sie, wenn sie die These »Recht gegen Recht« vertreten.

Meine Gegenthese lautet: Unrecht gegen Unrecht. Die Verhältnisse im Heiligen Land können, wie auch ich bedauere, nicht anders umschrieben werden.

Sowohl Juden als auch Araber sind zu verschiedenen Zeiten *Besitzer* des Heiligen Landes gewesen, nicht *Eigentümer*. Rechtsnachfolger oder direkte Nachkommen der ursprünglichen Eigentümer sind heute nicht mehr zu ermitteln; nicht einmal mit Hilfe der (nicht nur für Deutsche) so umstrittenen Ahnenforschung und Rassenkunde.

Das Heilige Land ist ein Völkerfriedhof. Auf ihm ruhen die Kanaaniter. Weder die Palästinenser noch die Juden sind ihre Nachkommen. Ihre Nachfolger waren hingegen zahlreich. Sie alle hielten sich im Lauf der viertausendjährigen Geschichte des Heiligen Landes für die wahren Eigentümer. Indem sie das Land in Besitz nahmen, meinten sie, es auch erworben zu haben.

Die europäische Rechtstradition kennt seit den Römern den Eigentumserwerb durch Ersitzung. Auch im altorientalischen Recht gab es diese Regelung, zum Beispiel im Codex des Königs von Lipit-Ischtar (um 1934–1924 v. Chr.) oder auch im Codex Hammurabi (Babylon, 1792–1750 v. Chr.). Diese Form des Eigentumserwerbs durch Ersitzung galt jedoch nur für den Fall, daß der ursprüngliche Eigentümer seine Schulden nicht mehr zurückzahlen oder seine Lehnspflichten nicht erfüllen konnte. Davon kann bei den diversen Besitzern des Heiligen Landes bis heute keine Rede sein.

Aber was soll der Rechtsstreit? Er ist müßig, weil das Recht nur selten für Gerechtigkeit gesorgt hat. Wir erinnern uns an das britische Mandat, das völkerrechtlich einwandfrei abgesichert, moralisch jedoch höchst zweifelhaft war.

Aber für Gerechtigkeit zu sorgen ist oftmals eine zweischneidige Angelegenheit. Zu oft schlägt der Versuch, Gerechtigkeit herzustellen oder wiederherzustellen, in Brutalität und Terror um – also in Vernichtung von Menschen im Namen der Menschheit.

Alle Besitzer des Heiligen Landes, auch Juden und Araber, trugen von Anfang an den Makel, Eroberer zu sein. Die gewaltsame Einnahme des Heiligen Landes war sozusagen ihr Geburtsfehler.

In der Geschichte war diese Landnahme moralisch eigentlich nicht zu rechtfertigen. Sie basierte stets auf Macht. Wohl deshalb haben die jüdischen Eroberer eine heilsgeschichtliche Rechtfertigung gesucht und gefunden. Sie beriefen sich mit Hilfe der (von ihnen verfaßten) Bibel auf das göttliche Versprechen. So wurde aus dem Eroberten Land das Gelobte Land. Mit anderen Worten: Die jüdischen Besitzer stellten sich selbst die Eigentumsurkunde aus. Und diese Eigentumsurkunde ist die Bibel.

Damit sind Glaubensfragen berührt; ich will jedoch keinesfalls die göttliche Eingebung der Bibel bestreiten. Den kanaanitischen Eigentümern hat aber die Hebräische Bibel (wie auch den Moabitern, Ammonitern oder Edomitern) noch einen kräftigen Fußtritt verpaßt (1. Mose 9): Noah »trank von dem Wein und wurde berauscht, und er entblößte sich in seinem Zelt«. Ham, der jüngste der drei Söhne Noahs, sah seinen betrunkenen Vater dort nackt liegen. Hams Brüder, Sem und Jafet, schlugen dagegen die Augen nieder und bedeckten ihn mit einem Gewand. Als er aus seinem Weinrausch erwachte, verfluchte der ansonsten so gutmütige und brave Noah den völlig unschuldigen Kanaan, Hams Sohn. Er verurteilte ihn zu ewiger Knechtschaft – für manche eine heilsgeschichtliche und zugleich pseudogeschichtliche Rechtfertigung für die Unterdrückung der Kanaaniter. Für fromme Juden ist diese Glaubensgeschichte Gewißheit.

Was aber, wenn andere nicht daran glauben und daher die Rechtfertigungsgrundlage dieser Eigentumsurkunde anzweifeln? Dann beginnt der Glaubenskrieg, und den will jeder vernünftige Mensch vermeiden.

Es bliebe der »Heilige Krieg«. Ein höchst fragwürdiger Begriff, der außerdem zu oft mißbraucht wurde. Wer sich bei der Kriegsführung auf Heiligkeit beruft, muß aufpassen, daß er den Himmel nicht aus den Augen verliert. Das gilt für Juden, Muslime, Christen und andere gleichermaßen.

Die Palästinenser haben sich gar nicht erst auf das Glatteis der Religion begeben; es sei denn, sie wollen (wie einige islamische Fanatiker) das Heilige Land sozusagen »judenrein« machen. Kein Wunder, daß die Palästinenser nur sehr allgemein von der Heiligkeit des Landes und der Stadt Jerusalem reden. Ich habe ja gezeigt, daß es durchaus gar nicht so ketzerisch ist, wenn man den Koran als zionistische Quelle interpretiert. Das sei von mir »mißinterpretiert«, werden einige empört einwenden. Sie mögen jedoch erst die hier vorgestellten und erklärten Textabschnitte lesen, mit dem Koran vergleichen und dessen jüdische Wurzeln berücksichtigen.

Die Palästinenser berufen sich also nicht auf die religiösen Quellen. Sie weisen auf ihre Ahnen hin: die Kanaaniter und Philister. Aber diese Ahnenreihe ist falsch, allen so gut gemeinten, aber weniger gut recherchierten Reden, Aufsätzen und Büchern zum Trotz.

Wem gehört nun das Heilige Land? Es gehört niemandem, es gebührt allen. Allen, die überlebt haben. Allen, die dort leben wollen oder dort leben müssen.

Wer sich allein auf sein Recht beruft, muß wissen, daß es auf sehr wackligen Fundamenten ruht. Das Heilige Land gehört den Überlebenden der verschiedenen Völker, auch Juden und Arabern natürlich. Das Heilige Land war als Durchgangsland im Grunde immer multinational, multikonfessionell und multikulturell. Der Gedanke, es in den Staat *einer* Nation, also in einen Nationalstaat, umzuwandeln, ist verständlich. Er ist jedoch unrealistisch.

Ein Kompromiß ist langfristig nicht ausgeschlossen, denn irgendwann wird das Königreich Jordanien »Palästina« sein. Schon heute ist Jordanien bevölkerungspolitisch ein Land der Palästinenser, denn knapp drei Viertel seiner Einwohner sind Palästinenser. Ausgangspunkt dieser Entwicklung war, daß König Abdallah leichtsinnigerweise 1948 Palästina schluckte, indem er das Westjordanland und Ost-Jerusalem seinem Herrschaftsgebiet widerrechtlich einverleibte. 1948 wurde zwar Palästina mittelfristig Jordanien, aber langfristig wird Jordanien Palästina. Alle Gegebenheiten sprechen dafür. Der König könnte diesen Prozeß mitsteuern und eine Funktion ähnlich dem deutschen Bundespräsidenten übernehmen. Politisch hätte er wenig zu sagen, aber er könnte eine »moralische« Instanz sein.

1992 stellte ich meinen Lesern die folgenden Überlegungen zu einer friedlichen Regelung der Zukunft vor: Alles blickt gebannt auf die besetzten Gebiete und übersieht den innenpolitischen Sprengstoff der in Israel lebenden Palästinenser.

Dabei müssen wir bedenken:

- Im Westjordanland, in Ost-Jerusalem sowie im israelischen Kernland finden wir eine jüdisch-arabische Mischbevölkerung vor. Eine »Trennung der Bevölkerungsgruppen« wäre nur mit blutiger Gewalt durchsetzbar. Deshalb muß sie abgelehnt werden.
- Eine weitgehend nur arabische Bevölkerung finden wir in Jordanien.
- Selbstbestimmung für Menschen ist entscheidend, nicht die räumliche Zuordnung der Selbstbestimmung.

Daraus abgeleitet wäre eine Kompromißregelung denkbar, die – neben einem palästinensischen Staat – einen jüdisch-arabischen Bundesstaat im israelischen Kernland sowie im Westjordanland und Gaza-Streifen vorsähe; also eine Mischung aus Bundesstaat (Föderation) und Staatenbund (Konföderation). Der *Bundesstaat* würde das Bundesland Israel (= israelisches Kernland) sowie ein Bundesland in Westjordanien und im Gaza-Streifen umfassen. Der *Staatenbund* (Konföderation) entspräche dann dem Gebilde aus Jordanien, Israel, Westjordanland und Gaza-Streifen (= Palästina).

Die Selbstbestimmung sollte für die Menschen, nicht für die Gebiete gelten. Daher wählte jede Volksgruppe ihre Vertretung unabhängig vom Wohnort, das heißt der Palästinenser in Galiläa, Haifa oder Jaffa wählten das Parlament der Palästinenser ebenso wie der Palästinenser in Ost-Jerusalem, Hebron, Nablus, Amman oder Akaba. Juden in Tel Aviv, West-Jerusalem, auch Ost-Jerusalem, bei Hebron oder Nablus wählten das israelische Parlament. Die Vollmachten der jeweiligen Parlamente und der Regierungen wären im einzelnen zu bestimmen.

Für eine Übergangszeit müßten die außen- und sicherheitspolitischen Entscheidungen für das israelische Kernland, das Westjordanland und den Gaza-Streifen sicherlich von der israelisch-jüdischen Regierung getroffen werden.

Das palästinensische Bundesland im Westjordanland und Gaza-Streifen hätte keine außen- und sicherheitspolitischen Vollmachten.

Langfristig könnten, ja müßten das Westjordanland und der Gaza-Streifen entmilitarisiert werden. Eine internationale Überwachung dieser Entmilitarisierung ist ein Wunschtraum. Da sie im Interesse beider Seiten läge, dürfte sie dennoch funktionieren, denn nur wechselseitige Interessen binden und verbinden.

Die palästinensisch-arabische Regierung (gewählt von Palästinensern in Israel, Westjordanien, im Gaza-Streifen und natürlich in Palästina-Jordanien) verfügte dann über eine ganz herkömmliche Außen- und Sicherheitspolitik für das Gebiet des heutigen Jordanien, des morgigen Palästina. Wann wird dieses Morgen Wirklichkeit?

Diese Regelung beinhaltet eine Fortsetzung der herkömmlichen Staatlichkeit im Territorium des heutigen Israel und des heutigen Jordanien sowie eine Machtteilung im Westjordanland und Gaza-Streifen. Der Jüdische Staat verlöre nicht seinen jüdischen Charakter, und die Palästinenser könnten endlich über sich selbst bestimmen. Nicht überall gleichermaßen, in allen Angelegenheiten nur in Palästina (heute noch Jordanien). Damit hätten die Palästinenser nicht alles erreicht, aber gewiß mehr, als sie heute besitzen. Nichts deutet darauf hin, daß sie Erfolg haben werden, wenn sie noch mehr verlangen.

Eine völlige Aufgabe des Westjordanlandes würde Israel das Überleben unmöglich machen. Nicht aus militärischen Gründen, aber aus ganz pragmatischen: Israel hätte dann nicht mehr genügend Wasser. Ohne das Grundwasser aus dem Westjordanland würde Israels Bevölkerung verdursten. Umgekehrt wollen die Palästinenser sich nicht ihr Wasser rauben lassen. Auch hier muß Zusammenarbeit den Machtkampf ersetzen. Sonst fließt Blut für Wasser.

Der damaligen Gedankenskizze näherte sich die Wirklichkeit bis 1996. Dann kam der Bruch der Netanjahu-Jahre. Es folgte der vergebliche Wiederbelebungsversuch unter Barak, der durch die el-Aksa-Intifada scheiterte und Scharon den Weg ebnete. Man war wieder so weit wie 1992.

Nach wie vor gilt: Wenn Juden und Araber nicht endlich einen Schlußstrich ziehen und einen Kompromiß finden, werden sie eines Tages die Verlierer sein. Die Rüstungsspirale im Nahen Osten hat einen gefährlichen Punkt erreicht. Diese Region ist mit biologischen und vor allem chemischen Waffen aufgerüstet. Außer diesen B- und C-Waffen droht die vernichtende A-Waffe, die Atombombe.

Israel hat die Atombombe längst, der Irak versucht immer noch und immer wieder (auch nach dem Golfkrieg), sie herzustellen. Der Iran und Algerien (zumindest bis zum Staatsstreich 1992) unternehmen alles, um die Bombe zu besitzen. Die Aufrüstung des Nahen Ostens mit Atomwaffen ist in vollem Gange.

Mit dem »Simson-Effekt« wäre dann zu rechnen. Wir erinnern uns an den jüdischen Richter aus dem Alten Testament. Von Delila wurde er verführt. Die Philister nahmen ihn gefangen, stachen ihm die Augen aus und versklavten ihn. Gott gab ihm noch einmal seine gigantische Kraft zurück. Simson stieß nun die Säulen des Gebäudes um, in dem die Philister ein Freudenfest zu Ehren ihres Götzen

Dagon feierten. Das Haus brach zusammen, die Philister wurden in den Tod gerissen, und Simson starb mit ihnen.

Sollte dieses Unheil die Zukunft des Heiligen Landes sein?

Zeittafel

Um 2350 v. Chr.: Ägypter kontrollieren rebellierende Stadtstaaten im (heutigen) Heiligen Land.

Um 2000 v. Chr.: Westsemitische Invasion (»Amoriter«). Stammväter als Teil dieser Invasion?

Um 1900 v. Chr.: Die Amoriter unterliegen Ägypten.

Um 1500 v. Chr.: Kanaaniter. Erste Quellen über die »Hebräer«.

14. Jahrhundert v. Chr.: Die vorherrschenden Ägypter nennen die Region des (heutigen) Heiligen Landes »Kanaan«.

Mitte 13. Jahrhundert v. Chr.: Ägyptens Herrschaft in Kanaan geschwächt. Die »Kinder Israels« dringen ein. Landnahme der »Juden«. Zeit der »Richter«.

Um 1025–1006 v. Chr.: Königreich Sauls. Vereinigung der zwölf Stämme.

990–968 v. Chr.: König David.

968–928 v. Chr.: König Salomon. Nach seinem Tod Teilung des Reiches in »Judäa« (bestehend aus den Stämmen Judas und Benjamin) und »Israel« (die übrigen 10 Stämme).

722 v. Chr.: Zerstörung »Israels« durch die Assyrer.

586 v. Chr.: Zerstörung Judäas und des Ersten Tempels in Jerusalem durch die Babylonier. Erste (mesopotamische) Diaspora der Juden.

Um 550 v. Chr: besiegen die Perser die Babylonier.

538 v. Chr.: Perserkönig Kyros erlaubt den Juden die Rückkehr nach Judäa, das autonome Provinz im Perserreich wird; bis 332 v. Chr.

515 v. Chr.: Errichtung des Zweiten Tempels in Jerusalem.

332 v. Chr.: Eroberung durch Alexander den Großen. Nach seinem Tod zunächst Herrschaft der Ptolemäer, ab 200 der Seleukiden.

167–164 v. Chr.: Siegreiche Revolte der Hasmonäer beziehungsweise Makkabäer.

142 v. Chr.: Neugründung eines jüdischen Königreiches durch die Hasmonäer.

63 v. Chr.: Der Römer Pompejus erobert den Jüdischen Staat.

66–70 n. Chr.: Der »Jüdische Krieg« gegen Rom. Im Jahr 70 brennt der

Zweite Tempel nieder. Beginn der europäischen Diaspora der Juden. Im Jahr 73 wird auf der Festung »Massada« der letzte Widerstand der Juden gebrochen. Rom nennt das Land »Palästina«.

132–135: Neuer Aufstand der Juden unter Bar-Kochba.

Ab 395: Nach der Teilung des Römischen Reiches gehört »Palästina« zu Ostrom beziehungsweise dem Byzantinischen Reich.

614: Perser erobern Palästina.

634: Araber erobern Palästina.

969: Schiitische Fatimiden aus Ägypten erobern Palästina.

1098: Türkische Seldschuken erobern Jerusalem.

1099: Die Kreuzfahrer erobern Jerusalem.

1187: Saladin schlägt die Kreuzfahrer bei Hattin.

1250: Mongolensturm.

1260: Die Mamelucken, die 1250 die Herrschaft in Ägypten übernahmen, vertreiben die Mongolen.

1291: Die Mamelucken erobern Akko, die letzte Festung der Kreuzfahrer.

1453: Die Türken erobern Byzanz und

1517: das Heilige Land. Bis zum Jahr *1917* währt die türkische Herrschaft.

1917/18: Großbritannien schlägt im Ersten Weltkrieg die Türkei.

1918/22: »Palästina« wird britisches Mandatsgebiet.

29.11.1947: Die Vollversammlung der UNO beschließt die Teilung »Palästinas« in je einen jüdischen und palästinensischen Staat. Beginn des Bürgerkrieges zwischen Juden und Palästinensern, die von arabischen Nachbarstaaten unterstützt werden.

14.5.1948: David Ben-Gurion verkündet die Unabhängigkeit des »Jüdischen Staates, Israel«.

15.5.1948: Invasion der arabischen Staaten. Bis zum Januar *1949* dauert der erste israelisch-arabische Krieg.

1948–1951: Jüdische Masseneinwanderung und Wirtschaftsprobleme.

29.10.–5.11.1956: Suezkrieg.

5.–10. Juni 1967: Sechstage-Krieg. Israel erobert von Ägypten die Sinai-Halbinsel, den Gazastreifen, der unter ägyptischer Verwaltung stand, das von Jordanien 1948 widerrechtlich eingegliederte Westjordanland und von Syrien die Golan-Höhen.

1.3.1969–7.8.1970: Abnutzungskrieg am Suezkanal.

6.–26.10.1973: Jom-Kippur-Krieg gegen Ägypten und Syrien.

1.9.1975: Erstes Entflechtungsabkommen mit Ägypten.

19.–21.11.1977: Ägyptens Präsident Sadat besucht Jerusalem.

17.9.1978: Abkommen von Camp David mit Ägypten.

26.3.1979: Friedensvertrag mit Ägypten.

26. 4. 1982: Rückgabe der gesamten Sinai-Halbinsel an Ägypten. Ab Juni Krieg Israels gegen die PLO im Libanon.

9. 12. 1987 – September 1993: Intifada (Aufstand der Palästinenser im Westjordanland und Gazastreifen gegen die israelische Herrschaft).

16. 9. 1993: »Oslo-I«-Abkommen zwischen Israel und der PLO in Washington, D.C., USA, paraphiert.

1. 7. 1994: Jassir Arafat übernimmt die Führung der Palästinensischen Autonomie in Gaza.

26. 10. 1994: Friedensvertrag zwischen Israel und Jordanien.

4. 11. 1995: Israels Ministerpräsident Rabin wird wegen seiner Friedenspolitik von einem nationalreligiösen Fanatiker ermordet.

20. 1. 1996: Arafat wird mit 88 % zum Palästinenserpräsidenten gewählt.

29. 5. 1996: Netanjahu besiegt Rabin-Nachfolger Peres bei den Wahlen.

17. 1. 1997: Abkommen zwischen Israel und den Palästinensern über die Räumung Hebrons durch die Israelis.

23.10.1998: Abkommen von Wye River (USA), Washington vermittelt zwischen Israel und den Palästinensern einen weiteren Truppenrückzug der Israelis. Die Formel »Land für Sicherheit« (nicht mehr »Land für Frieden«).

17.5.1999: Ehud Barak (Arbeitspartei) wird zum Ministerpräsidenten gewählt. Der Wählerauftrag lautet: Frieden mit den Palästinensern.

24.5.2000: Israels Rückzug aus dem Libanon.

30.9.2000: Beginn der »Al-Aksa-Intifada«

9.12.2000: Barak tritt zurück.

6.2.2001: 62% der Wähler bestimmen Sharon (Likud) zum neuen Ministerpräsidenten. Der Wählerauftrag lautet: Harte Hand gegen die Palästinenser.

22.3.2004: Gezielte Tötung von Hamas-Gründer Scheich Jassin durch Israels Militär.

11.11.2004: Tod Jassir Arafats. Der gemäßigte Machmud Abbas (Abu Masen) wird neuer Präsident.

Juli 2005: Scharon setzt gegen massiven innenpolitischen Widerstand im Juli 2005 den Rückzug Israels aus dem Gazastreifen durch.

Januar 2006: Die islamistische Hamas gewinnt die Parlamentswahlen. Ismael Hanije wird Premier.

12.7. bis 14.8.2006: Zweiter Libanonkrieg. Stärkere Verknüpfung der Probleme Isreal-Palästina-Libanon-Syrien-Iran.

Juni 2007: Die islamistische Hamas vertreibt die PLO-Fatah aus dem Gastreifen: Zweiteilung »Palästinas« oder Dreiteilung (?) mit Jordanien oder Vierteilung (?) mit Israel aus großpalästinensischer Sicht.

8.7. bis 4.8.2014: Gazakrieg.

6.12.2017: USA erkennen Jerusalem als Israels Hauptstadt an.

Leseempfehlungen

»Mündige Bürger sollten mündige Leser sein.« Deshalb ist es viel wichtiger und aufschlußreicher, die zentralen Schriften selbst zu befragen als die tatsächlichen oder vermeintlichen Fachleute. Bei vielen Fachleuten artet Fachsimpelei nicht selten in schlichte Propaganda aus. Der Leser wird dabei scheinbar über die Vergangenheit informiert, tatsächlich jedoch in bezug auf die politische Gegenwart indoktriniert.

Viel gekauft und wenig gelesen wird die *Bibel*. Wer das Alte und Neue Testament mit Herz und Verstand liest, wird sich leicht auch ein eigenes Urteil über viele grundlegende Fragen bilden können.

Ebenso wichtig ist natürlich der *Koran*.

Zum frühen Isam Barbara Köster, Der missverstandene Koran, Berlin 2010.

Die von Reinhold Mayer ausgewählten, übersetzten und erklärten Abschnitte aus dem *Talmud* (München 1986) sind als Einführung hervorragend. Mehr noch: Sie sind Bereicherung und Lesevergnügen. Wer es ganz genau wissen will, kann den gesamten Talmud lesen, auf Deutsch: Frankfurt am Main, 1996. Die brillant kommentierte Ausgabe von Adin Steinsaltz (Even Yisrael) erscheint seit 1989 in New York.

Für einen Zeitraum, der ungefähr viertausend Jahre umfaßt, müßte man Bücherberge empfehlen. Das führt zu weit. Die grundlegenden Tatsachen stehen fest. Umstritten ist die geschichtliche, politische und religiöse Interpretation. Man konzentriere sich also auf die grundlegenden Nachschlagewerke, besonders auf Enzyklopädien, erlese sich das Konzentrat und bilde sich ein eigenes Urteil. Äußerst wichtig sind hier die *Encyclopaedia Judaica* (Jerusalem 1971 ff.), die *Encyclopaedia of Islam* (Leiden 1960 ff.) und das *Lexikon für Theologie und Kirche* (hrsg. v. Josef Höfer. Freiburg 1986).

Hilfreich ist auch das *Lexikon der jüdisch-christlichen Begegnung* (von Jakob J. Petuchowski und Clemens Thoma, Freiburg 1989).

Sehr nützlich ist der folgende Bibelatlas von Yohanan Aharoni und Michael Avi-Yonah: *The Macmillan Bible Atlas* (umgearbeitete Auflage, New York/London 1977).

Es lohnt sich auch, den *Atlas of Modern Jewish History* von Evyatar Friesel (Jerusalem 1990) zu benutzen.

Empfehlenswert, doch historisch fragwürdig sind stets Berichte von Augenzeugen, denn nicht jeder Zeuge der jeweiligen Zeit ist zugleich der beste Zeitzeuge für seine Zeit. Verzerrungen durch subjektive Wahrnehmungen sind hier die Regel, die nur der Fachmann als solche erkennen kann. Der Laie wird den Bericht für die Wahrheit halten. So entsteht aus dem Laienurteil das vermeintliche Expertenurteil. Trotzdem, das Buch *Die Kreuzzüge in Augenzeugenberichten* (herausgegeben und eingeleitet von Régine Pernoud, München 1980) ist ebenso lesenswert wie *Die Kreuzzüge aus arabischer Sicht* (ausgewählt und übersetzt von Francesco Gabrieli, München 1975).

Für die heiße Phase des arabisch-israelischen beziehungsweise islamisch-jüdischen Konflikts (19. und 20. Jahrhundert) verweise ich auf das von Friedrich Schreiber (1988–1996 ARD-Korrespondent in Israel) und mir verfaßte Buch *Nahost. Geschichte und Struktur des Konflikts* (3. Auflage Opladen 1992).

Über Entstehung und Entwicklung des modernen Israel informiert unter anderem mein Buch *Israel: Geschichte, Politik, Gesellschaft, Wirtschaft* (Opladen 1991, 8. Auflage 2015). Weiterführende Literatur, alles, was man schon immer über Israel wissen wollte, und noch mehr finden die Leser dort auf dreißig Druckseiten.

Grundlegend zum islamischen Nahen Osten ist nach wie vor Bernard Lewis, *Stern, Kreuz und Halbmond, 2000 Jahre Geschichte des Nahen Ostens,* München 1997. Viele aktuellere Bücher sind inzwischen erschienen, aber nicht bessere. Außerdem gibt es zu den historischen Nahost-Grundlagen kaum grundlegend Neues. Mit Ausnahme der ebenso bahnbrechenden wie nicht nur in Deutschland vom wissenschaftlichen, religiösen und politischen Establishment teils tabuisierten, teils massiv bekämpften Studien der interdisziplinären Inarah-Forschergruppe zum Frühen Islam. Deren Ergebnisse fasst zusammen: Barbara Köster, *Der missverstandene Koran, Warum der Islam neu begründet werden muss,* Berlin 2010.

Die zweite Ausnahme betrifft die Verbindung von Archäologie und moderner Technologie. Zu nennen sind hier: Zur Landnahme der »Kinder Israels« und über die Könige David und Salomon: Israel Finkelstein und Neil Asher Silberman, *Keine Posaunen vor Jericho. Die archäologische Wahrheit über die Bibel,* München 2002 sowie *David und Salomo. Archäologen entschlüsseln einen Mythos,* München 2006, und Eckart Otto, *Das antike Jerusalem*, München 2008. Ergänzend zu seinen früheren Veröffentlichungen Israel Finkelstein, *Das vergessene Königreich. Israel und die verborgenen Ursprünge der Bibel*, München 2014.

Entscheidend sind der Überblick und die Zusammenführung der verschiedenen Fäden. Wer nicht im Meer der Zahlen, Daten und Fakten ertrinken will, sollte sich an die obige Empfehlung halten, zentrale Schriften einmal selbst zu studieren. Sie sind Rettungsring und Einführung zugleich.

Orts-, Personen- und Sachregister